헤테로토피아 시학 1

헤테로토피아 시학 1
재의 얼굴, 떠도는 공간들

김지율

새미

머리말

> 모든 장소는 이야기다.
> 우리가 그곳에 발을 들여놓는 순간부터 시작되는 이야기다.
> – 리베카 솔닛, 『멀고도 가까운』

시인은 어떤 공간에서 자신의 시와 언어를 상상하고 또 기억할까. 자유로운 공간, 고립된 공간, 생명의 공간, 상처의 공간, 침묵의 공간, 비스듬한 공간, 한순간의 공간 그리고 시간의 경계 위에 선 공간 등. 그 모든 공간의 가장자리에서 시는 기억을 소환하거나 반추하며 새로운 공간의 가능성을 경험하고 창조한다. 그러므로 시의 공간은 시인의 감각과 상상력이 교차하는 지점이며, 삶과 언어가 교섭하는 역동의 장場이다. 시인은 이질적이며 분절된 공간 속에서 기억의 조각과 감각의 결을 엮어내고, 그 공간을 자기화하며 고유한 시적 지형을 구축해 나간다.

그런 점에서 하나의 장소에 산다는 것은 그 장소를 체험하고 내면화하며 궁극적으로 그것을 고유한 의미와 정체성으로 변모시키는 일일 것이다.

이처럼 '문학의 공간적 상상력'은 현실의 장소를 넘어서는 어떤 힘이다. 문학이라는 텍스트는 그 자체로 '책'이라는 하나의 물질적 공간이며 독자와 관계되기 이전에 이미 하나의 공간과 공간적 상상력을 갖는다. 그런 측면에서 문학은 오늘날 보편적으로 이해되는 사회적 신뢰의 하나이다. 여기서 '사회적 신뢰의 하나'라는 것은 문학과 시가 사회적 구성원에 의해 산출되고, 사회적 매개 작용과 장소에 의해 전달되거나 수용된다는 점을 전제로 한다. 시인은 자신의 체험과 기억으로 공간을 새롭게 구축하고, 보이지 않는 세계를 드러내며 시간과 현실의 경계를 넘어선다. 그러므로 하나의 시편은 적어도 하나 이상의 공간을 통해 시인이 추구하는 미적 세계를 연출하며, 고정되고 닫힌 세계의 틈을 열어 자신만의 언어를 찾는다.

수많은 시인의 시 속에 등장하는 장소들은 이러한 상상력의 흔적으로 잊힌 공간, 꿈의 공간, 아직 만나지 않은 먼 공간을 향해 나아간다. 시는 그 장소와 공간을 기억하며, 우리에게 아직 오지 않은 미래와 우연의 세계를 포기하지 않는다. 그러므로 그러한 시적 공간의 해명은 시인의 미적 인식과 상상력을 통해 현실에 대한 이해와 세계 인식을 확인하는 것이기도 하다.

그랜드 할리커 트리 터널

영국 사우스다운스 국립공원의 심연으로 이어지는 이 터널은 나무가 빽빽이 들어선 오솔길을 따라, 런던에서부터 치체스터로 향하는 로마시대 도로와 맞닿아 있다. 이 길은 현대와 고대를 관통하며 수 세기 동안 인간의 발걸음과 기억이 축적된 문화적 통로다. 사람들과 가축의 이동으로 길이 움푹 파이기도 했는데, 과거로부터 현재까지 이 길을 걸었던 사람들은 무슨 생각을 했으며 미래의 어느날 그들은 또 어떤 대화를 나누며 이 길을 걸을까.

    해방 후 현대시에는 이질적이고 혼종적인 탈질서의 공간인 헤테로토피아의 시대별 양상이 비교적 뚜렷하게 드러난다. 헤테로토피아는 현실에 존재하지 않는 유토피아적 장소나 파멸을 지향하는 디스토피아적 장소의 극단적 사유를 지양하는 또 다른 장소의 미학으로 어떤 중심에도 특권을 부여하지 않는 전위적인 공간이다. 이와 같은 장소의 선택은 시인의 자유와 개성을 드러냄으로써 시적 주체들의 취향과 시대의 가능성에 대한 타진을 의미한다.

    그러므로 현대시의 시대별 헤테로토피아는 기존의 일의적인 혹은 이분법적인 분석에서 벗어나 새로운 공간 해석의 방식을 제시하는 것이다. 무엇보다 그것은 식민지 시대의 근대 혹은 탈근대적 문학 연구의 연장선상에서 해방 후 현대시의 공간 담론을 보다 거시적이고 체계적으로 논의하기 위함이다.

우리가 사는 공간은 다양한 주체들의 시간과 삶의 흔적이 매 순간 경험된다. 결핍과 쾌락의 독립적 자기 영역이나 권력과 규율에 대한 일탈과 저항의 장소 그리고 디지털 시대의 SNS와 같은 가상공간 등. 그 장소의 주체들은 '사이'와 '역동'의 장소성에 대한 다양한 기억과 행동을 공유한다. 그러므로 이러한 헤테로토피아에 관한 연구는 시대적 패러다임의 변이와 소통의 의미를 추적할 수 있는 지표가 될 것이다.

더구나 오늘날 다양한 커뮤니케이션의 발전은 우리에게 익숙한 공간에서 벗어나 낯설고 이질적인 공간을 경험하게 한다. 그런 점에서 현대시의 시대별 헤테로토피아는 시적 주체의 정체성 위기와 경험의 동질성에서 나아가 시대에 따라 변화되는 공간 담론의 내러티브를 재정의할 수 있을 것이다.

1부에서는 '현대시와 내러티브, 그리고 헤테로토피아'를 주제로, 문학이 공간을 감각하고 재구성하는 다양한 의미와 방식을 살핀다. '하나의 장소, 여러 공간의 헤테로토피아'에서는 시적 공간이 단일한 의미에 머무르지 않고, 권력과 주체, 상상력이 교차하는 다층적 장소로 연결됨을 살핀다. 이어 '바깥세상으로부터의 피난처, 아를의 노란 방'에서는 고흐가 거주했던 '방'을 사례로 '누구에게도 침해받지 않는 휴식'을 그리고 싶어 했

던 그의 내면적 고뇌와 열정이 세계와 충돌하고 겹치며 드러나는 이질적이고 감각적인 공간의 면모를 조명한다. 또한 '시대의 풍경과 내면의 헤테로토피아'는 1950년대부터 최근까지 한국 현대시가 시대 현실과 어떻게 소통하며 헤테로토피아를 구성해 왔는지를 개괄한다. 즉 시는 공간적 감수성을 통해 시대 현실과 연동되고, 시적 주체의 감정·윤리·권력이 교차하는 비판적 사유의 장소로 기능하고 있음을 포괄적으로 살핀다.

2부에서는 1950년대 해방 후 전쟁과 분단의 헤테로토피아를 '원체험과 부정'의 혼종적 공간을 통해 탐색한다. 한국 전쟁과 분단은 단지 역사적 사건의 차원을 넘어, 시간과 공간의 감각을 이질화하고 혼종화하는 결정적 계기였다. 일상의 리듬과 선형적인 시간이 해체됨으로써 '다른 시간'을 경험하는 시인들은 현실의 시간에서 이탈해 폐허의 기억을 넘나드는 혼종적 시공간을 탐색하였다. 이러한 역사적 맥락 속에서 문학은 가장 예민한 촉수로 시대의 상처와 불안을 감지하며, 현실과 인간에 대한 근원적 문제를 제기하기 시작했다. 그런 측면에서 전후문학은 식민지 시대와 해방을 거쳐 현대문학을 잇는 가교이자, 내면의 기록이다. 무엇보다 이 시기 현대시에 드러나는 부정성은 이러한 절망을 넘어 파편화된 현실을 재구성하고 자기 존재의 의미를 묻는 미학적 저항일 것이다.

이에 김수영, 박인환, 박재삼의 시를 중심으로, 이 시기의 시인들이 마주한 혼종적 공간의 사유를 살폈다. 김수영의 시에 드러나는 포로수용소, 도서관, 거리 그리고 아픈 몸 등은 기획과 통제의 근대적 질서 속에서 도시 생활의 피로와 절망, 그리고 전통의 붕괴를 증언하는 장소였다. 또한 박인환의 이국적 정서가 짙게 드러나는 시는 현대 사회의 빠른 변화에 따른 도시 풍경 속의 우울과 허무를 탈이데올로기적 공간을 통해 보여주었다. 반면, 박재삼 시의 전통 설화와 자연관에 기반한 시 세계는 민족적인 '한恨'의 정서와 설화적 상상력을 통한 심미적 공간의 특성이 강하게 드러난다. 이 시기 시에 드러나는 이질적인 공간은 '가능성의 불가능성'이라는 역설적 시간 속에서, 일상성과 비일상성이 교차하는 장소로서, 시인의 내면과 시대적 불안이 교섭하는 실존의 구체적 장임을 보여준다.

3부에서는 1960~70년대 군부독재와 산업화의 헤테로토피아를 '무의미'의 비언어적 공간과 '모순과 전복'의 이질적 공간을 통해 논구한다. 이 시기는 정치적 억압과 경제적 발달의 근대화가 병행되면서 일상과 개인의 삶에 깊은 균열을 일으켰고, 시인들은 이러한 현실의 모순을 감시와 일탈의 공간을 통해 부각시켰다. 그런 측면에서 시는 판옵티콘적 감시 체계 속에서 금지되고 격리된 장소들을 시적 무대로 삼거나 환상의 공간들을 모색하기도 하였다.

특히 김춘수의 시는 이 시기 헤테로토피아적 사유를 확장하는 데 중요한 시사점을 제공한다. 그의 『처용단장』은 반反장소적 사유와 혼종적 상상력을 통해 '무의미'라는 시적 공간을 구축한다. 또한 김종삼과 전봉건 시의 '아우슈비츠', '감옥', '벽' 등에서는 격리와 통제의 양상이, '마카로니 웨스턴'에서는 현실과 허구가 혼재된 장소적 특징이 두드러진다. 세 시인의 이러한 시적 공간들은 필화사건, 동백림, 통혁당 사건으로 대표되는 당대의 정치적 억압으로부터 시가 어떻게 서사적 자유를 확보하며 자유로운 상상력을 회복해 나갔는지를 보여준다.

4부에서는 1980년대 민주화와 탈근대의 헤테로토피아를 동시대의 '환멸과 일탈'의 이질적 공간들을 통해 살핀다. 이 시기는 산업화, 군부독재, 민주화운동 등 한국 사회를 관통한 여러 역사적 사건의 격변기였다. 그리하여 정치적 폭력과 억압, 그리고 급속한 경제 성장으로 인한 실존적 위기 속에서, 현실이 상상을 압도하며 기존의 언어와 공간 질서가 붕괴되던 시대이다. 이에, 현대시는 해체된 현실 속에서 탈중심적 서사를 새로운 장소성으로 구축해 나갔다. 이러한 공간들은 사회적 규범에서 벗어나 제도와 억압으로부터 탈주하려는 욕망의 흔적이 투영된 장소들이다. 동시에 시적 주체의 내면 풍경과 시대의 혼종적 균열이 새겨진 장소로서, 현대시의 공간적·심리적 의미를 확장하는 중요한 요소가 된다.

이성복의 시에서는 절망과 연민의 정조가 일탈의 공간인 '유곽'을 통해 드러나며, 자의식의 위기와 몰락이 '금촌'이라는 실존적 장소를 통해 부각된다. 반면, '남해 금산'은 이러한 절망적 공간에서 벗어나, 치유와 신화의 공간으로써 영원성의 헤테로토피아적 역할을 수행한다. 최승자의 시에서는 '청파동'과 '부서진 집'과 같은 장소들이 부재와 침묵, 분열된 자아의 정서를 담아내는 반反장소로 제시되며, 언어의 해체와 무화無化를 통해 시대의 폭력성과 존재의 공허함을 형상화하는 서사적 공간으로 기능한다. 또한 황지우의 시는 이러한 장소성에 관한 해체의 정점을 보여준다. 그의 시에서 '광주'는 삶과 죽음의 경계가 가장 극적으로 충돌하는 헤테로크로니아로 제시되며, '솔섬'과 '율도국'이라는 이상적 공간은 탈현실적 헤테로토피아로서, 현실과 대비되는 비현실적 공간의 모습을 보여준다.

5부에서는 1990년대 이후 탈근대의 디지털 시대, 욕망과 신체 그리고 가상의 장소가 혼종된 헤테로토피아를 밝힌다. 이 시기는 중심의 해체, 고정된 의미 체계의 붕괴, 탈중심성과 비물질성이 문학 담론 전반에 확산되었다. 이로써 현대시는 이러한 불확실성과 혼종성을 반영하면서, 다양한 공간 형식을 실험하였다. 이 공간들은 시대적 욕망과 위기, 저항과 해방이 교차하며 주체의 정체성과 감각이 재배열되는 상징적 장소였다.

무엇보다 김혜순, 김언희, 이원 등의 시에는 '여성의 몸'을 통해 기존의 이분법적 공간 서사를 전복하며, 경계가 혼종적으로 교차하는 헤테로토피아적 상상력이 전개된다. 이들의 시에서 '몸'은 억압과 폭력의 흔적이자, 저항과 생성을 가능케 하는 공간으로 확장된다. 또한, 기형도의 시에서는 헤테로크로니아적 시간 속에서 '안개', '빈 장소', '사이 장소'를 부유하는 시적 주체의 정동에 주목하였다. 고정희 시에서는 저항과 해방의 파레시아가 민중 연대, 여성 해방, 생명 돌봄과 밀접하게 연결되어 있는데, 이는 마당굿시, 여성시, 그리고 지리산과 같은 헤테로토피아적 공간을 통해 부각되고 있음을 논의하였다. 유하와 장정일의 시에서는 키치, 환멸, 욕망이 신자본주의나 영상문화와 결합하여 탄생한 포스트모던의 '탈중심'적 장소들을 탐색하였다. 마지막으로 허수경 시에서는 트랜스로컬리티 translocality 로써의 '고향-타향-글로벌이라는 새 고향'으로 이어지는 헤테로토피아의 변모를 통해 서발턴들의 탈경계적 성격과 희망의 절망과 같은 이중적 감정을 추적하였다. 이와 같이 1990년대 이후의 헤테로토피아는 유토피아의 대척점이 아니라, 중심이 해체된 세계에서 주체가 불안정한 존재론을 탐색하며 새롭고 역동적인 서사를 창조하는 공간으로 구체화된다.

결국 시문학에서 이러한 헤테로토피아의 선택은 시대적 전환기 속 문학이 선택한 실험이자 시적 전략이라 할 수 있을 것이다. 알다시피 엘리엇은 '시에 관한 모든 정의의 역사는 오류'라고 했다. 그것은 모든 시인은 개별적으로 늘 새롭게 변화하며 거듭나기 때문에 시적인 것 혹은 시를 한정할 수 없다는 말일 것이다. 그런 측면에서 장소를 통해 언어와 세계를 발전시키는 시문학은 '다른 공간'에 대한 상상을 넘어, 현실의 균열 속에서 틈을 발견하고 그것을 확장하는 감각적이고 윤리적인 실천의 방식을 거듭 고민해 왔다. 그러므로 현대시의 헤테로토피아는 도피가 아닌 귀환이며, 환상이 아닌 감응으로 보이지 않는 것에 더 귀 기울이며, 불가능해 보이는 현실에 끊임없이 이의를 제기하는 시적 주체의 정동적 장소이다.

이 책은 기존 시문학사의 전통적 서사에 의존하기보다 이질적이고 혼종적인 공간 해석의 방식을 통해, 현대시의 시대별 장소의 패러다임을 새롭게 제기하고자 하였다. 더불어 SNS, 가상현실, 메타버스 등 새롭게 변화하는 장소와 실존의 관계를 어떻게 설정하고 연구해 나갈 것인가에 대한 고민이기도 하다. 각 시대와 시인들이 구현하는 헤테로토피아는 우리 현실이 지닌 복잡성과 불완전성을 드러내는 잣대로써, 그 속에 잠재된 가능성과 저항의 흔적을 탐색하는 중요한 지표이다. 이러한 공간들은 과거와 현재, 그리고 미래를 연결하는 다리 역할을 하며, 우리가 일상적으로 무심코 지나치는 장소들이 어떻게 상징적 의미와 정서적 울림을 주는지를 보여준다.

    이 연구를 통해 한국 현대시의 공간이 갖는 다층적이고 복합적인 의미를 더 깊이 고민하며 그 속에 내재된 저항과 연대, 상처와 치유의 상징적 의미들을 폭넓게 감응함으로써 장소 연구의 또 다른 지형을 만들어나가는 데 도움이 되길 기대한다. 끝으로 그동안 연구에 도움을 주셨던 지도교수님과 동료들 그리고 사랑하는 가족들과 나의 처음이자 마지막에 있을 珉에게 무한한 감사의 마음을 전한다. '저울처럼 공평한 세상'을 위해 그간 당연시해 온 삶의 관점이나 주목받지 못한 현실에 언제나 시와 문학이 가닿길 희망하며.

2025년 8월
김지율

차 례

머리말 5

1부
현대시와 내러티브 그리고 헤테로토피아

하나의 장소, 여러 공간의 헤테로토피아 25

    장소 밖의 장소: 이질적 공간성과 시적 주체의 재구성 29
    권력, 공간, 신체: 헤테로토피아를 통한 사회제도의 공간적 이동 34
    헤테로토폴로지와 공간의 비판적 사유 36

바깥 세상으로부터의 피난처, 아를의 '노란 방'   40

시대의 내면 풍경과 헤테로토피아   50

    '가능성의 불가능성'으로서의 이질적 시간과 혼종적 공간,
        1950년대 문학의 공간   52

    판옵티콘 시대, 감시와 일탈로서의 서사 공간,
        1960, 70년대 문학의 공간   54

    동시대의 환멸과 일탈의 공간,
        1980년대 민주화와 탈근대의 헤테로토피아   58

    경계의 해체와 이질적 공간,
        1990년대 이후 포스트 모던과 탈중심의 헤테로토피아   61

    시대의 경계를 가로지르는 시적 공간을 위하여   65

2부
원체험과 부정의 혼종적 공간
: 1950년대 해방 후 전쟁과 분단의 헤테로토피아

'가능성의 불가능성'으로서의 이질적 시간과 혼종적 공간,
1950년대 현대시의 헤테로토피아   71

    도시 공간의 모더니즘적 상상력과 자연 친화적 전통 서정   76

김수영 시에 드러나는 경험의 토폴로지   81

    전쟁과 역사의 현장, 생존과 죽음이 교차하는 '포로수용소'   85
    전후 근대 도시의 이질적 장소들 – 거리, 국립도서관, 산정   94
    저항과 생성으로서의 '아픈 몸'   110

박인환과 박재삼 시에 드러나는 혼종적 장소의 의미   127

    도시 지향과 '명동'이라는 모더니티 장소   127
    희망과 절망의 경계, 탈이데올로기적 공간 '마리서사'   142
    '삼천포'의 가난과 슬픔으로 구축된 전통 자연관   161
    설화적 상상으로서의 심미적 공간   176

3부
'무의미'의 추구와 모순과 전복의 反공간
: 1960~70년대 군부독재와 산업화의 헤테로토피아

판옵티콘 시대, 감시와 일탈로서의 서사 공간,
1960, 70년대 현대시의 헤테로토피아   197

김춘수의 『처용단장』과 '무의미의 시'에 드러나는 헤테로토피아   208

    혼종적 상상력과 무의미의 공간: 『처용단장』의 반反장소적 의미   216
    '통영'과 '바다' 그리고 고향의 헤테로토피아   224
    세다가야서와 '감옥'이라는 규율과 일탈의 장소   234

김종삼과 전봉건 시의 헤테로토피아   250

    '아우슈비츠'라는 모순과 이질성異質性의 장소   256
    '원정園丁' 이라는 영원성의 공간   268
    사랑이라는 '환상'의 서사 공간 – 「춘향연가」와 '옥獄'   282
    영화와 현실의 혼종적 장소 – '마카로니 웨스턴'   290

추천글   309
참고문헌   315

공간이란 주체에 의해 구성된 '실체'가 아니라
복합적인 힘들의 배치와 구성에 따른 '효과'이다.
그러므로 정치와 권력에 대한 첫 번째이자 궁극적인 저항,
마지막 남은 최후의 저항은 '쓰는 것'이다.

— 미셸 푸코

1부

현대시와 내러티브 그리고 헤테로토피아

'권력의 비-장소non-lieu'는 무한한 헤테로토피아적
지대들의 중심에 놓여 있다.

— 테이소 Georges Teyssot

하나의 장소,
여러 공간의 헤테로토피아

Heterotopia in one place, multiple spaces

어떤 장소도 다른 모든 장소와 동등하다
-하이데거, 『세계상世界像의 시대』

　인간이 자신의 정체성을 인식하게 되는 출발점은 다름 아닌, 현재 그가 위치한 장소에 대한 자각에서 비롯된다. 이러한 점에서 삶은 필연적으로 '장소'와 긴밀하게 결부된다. 현대 사회에서 '장소'와 '공간'은 단순한 물리적 실체를 넘어, 존재하는 모든 사상과 담론이 교차하는 장場이다. 이는 곧 문학과 문화학의 논의 속에서 다층적인 의미를 지니며 새로운 차원으로 확장된다.
　근대 이후의 공간은 신神 중심의 질서에서 벗어나 인간 중심의 체계로 전환되었다. 그에 따른 공간의 분할 역시 새로운 방

**1960~70년대 진주 남강교 (위)
지금의 진주성 안, 철거 장면 (아래)**
(사진제공, 한국사진작가협회 진주지부)

식으로 사유되기 시작했다. 이것은 '내부/외부', '중심/주변', '공적/사적', '정상/비정상'과 같은 이분법적 구도에서 벗어남으로써 효율성과 생산성이 중요시되는 공간의 기능과 경계가 해체됨을 의미한다.

우리는 결코 순백의 중립적인 공간에서 살아가는 존재가 아니다. 일상에 있는 거리와 통로, 기차와 지하철 그리고 카페와 영화관과 같은 장소들은 각기 다른 공간에 속하면서도 동시에 어떤 공간에도 속하지 않는다. 그러한 장소들은 여러 사회적 맥락과 시간적 층위를 동시에 포함하며, 현실과 비현실이 얽히는 순간을 만들어낸다. 조르주 페렉[1] 또한 막

---

[1] 조르주 페렉은 동시대 프랑스 철학의 핵심이었던 들뢰즈의 '상대화하기|relativiser' 개념이나 푸코의 '다르게 생각하기|penser autrement' 개념을 '공간'에 관한 사유와 글쓰기에서 구체적으로 실천하였다. 그는 신중하고 세심하게 때로는 아주 기발하고 낯선 관점으로 공간들을 새롭게 정의하고 의미화했다. 그가 볼 때 공간은 명확하지 않고 고정되지 않은 "질문"이며 "의심"이기도 했다. 그런 점에서 공간은 어느 누구에게도 온전히 주어진 적 없고, 어느 누구에게도 영원히 종속되지 않는다. 이러한 공간에

연하게 주어졌던 기존의 공간 의미에서 벗어나 그것의 진정한 의미와 기능에 대해 끊임없이 질문하고, 사색하고, 되물으며 다시 생각했다.

개인들은 이러한 공간 속에서 다양한 관계와 상호작용하며 자신을 성찰하고 재구성한다. 그런 측면에서 장소는 거울과 같다. 내가 부재한 곳에서 나는 나를 다시 바라보게 되며, 내가 존재하는 곳에서 나 자신을 다시 구성하기 때문이다. 이처럼 장소는 주체와 객체, 시간과 공간, 자아와 타자가 상호 작용하는 복합적 구조를 지니며 개인의 기억과 경험에 따른 세계의 복잡성을 반영한다. 최근 산업화와 다양한 커뮤니케이션의 발달은 익숙하게 인식해 오던 장소를 낯설고 새로운 공간으로 변화·발전시키고 있다. 이러한 장소와 공간의 변화는 존재의 정체성과 동시대 현대시를 해석하는 방법에 중요한 문제의식을 제기한다. 그러므로 특정 시대와 관련된 '공간의 전회'는 물리적 변화에 그치지 않고, 현실의 재현과 그 의미의 재생산을 위한 해석의 전환이 될 수 있을 것이다.

문학의 공간성은 텍스트 내부의 구조적 차원을 넘어 시대적

대해 분류하고 기록했던 그의 모든 행위는 언제든지 거대한 기억의 세계로 들어갈 수 있는 준비 작업이었다. 그는 우리 일상의 일부이거나 배경이었던 공간들을 기록하고 대상화함으로써 무한한 기억과 상상을 통해 우리의 삶 자체를 드러내고 새롭게 사유하게 하였다.(조르주 페렉, 김호영 옮김, 『공간의 종류들』, 문학동네, 2019)

감각과 사회적 실천으로써 현실적 장소로 확장된다. 앙리 르페브르의 말처럼, 공간은 단순한 배경이 아니라 사회적으로 '생산된' 산물이며, 문학 특히 현대시는 그러한 공간 생산의 역동성을 포착하는 담론적 장치로 기능한다. 현실의 공간이 시대의 흐름 속에서 증식하고 분할되어 새로운 의미를 생성하고 구현한다면, 문학의 장소 또한 그 변화를 내면화하거나 상징화하는 방식으로 변화될 것이다.

그런 측면에서 시는 '언어'라는 매개를 통해 공간의 이미지를 생산하고, 그 이미지들이 텍스트 내부에서 상호 작용함으로써 시적 주체의 고유한 체험을 부각시킨다. 시인은 내면화되고 체화된 스스로의 상상력을 바탕으로 시적 공간을 분할하거나 통합하며 그 안의 대상들을 살아 움직이게 한다. 시적 공간은 그러한 공간과 장소에 얽힌 주체의 기억과 감정 그리고 타자와의 관계를 통해 형상화되므로, 시인의 미적 인식과 시 세계를 확인할 수 있는 근거이기도 하다.

그러므로 장소는 지리적 혹은 물리적 장소뿐 아니라 안락의자, 다락방, 지하실, 난로, 서랍 등 개인의 사적 체험의 장소에서부터 내밀한 기억의 심상적 장소까지를 모두 포함한다. 이때의 장소와 공간은 시간과 분리되지 않으며, 과거와 현재 그리고 미래의 시간 속에 있다. 또한 장소와 공간, 자아와 타자, 주체와 객체는 고정된 이분법에 머무르지 않고 상호작용하는데,

시는 바로 이 교차점에서 새로운 상상력을 통해 사유의 지평을 확장해 나간다.

장소 밖의 장소: 이질적 공간성과 시적 주체의 재구성

인간은 늘 자신이 소유하고 있는 것에 대해 불만족하며 결핍된 것을 추구하고자 하는 기본적인 욕망을 지닌다. 하지만 이러한 결핍을 보완하기 위한 부단한 노력이 세계 발전과 진보의 원동력이 되어왔다. 즉 현실을 초월한 보다 나은 이상향인 유토피아에 대한 욕망은 시대와 사회적 상황에 따라 변화 발전되었다. 무엇보다 근대의 장소는 자본과 권력에 의해 '인간 소외'와 '장소 상실'을 경험하였다. 이는 곧 존재의 위태로움을 의미하며, '헤테로토피아'[2]는 이러한 근대 장소의 위기를 극복하기 위한 대안이

---

2 푸코에게 있어 헤테로토피아 개념이 중요한 이유는, 그가 공간 자체를 사상적 탐구의 중심으로 삼았기 때문이다. 그의 철학은 공간을 경계, 분산, 외부, 감금, 지층, 시선, 구조 등의 언어적 개념들로 구체화하며, 이들 공간 개념을 통해 사물을 탐구하는 독특한 방식을 확립하였다. 특히, 『감시와 처벌』, 『말과 사물』, 『광기의 역사』 등에서 공간은 사유의 고유한 방식으로 작용하며, 시간과는 달리 내적이고 필연적인 의미를 갖지 않는다. 오히려, 사회적·문화적 권력과 규범이 외부의 경계 짓기를 통해 형성되고 성립하는 '외부성의 분산' 개념과 깊이 연관되어 있다. 이러한 공간적 사유는 기존의 역사적 또는 담론적 구성 원리와 달리, 서로 연관되지 않은 요소들이 규칙 없이 분산되고 연결되며, 이 틈새와 빈 공간이 곧 원리와 주체의 부재를 상징한다. 그런 측면에서 공간은 정해진 규칙이나 필연적 원리로 결정되지 않으며, 이는 현대사회의 복잡성과 우연성을 드러내는 핵심적 개념이 된다.
그는 이러한 공간을 세 가지 유형으로 분류하였다. 첫째는 우리가 살아가는 일

미셸 푸코(1926-1984)

자 대항 담론의 장소이다. 결핍되고 획일화된 현실적 장소에 맞서 해방과 자유의 장소성을 구현하는 헤테로토피아적 사유는 인간의 존엄이나 숭고와 관련되며 이는 곧 문학의 본질과 맞닿아 있다.

또한 현실의 다양한 공간은 새로운 변화와 정체성의 혼란을 통해 현재의 부정과 미래의 긍정을 동시에 함축한다. '유토피아'에 대한 성찰 역시 지향과 이탈이라는 양면성을 내재할 수밖에 없는데, '헤테로토피아'는 이러한 '유토피아'의 흔들림을 지속적으로 응시하며 그것이 실현

상적이고 동질적인 공간인 '호모토피아', 이상적이지만 실재하지 않는 '유토피아', 그리고 실재하며 사회 질서와 기능에 균열을 내는 '헤테로토피아'이다. 이 가운데 '헤테로토피아'는 사회적으로 '정상' 혹은 '중심'으로 간주되는 질서의 경계 밖에 존재하며, 기존의 공간 구성을 전복하고 새로운 감각과 사회적 의미를 생성하는 탈중심화된 장소이다. 현실에 존재하지 않는 이상적 공간인 '유토피아'의 한계와 추상성을 비판하며 제기된 '헤테로토피아'는 그리스어로 '다른'을 의미하는 'hetero'와 '장소'를 뜻하는 'topos'의 합성어로 곧 '다른 공간' 혹은 '이질적 장소'를 뜻한다.

한마디로 헤테로토피아는 단일한 의미나 구조로 환원될 수 없는 혼종적 장소를 이른다. 푸코는 현실에 배치된 이러한 장소들의 특성에 따른 분류와 기술 방법을 '헤테로토폴로지heterotopology'라 하였다. 이는 도서관이나 박물관처럼 시간의 축적과 영원성을 담지한 장소, 놀이터나 백화점처럼 쾌락과 환상의 기능을 수행하는 장소, 감호소나 병영처럼 규율과 억압의 메커니즘이 작동하는 장소, 혹은 게토와 난민촌처럼 사회적 배제와 도피가 구조화된 장소 등으로 구분된다. 나아가 현대의 SNS와 메타버스와 같은 가상 공간에까지 이를 수 있다. 이러한 헤테로토피아는 경계Boundary, 중첩Overlap, 관계Relationship 등의 특성을 가지며, '다름'과 '경계 넘기' 그리고 '저항'의 공간으로 확장해 나가고 있다.

되는 과정에서 드러나는 모순과 폭력에 반反하고 탈脫하는 장소이다. 그럼으로써 기존의 철학적 담론이 간과해온 '여백'과 '틈'으로써 장소 밖의 장소 혹은 그 장소의 경계 너머로 나아간다.

> 아마도 모든 문화와 문명에서도 사회 제도 그 자체 안에 디자인되어 있는, 현실적인 장소, 실질적인 장소이면서 일종의 반反배치이자 현실화된 유토피아인 장소들이 있다. 그 안에서 실제 배치들, 우리 문화 내부에 있는 온갖 다른 실제 배치들은 재현되는 동시에 이의 제기당하고 또 전도된다. 그것은 실제로 위치를 한정할 수 있지만 모든 장소의 바깥에 있는 장소들이다. 이 장소는 그것이 말하고 또 반영하는 온갖 배치들과는 절대적으로 다르기에, 나는 그것을 유토피아에 맞서 헤테로토피아라고 부르고자 한다.[3]

근대 문학의 기원이 선형적 역사관과 총체적 진리 체계에서 벗어나, 다원성과 불확정성, 그리고 권위적 담론에 대한 비판적 거리 두기를 통해 확립되었듯, '헤테로토피아' 또한 중세의 위계적 공간 개념을 넘어서 현실에 실재하는 유토피아로 기능

---

3   미셸 푸코, 이상길 옮김, 『헤테로토피아』, 문학과지성사, 2014.

한다. 그것은 주체와 타자의 경계를 허물고 시적 주체의 내면을 반영하는 내러티브적 장소로 공간적 배치를 넘어 사회 질서와 체계에 대한 비판과 저항의 의미를 지닌다. 공존과 병치, 통제와 자유, 억압과 쾌락, 기억과 망각이 혼재하는 헤테로피아는 장소의 문제뿐 아니라 존재와 권력, 정체성과 사회적 위치에 관한 문제를 감각적으로 사유하며 사회와 철학 그리고 예술적 담론으로 확장된다.

특히 현대시의 이질적 장소는 시적 주체의 내면을 투사하며, 억압적 현실로부터 이탈하거나 그 모순을 반영하고 상징한다. 시적 주체는 고정된 위치와 장소에서 벗어나, 경계와 틈이 교차하는 곳에서 자신을 성찰하고 새롭게 재구성한다. 이때 헤테로피아는 사회적 기표로부터 탈주하여 시적 상상력과 결합하여 다양한 목소리들이 교차하는 주체의 공간이 된다. 그러므로 헤테로피아는 '권력의 미시적' 특징과 '권력의 비장소적' 특성이 동시에 드러나는 역동적 장소이다.

무엇보다 헤테로피아의 '절대적 다름'과 문학적 경계 경험은 '구조주의'와 관련이 깊다. '구조주의'는 요소 간의 관계를 병렬적, 대립적, 상호함축적으로 구성하는 공간적 사유를 강조한다. 공간은 시간과 달리 내재적이고 필연적인 의미나 구조를 가지지 않는다. 그런 점에서 이질적 공간의 사유는 특정 원리나 담론에 의존하기보다는, 다양한 요소들이 분산되고 연결되는 과정에서 생성되므로 현대 사회의 복잡성이나 우연성과 맞닿아 있다.

현대시는 '경계와 위반'의 언어적 경험을 내포하며, 그것은 대체로 상호 의존적이다. 또한 시적 대상이 보는 자의 주관에 따라 달라질 수 있다는 점을 전제할 때, 시인은 자신의 언어를 되돌아보고 의심하는 메타픽션 기법에 기대기도 한다. 이에 따라 현실과 허구의 구분이 흐려지고, 작품에 대한 해석의 선택권이 독자에게 열려 있으므로, 자연스럽게 열린 결말의 형태로 전개된다. 이는 이질적 장소로써 탈중심적 사고의 틀을 형성하는 헤테로토피아적 언어로 귀결된다. 이처럼 현대시는 언제나 새로운 공간을 지향한다. 그러한 장소들은 익숙하거나 낯설게 존재하며 어제와 다른 공간으로 주체를 이동시키고 또 변화시킬 것이다.

> 이 장소들은 모든 곳으로 퍼져나가
> 새로운 공간을 내주고 또 다른 방향을 결정 짓는다
> – 장 뤽 낭시, 『무위의 공동체』

권력, 공간, 신체: 헤테로토피아를 통한 사회제도의 공간적 이동

권력과 지식 그리고 공간은 각각 분리된 실체가 아니라, 상호 연결된 역동적 관계망이다. 권력은 지식의 생산이나 유통과 맞물리며 개인의 주체성을 구성하고, 사회적 질서를 형성하는 실천적 장치로 기능한다. 이러한 권력-지식의 작동은 일정한 공간 배열과 구조를 통해 구체화된다. '또 다른 공간'으로서의 헤테로토피아는 이러한 권력과 지식이 사회제도 속에서 어떻게 교차하고 작동하는지를 보여준다. 병원, 학교, 군대 등의 제도적 공간은 그 기능을 수행하는 기능적 장소에 그치지 않고, 특수한 규범과 행위 양식을 반복적으로 내면화하는 구조적 장치로 작동한다.

부산 보수동 책방 골목길

예컨대 병원은 의료의 권위를 제도화하고, 환자를 객관화된 진단의 대상으로 변환시키며, 특정한 지식 체계를 정당화한다. 마찬가지로 교실은 지식 전달을 극대화하는 동시에 학생을 통제와 복종의 대상으로 위치시키는 훈육의 공간이다.

이처럼 사회적 제도의 공간은 권력 관계가 가시화되고 규율화되는 물리적 장치이며, 헤테로토피아는 이러한 제도 공간의 내부에서 이질성과 경계를 드러내는 '다른 공간'의 특성을 보인다. 특히 판옵티콘panopticon은 이 같은 '권력-지식-공간'의 삼중 작동 방식을 극명하게 보여준다. 중앙 감시탑과 주변 감방이 원형으로 배치된 이 구조는 감시하는 주체의 비가시성과 피감시자의 가시성을 극대화함으로써, 감시의 가능성을 스스로 내면화하도록 유도한다. 이때 공간의 물리적 배치는 규율이 체계화되는 구조로써 권력은 '감시'라는 체계를 통해 주체가 사고와 행위를 스스로 통제하게 만든다. 결국 공간은 권력의 물질적 구현이며, 주체를 통제하는 기제로 기능하게 된다.

이와 관련하여 인간의 '몸'은 가장 근본적인 헤테로토피아적 공간이다. 몸은 개인이 존재를 경험하는 실존적 장소이면서, 동시에 사회적 의미가 부과되는 복합적인 공간으로 우리는 그 몸으로부터 결코 벗어날 수 없다. 즉, 몸은 세상의 중심인 물리적 실체로서 자신 안에서 세계를 지각하는 동시에, 성별·연령·장애 등 사회적 규범에 따라 나누어지고 규율화된다. 사회는 그러한 몸에 다양한 카테고리를 부여해 행동을 규제하고 의미를 부여한다. 몸은 물질성과 상징성을 함께 지닌 다층적인 장소로 외부를 감각하고 인지하여 그것에 따라 움직이는 장소로 개인의 주체성과 사회적 권력이 교차한다. 그러므로 그것은 모든 장소 바깥에 위치하며 생로병사의 변화를 겪는 어찌할 수 없는 장소이다.[4]

헤테로토폴로지와 공간의 비판적 사유

> 공간적 실존은, 모든 살아 있는 지각의 기본 조건이다.
> – 모리스 메를로 퐁티, 『지각의 현상학』

헤테로토피아를 분류하고 기술하는 이론적 틀인 '헤테로토폴로지heterotopology'는 이질적 장소들을 설명하는 방법론으로 장

---

[4] 푸코는 이러한 '유토피아적인 몸' 또한 헤테로토피아적 장소로 우리는 그 장소의 일부로 존재한다고 보았다. "내 몸, 그것은 나에게 강요된, 어찌할 수 없는 장소다. 결국 나는 우리가 이 장소에 맞서고, 이 장소를 잊게 만들기 위해 그 모든 유토피아를 탄생시켰다고 생각한다. 유토피아의 매력, 아름다움, 경이로움은 어디에서 비롯하는가? 유토피아, 그것은 모든 장소 바깥에 있는 장소이다. 한데 그것은 내가 몸 없는 몸을 갖게 될 장소인 것이다. 아름답고, 맑고, 투명하고, 빛나고, 민첩하고, 엄청난 힘을 지니고, 무한히 지속되고, 섬세하고, 눈에 띄지 않고, 보호되고, 언제나 아름답게 되는 몸, 원초적인 유토피아, 인간의 마음속 가장 깊숙이 자리 잡고 있는 유토피아, 그것은 바로 형체 없는 몸의 유토피아일 것이다."(미셸 푸코, 이상길 옮김, 『헤테로토피아』, 문학과지성사, 2014, 28-29쪽)

소 간의 관계성과 기능, 그리고 그것이 지닌 사회적 의미를 해명한다. 사회적 상황과 시간의 흐름에 따라 다양한 방식으로 작동하는 헤테로토피아는 단일한 기능으로 환원되지 않으며 사회적 배치 속에서 끊임없이 변형되고 전환된다. 예컨대, 과거의 수도원이나 성지로 수행되던 장소가 현대의 요양원으로 바뀌기도 하고, 박물관이 메타버스 공간으로 대체되는 등 양립 불가능한 복수의 공간이 한 장소 안에 병치 되기도 한다. 헤테로토폴로지는 현실의 모든 규범적 배치를 이탈하거나 변형하고 고립과 침투, 개방과 폐쇄라는 상반되고 이질적 장소의 위상학적 특성들을 밝힌다.

이처럼 인간의 일상적 공간을 구획하고 조직하며 기존 질서에 이의를 제기하거나 전복하는 헤테로토폴로지는 '열림과 닫힘', '안과 밖', '중심과 주변'이라는 이분법적 공간 구조나 기존의 장소적 상상력을 재구성한다. 나아가 우리가 살아가는 공간과 사회 구조를 비판적으로 성찰하며, 새로운 존재 방식과 사회적 가능성을 실험하는 대항 공간$^{\text{counter-site}}$의 위상학이다.

⟨헤테로토피아의 유형과 특성⟩

헤테로토폴로지 관점	헤테로토피아 유형	특성	정의	장소의 예
모든 문화에 존재	위기의 헤테로토피아	신성성과 금지	특권화되거나 신성시되는 장소와 금지된 장소들 혹은 생물학적 위기를 겪고 있는 개인적인 장소들로써 세계의 모든 사회에 존재하거나 구축됨.	사춘기 청소년들의 집, 달거리 여성의 집, 출산을 기다리는 여성들의 오두막, 기숙학교 등.
	일탈의 헤테로토피아	일탈성	일반적인 사회 규범이나 규칙, 정상적 관념으로부터 벗어난 행동을 하는 개인들을 위한 장소.	요양원, 정신병원, 감옥, 양로원 등.
역사적 변이성	변이의 헤테로토피아	변이성	사회의 모든 배치와 연결되는 공간으로 시대에 따라 그것이 갖는 가치가 변화하는 장소.	매음굴, 묘지 등.
다양한 공간의 병치	대립과 모순의 헤테로토피아	중첩성	양립할 수 없는 복수의 공간, 복수의 배치를 하나의 실재 장소에 나란히 구현함으로써 공존 혹은 대립적 구조를 가지는 장소.	극장, 영화관, 정원, 백화점, 전시장, 기차역 등.
시간의 분할	영원성의 헤테로토피아	축적성	하나의 장소에 모든 시간, 모든 시대, 모든 형식과 취향을 구축하는 아카이브의 장소.	도서관, 박물관, 미술관 등.
	축제의 헤테로토피아	한시성	일상적인 시간에서 벗어나 일시적 장소에서 한시적으로 열렸다가 닫히는 장소.	축제, 휴양촌, 시장, 놀이공원, 스포츠 경기장 등.
열림과 닫힘의 체계	폐쇄의 헤테로토피아	폐쇄성	의례나 정결 의식과 같이 강제성과 폐쇄성을 지니는 장소.	기숙학교, 감옥, 군대, 이슬람교 목욕탕, 사우나, 출입 통제 구역, 격리 병동 등.
	개방적 헤테로토피아	개방성	특정 행동이나 의례를 통해 진입이 허가된 공간 혹은 외부와 분리된 장소. 열림과 닫힘의 체계를 전제로 함.	미국식 모텔, 고급 클럽 등.
나머지 공간에 대한 이의제기	환상의 헤테로토피아	환상성	실존하는 공간을 환상과 환영의 장소로 만들거나 불충분한 장소를 정비된 곳으로 만드는 장소.	매음굴 등.
	보정의 헤테로토피아	전복성	다른 모든 공간에 이의를 제기하는 공간.	식민지, 배 등.

헤테로토피아의 유형화는 각 사회가 구축해 온 질서와 균열의 가능성을 드러내는 비판적 사유로써 헤테로폴로지를 전제로 한다. 대체로 그것은 '정상'이라 간주하는 공간 배치의 바깥에 존재하며, 그 구조 속에 내재된 권력의 작동 방식과 지식의 체계를 해체하거나 전복하는 잠재성을 지닌다. 예컨대 '위기의 헤테로토피아'와 '일탈의 헤테로토피아'는 사회가 특정 주체들을 어떻게 비정상으로 명명하고 격리하는지를 보여주며, '축적성'이나 '환상성'은 특정한 기억과 가치, 욕망이 어떻게 공간에 선택적으로 보존되거나 왜곡되는지를 드러낸다. 이러한 공간들은 중립적이고 기능적인 장소로 인식될 수 있으나, 근본적으로 특정한 사회적 담론과 이데올로기가 지속화되거나 내면화된 결과로 볼 수 있다.

이처럼 우리가 일상적으로 받아들이는 공간의 구성과 질서에 이의를 제기하는 헤테로토피아는 공간의 정치성에 대한 자각과 그에 대한 인식론적 거리 두기를 가능하게 한다. 그러므로 현대시의 공간은 자본주의의 중심에 위치하는 것이 아니라, 오히려 그것의 바깥에 자리하는 이질적인 장소일 것이다. 그러한 장소는 결코 평온하거나 안정된 곳이 아니라, 오히려 폐허 위에 자리한 영원히 불완전하고 불안정한 장소일지도 모른다.

바깥세상으로부터의 피난처,
아를의 '노란 방'

> 나는 내 방과 내 집을 그리고 싶었다.
> 나에게 바깥 세상은 너무 강하고,
> 내 방은 그로부터의 피신처였다.
> – 빈센트 반 고흐

고흐의 그림에는 항상 '공간'에 대한 긴장이 존재한다. 그는 대부분의 공간을 사실적으로 묘사하기보다는 감정에 의한 주관 혹은 내면 풍경으로서의 공간을 창조했다. '아를의 침실 Bedroom in Arles'은 프랑스 아를의 '노란 집'에 머무를 당시 고흐가 거주했던 방을 그린 후기 작품으로 그의 내면적 고뇌와 예술적 열정이 잘 드러난다. 고흐는 이 '방'을 세 가지 버전으로 그렸는데 이는 고향에 대한 그리움과 마음의 안정을 갈망했던 그의 내면이 잘 드러나는 지점이다. 외부와 단절되어 여러 감정이 교차하는 이 '방'은 보는 사람의 시선을 방 안으로 끌어들이는 동시에 현실과 다른 시간과 질서를 느낄 수 있는 장소이다. 실제로 이 그림에서 보이는 과장된 원근법, 기울어진 사물, 선명하게 부각되는 색채 등은 다양한 감각

빈센트 반 고흐, 〈노란 집The Yellow House〉, 1888

과 복잡한 감정이 교차하는 내면적 질서에 따라 배치된 시공간이기 때문이다. 고흐가 이 방을 그리며 가졌던 내밀한 감정들은 동생 테오에게 보낸 편지에 잘 드러난다.

    너에게 작업 방향을 조금이라도 알려주고 싶어서 작은 스케치를 동봉한다. 오늘은 기분이 아주 좋은 날이다. 새로운 아이디어가 떠올랐는데 그 구성을 스케치해 보았다. 늘 그렇듯 크기는 30호 캔버스다. 이번에 그린 작품은 나의 방이다. 여기서만은 색채가 모든 것을 지배한다. 그것을 단순화하면서 방에 더 많은 스타일을 주었고 전체적으로 휴식이나 수면의 인상을 주고 싶었다. 사실 이 그림을 어떻게 보는가는 마음 상태와 상상력에 달려 있다. 벽은 창백한 보라색이고 바닥에는 붉

은 타일이 깔려 있다. 침대의 나무 부분과 의자는 신선한 버터 같은 노란색이고 시트와 베개는 라임의 밝은 녹색, 담요는 진홍색이다. 창문은 녹색, 세면대는 오렌지색, 세숫대야는 파란색이다. 그리고 문은 라일락색.

그게 전부다. 문이 닫힌 이 방에서는 다른 어떤 일도 일어나지 않는다. 가구를 그리는 선이 완강한 것은 침해받지 않는 휴식을 표현하기 위해서이다. 벽에는 초상화와 거울, 수건, 약간의 옷이 걸려있다. 그림 안에 흰색을 쓰지 않았기 때문에 테두리는 흰색이 좋겠지. 이 그림은 내가 강제로 휴식을 취할 수밖에 없었던 데 대한 일종의 복수로 그렸다.

내일도 하루 종일 이 그림에 매달릴 생각이다. 구상이 아주 단순한 그림인 만큼 그림자나 미묘한 음영은 무시하고 일본 판화처럼 환하고 명암이 없는 색조로 채색했다.

— 1888년 10월 16일[1]

고흐는 테오에게 이 그림을 그린 이유를 누구에게도 '침해받지 않는 휴식'을 그리고 싶었기 때문이라고 했다. 단순하면서도 더 많은 스타일을 주어 전체적으로 '휴식이나 수면의 인상'

---

1 빈센트 반 고흐, 신성림 옮김, 『반 고흐, 영혼의 편지』, 예담, 2005, 214쪽.

을 표현하고 싶었다고
했던 것은, 실제적인 묘
사보다는 자신의 이면
에 더 깊이 천착했음을
밝힌 것이다. 때문에 이
그림의 느낌은 보는 사
람의 마음 상태와 상상

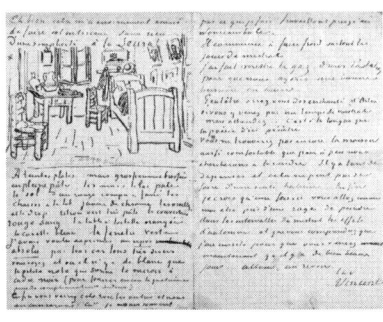

고흐가 고갱에게 보낸 편지와 침실의 스케치

력에 달려 있다고 했던 것이다.

말하자면 이 그림은 개인의 정서적 기표에 머물지 않고 시공간의 근대적 감각과 주체의 해체 문제까지를 함의하고 있다. 근대에 들어 공간은 기능적으로 분할되고 분류되기 시작했다. 앞서 이야기한 것처럼 '공적 공간'과 '사적 공간', '정상'과 '비정상', '내부'와 '외부'의 이분법은 근대적 주체를 끊임없이 규율하고 구분 짓는다. 헤테로토피아가 이러한 구분과 경계를 무화시키고 다층적 시간과 정체성이 교차하는 장소라면 고흐의 '노란 방'은 이와 같은 공간적 긴장을 시각적으로 드러낸 이질적 장소로 그의 깊은 내면을 공간화한 정동의 장場이다. 고독, 열망, 불안, 그리고 존재에 대한 시선이 복잡하게 교차하는 곳으로 그의 정신과 심리적 상태뿐 아니라 시대의 질감이 투영되었다고 볼 수 있다. 그러므로 이 그림에서는 한 개인이 근대라는 시공간 속에서 어떻게 그것을 경험하고 그 공간에서 자신과 부덧치며 스스로를 조직하고 또 해체해 나갔는지를 조심스럽게 읽을 수 있다.

> 어느 장소를 오래 바라보면,
> 결국 그곳에 내 마음이 스며들게 된다.
> – 빈센트 반 고흐

그림 속 고흐의 방으로 들어가 보자. 이 방은 하나의 시공간에 다층적 시간과 정체성이 공존한다. 이는 유토피아처럼 존재하지 않는 공간이 아니라, 현실에 실재하면서도 현실적 질서에서 벗어나려는 그의 내면적 정동이 투영되며 '타자적 장소'로 전환된다. 이 전환의 핵심에는 색채가 있다. 고흐는 실제 침실의 모습보다 훨씬 더 단순화하고 과장된 형태와 색을 선택했다. 벽과 문은 대담한 청록색으로 칠해졌고, 침대와 가구는 불그스름한 황색을 띠며 화면의 중심을 점유한다. 침실의 색채 또한 그대로 재현한 것이 아니라 감정과 고립감, 안정과 불안이 교차하는 내면의 감정선을 드러내고 있다.

특히 눈에 띄는 것은 이 방에는 하나의 시간만을 담고 있지 않다는 것이다. 그는 이 방을 '휴식과 안정의 공간'으로 상정했지만, 실제로는 그 공간조차 그에게 안정감을 주지 못했다. 왜냐하면 그곳은 그가 이상적으로 바라는 미래의 희망적 시간과

빈센트 반 고흐, 〈아를의 침실Bedroom in Arles〉, 1889

불안정한 현재의 시간, 그리고 따뜻한 유년의 기억이 동시에 투영되어 있기 때문이다. 그림 속 두 개의 의자, 두 개의 베개, 두 개의 초상화는 새로운 색채와 미술 작업의 연대를 위해 폴 고갱이 아를에 내려와 있던 시기, 고흐가 고갱과의 화가 공동체에 대한 기대를 얼마나 절실하게 했었는지를 알 수 있다. 그러므로 이 방은 그들이 예술 공동체의 꿈을 꾸던 공간이자 고갱이 떠난 뒤 고흐 혼자 남은 고독의 장소이기도 하다. 따라서 과거, 현재, 미래가 동시에 존재하는 다층적 시간성은 '되기를 꿈꾼 미래'의 시간을 미리 배치함으로써, 존재하지 않는 혹은 이미 떠난 타자를 호출하는 헤테로크로니아의 특징을 지닌다.

무엇보다 작품 속 극도로 단순화된 사물들은 개인의 내밀한 정서와 밀접하다. 침대는 일반적으로 안식과 휴식의 장소로 이해된다. 그러나 이 그림 속 침대는 과도하게 기울어진 시점과 강렬한 채도로 인해 오히려 불안정해 보인다. 이는 실재적 공간을 반영하면서도 그것을 전복하는 반(反)장소적 특성과 맞닿아 있다. 즉 눈에 보이는 가구들이 기능적으로 보이기보다, 고흐의 심리 상태를 상징적으로 드러낸다고 볼 수 있다. 침대 옆에 있는 두 개의 탁자와 작은 의자는 겉으로는 대화를 위한 배치처럼 보이나, 그 배치가 비대칭적이고 소외된 듯 하다. 의자 또한 서로 마주 보지 않고 멀리 떨어져 있으며, 탁자는 기능적 중심성이 결여된 상태로 존재한다. 또한 창문과 닫힌 문은 개방성과 폐쇄성을 동시에 상징한다. 창과 문은 원래 외부 세계와 내부 세계를 연결하는 장치이지만, 고흐의 작품에서 그것들은 색면과 구도로 인해 밀폐된 벽면의 일부처럼 작용한다. 특히 문의 색은 주변 벽과 크게 다르지 않아, 시각적으로 쉽게 구분되지 않는 점으로 보아 기능보다는 심리적 상태에 더 무게를 둔 듯 하다.

또 다른 측면에서 이 방은 외부 세계로부터 단절된 자율의 공간이다. 앞서 이야기한 것처럼 고흐는 이 방에서 새로운 공동체를 꿈꾸었고, 예술적 창조의 안식처를 마련하고자 했다. 그러나 고갱과의 공동체의 이상은 실현되지 못했고, 방은 오히려 철저히 혼자만의 공간으로 남게 된다. 외부와 단절된 고독의 공간은 물리적 '방'이라기보다 사회적 시공간으로부터 분리된 내면적 장소가 된다. 동시에 불안한 예술가의 이질적 장소가 된다. 고흐는 이 방을 '마치 꿈처럼 평화롭고 고요한 색으로 채우고 싶다'고 했지만, 그림 속 공간은 그렇게 고요하거나 단순하지 않다. 왜곡된 원근법, 불안정한 시점, 과도하게 강조된 색채는 이상적 안식처라기 보다는 심한 정신적 동요와 불균형을 암시한다. 이 불안정성은 단지 표현 기법의 문제가 아니라, 고흐가 품은 '이상과 현실 간의 간극'으로 보인다. 그러므로 그가 꿈꾸었던 공동체의 유토피아는 실현 불가능한 것이었기에 이 공간이 반反 이상향의 장소로 남을 수밖에 없었던 것은 아닐까.

자신의 내면을 가장 깊숙이 드러내었던 고흐의 공간은 단지 머무는 곳이 아니라 살아내는 곳이었고, 그가 느낀 세상의 모든 감각과 감정이 드러나는 장소였다. 때문에 우리가 그러한 고흐의 공간을 바라보는 것은 마치 그의 내면을 아주 조심스럽게 들여다보는 것과 같다.

그러므로 '나는 집을 그릴 때, 그 집을 바라보던 사람의 시선까지도 함께 담고 싶다'고 했던 고흐의 장소愛는 오히려 예술적 '진실'에 가깝다. 언제나 보는 방식이 아니라 살아내는 방식으로 한 공간을 체험하는 그에게 장소는 진실을 보는 방식인 것이다. 『감자 먹는 사람들』의 폐쇄적이고 어두운 실내, 『밤의 카페 테라스』의 빛과 어둠이 충돌하는 거리, 『밀밭과 까마귀』의 노란 들판 속 불안한 하늘과 같은 장소는 그 순간 그곳에서 고흐가 느꼈던 실존적 감정의 구조물이었다. 고흐에게 그런 공간은 감정이자 관계이며 시간의 흐름으로 볼 수 있는데, 그러한 인식의 가장 정점에 '노란 방'이 있다. 이 방은 근대 주체가 자기를 보호하려 만든 피난처이자, 자기 내면의 분열과 결핍을 치열하게 응시하는 이질적 공간이다. 그러므로 이 방은 고흐 개인의 방이면서, 근대라는 시대가 만든 개인의 고독과 불안을 함축한 혼종적이고 이질적인 장소라고 할 수 있을 것이다.

> 그러므로 존재하는 모든 것은 장소다.
> ─ 리처드 소라브지, 『물질, 공간, 운동』

고흐가 이 방에서 경험한 고독과 격리는, 그가 처한 현실의 고통과 상상을 통해 재구성된다. 그러므로 그의 방은 세계와의 단절인 동시에, 그로부터의 탈출이자 억압된 자아를 찾아가는 여정이기도 하다. 이 방에서의 경험은 고흐가 현실과 상상의 경계를 지우며, 자신만의 고독을 통해 내면적 자유를 추구했던 실험적 사유와 연결된다. 그것은 단지 현실을 반영하는 장소가 아니라, 그 자체로 사회적이고 정신적인 갈등과 억압에서 벗어나려는 일탈의 헤테로토피아이다. 이처럼 고독, 희망, 열정, 광기가 동시에 녹아 있는 그의 그림에는 대체로 상처받은 예술가의

고흐는 프랑스 아를에서 '노란 집'이라고 부르는 소박한 집에서 생활했다. 고갱이 올 것이라는 소식을 들은 그는 들뜬 마음으로 자신의 방을 정리했고, 그것을 기념하기 위해 이 방을 세 번 그렸다. 고갱이 도착하기 전에 한 번, 고갱과 함께 머물면서 한 번 그리고 생레미의 생폴 정신병원에 입원해 있는 동안 어머니와 누이동생에게 보내기 위해 또 한 번 그렸다. 자세히 보면 그때의 내면에 따라 그림의 색깔이나 형태가 미묘하게 다름을 알 수 있다.

깊은 시선이 가닿은 이질적 장소들이 등장한다. 그러한 장소는 휴식의 기능으로써 방, 침대, 집과 같은 사적 영역의 공간으로부터 예술과 삶의 경계적 장소로까지 나아간다. 무엇보다 궁핍했던 그는 모델을 고용할 여유가 없었기 때문에 거울에 비친 자신을 모델로 삼아 많은 자화상을 남겼다. 이처럼 고흐는 자신이 머물렀던 장소를 그림으로 그리며 그의 심리적 상태를 색과 붓터치를 통해 직접적으로 담아냈다. 고흐의 붓끝에 묻어 있던 이러한 고통의 흔적은 인간의 욕망과 상상을 재구성하며 개인의 자율성이 사회적 시선과 규범 속에서 여전히 억압받고 있다는 사실을 상기시킨다.

시대의 내면 풍경과 헤테로토피아

> 우리는 가끔 어디에 살 것인지,
> 누구 옆에서 혹은 누구와 함께 살지 선택할 수 있겠지만,
> 지상에서 함께 살 이들을 우리가 선택할 수는 없다
> – 주디스 버틀러

    시인의 체험과 언어가 축적되는 장소는 물리적 공간을 넘어, 존재의 기억과 정체성을 형성하는 심층적 의미를 지닌다. 인간은 오랜 기간 특정한 장소와 의미 있는 관계를 맺고자 하는 본질적인 욕망을 지녀왔다. 그러나 우리는 시대의 급변 속에서 익숙하고 중요한 장소를 잃거나, 그 장소들이 물리적으로 소멸하고 또 기억에서 잊히는 것을 경험했다. 이러한 맥락에서 현대시의 '장소', '공간', 나아가 '비장소'의 문제는 여전히 시적 주체의 사유와 행동에 있어서 중요한 변곡점이 되며, 현대시의 핵심 담론으로 작용하고 있다.

해방 이후 한국 현대시는 정치적 혼돈과 문화적 변화라는 급속한 사회적 흐름 속에서 다양한 양상의 '헤테로피아'를 형상화했다. 시인들은 현실과 이상, 기억과 망각, 중심과 주변이 교차하는 이질적 공간을 언어적 상상력으로 구축함으로써, 당대 현실을 비판하거나 초월하며 새로운 시 세계를 형성하였다. 시대별 헤테로토피아는 각 시대를 살아낸 시적 주체들의 다층적 경험과 사회적 변화 양상에 대한 섬세한 감응을 담아내는 장소로써, 한국 현대시의 지층을 이루는 한 축으로 작용한다.

전쟁과 분단이라는 비극적 공간, 산업화가 초래한 익명성과 소외의 공간, 군부독재에 저항한 민주화와 변혁의 공간, 그리고 탈근대와 디지털 시대의 탈영토화된 공간에 이르기까지. 이질적 공간들은 역사의 흐름 속에서 각기 고유한 패러다임을 형성해왔다. 시인들은 이러한 시대의 내면 풍경을 응시하며, 그 틈에서 드러나는 사회적 모순과 균열을 통찰함으로써, 자아와 타자가 공존하는 대안적 공간을 구축하고자 하였다. 이때 헤테로토피아는 단지 비현실적이고 이상화된 공간이 아니라, 현실의 균열 속에서 드러나는 또 다른 가능성의 장소로 기능한다. 이처럼 역사적 인식과 정체성 탐색을 기반으로 한 탈영토화된 장소의 상상력은 각 시대의 사회적 맥락을 다각도로 짚어낸다. 헤테로토피아는 이러한 현실에 대한 대안적 상상력을 문학적으로 형상화해 왔다. 현대의 다양한 커뮤니케이션의 발전은 우리에게 익숙한 공간에서 벗어나 낯설고 이질적인 공간을 경험하게 한다. 또한 시적 주체의 정체성 위기와 경험의 동질성에서 벗어나 변화하는 새로운 공간의 내러티브를 가능하게 한다. 그러므로 헤테로토피아는 기존 문학의 변천사를 넘어서는 새로운 담론으로써 시대 현실과 긴밀하게 연동되어 현대시에 드러나는 내면적 의식의 흐름을 다층적으로 규명하고 있다.

'가능성의 불가능성'으로서의 이질적 시간과 혼종적 공간, 1950년대 문학의 공간

해방 이후 한국 현대시는 급격한 정치·사회·문화적 변화 속에서 다양한 형태의 이질적 공간을 창출하며, 시대의 모순과 균열에 대한 시적 응답을 시도해왔다. 이에 전후 현대시는 전쟁으로 인한 상처와 이산, 민족 내부의 분열, 사회적 무력감과 생존의 위협에 대응하며, 새로운 시적 대안 공간을 모색하였다.

르네 마그리트, 〈이미지의 배반〉, 1929

시인의 경험과 언어로 구축되는 시의 장소는 현실의 물리적 공간을 넘어 상징적이고 실존적인 의미를 지닌다. 인간은 본질적으로 의미 있는 장소와 관계를 맺고자 하는데, 이때 '장소성'은 종종 상실과 단절, 또는 실패의 서사를 동반되기도 한다. 때문에 역사적 비극이나 사회적 격변 속에서 개인들은 익숙한 장소를 잃고, 그로부터 파생되는 정체성의 혼란과 실존적 상처를 마주하게 된다.

그런 점에서 이 시기는 한국 현대 시사에서 가장 비극적이고 복합적인 시적 감수성이 교차했던 때이다. 해방의 환희가 채 가시기도 전에 한국전쟁이 발발하였고, 이로 인한 민족적 분열과 실존의 불안 그리고 도덕적 혼란의 현상은 '이질적 장소'를 통해 반영되었다.

무엇보다 '전쟁'이라는 총체적 파국은 인간의 윤리, 사회적 질서, 그리고 언어적 의미 체계를 붕괴시켰다. 이에 현대시는 이러한 해체된 현실을 시적 언어를 통해 재구성하려는 실천적 노력을 전개하였다. 이 시기 시의 이질적 공간은 현실에서의 도피가 아니라, 상실과 단절을 바탕으로 새로운 의미 질서를 창조하려는 시적 전략으로, 기존 질서와 규범에 대한 비판적 태도와 창조적 해석이 결합된 공간적 언어의 장이다.

그러므로 삶의 유한성과 실존에 대한 두려움은 '나'라는 존재에 대한 근본적 물음과 삶의 이유를 성찰하게 한다. 이에 실존적 문제들은 '가능성의 불가능성'으로서의 다른 ^{heteros} 시간 $_{chronos}$을 통해 일상적 리듬을 분할시키며 전후 현대시의 근간을 이루었다. 즉 현재의 시간을 이탈하여 전쟁의 기억이나 폐허에서 벗어나려는 이질적이고 혼종적인 시공간의 전환기를 맞이했던 것이다.

그러므로 이 시기 현대시는 언어적 상상력을 통해 현실의 공백을 직시하고, 그 틈새에서 새로운 가능성의 지형을 탐색하였다. 시적 공간은 이러한 현실의 결핍을 인식하면서도 그 부재 속에서 새로운 의미를 만들어가려는 실천의 장으로, 그 자체로 시대의 모순과 균열을 반영한 독창적인 문학적 실험이라 할 수 있다.

판옵티콘 시대, 감시와 일탈로서의 서사 공간
1960, 70년대 문학의 공간

1960~70년대는 한국 현대사에서 정치적 독재와 경제적 동원이 일상화된 시기였다. 국가 권력은 군부 체제의 공고화와 함께 산업화의 이데올로기를 강요하며, 감시와 규율이라는 이중 억압의 구조를 현실화시켰다. 정치적 탄압과 경제적 효율이라는 이름으로 개인의 삶은 철저히 통제되었고, 내면적 침묵과 자기 검열 또한 지속적으로 요구받았다. 이러한 시대적 배경은 시인의 인식과 시적 공간에 결정적인 영향을 끼쳤으며, 시는 그러한 억압 구조를 정면으로 응시하거나 그 균열의 지점에서 이질적인 반反장소를 모색했다. 이 시기 시의 헤테로토피아는 바

로 그 억압적 현실을 이탈하거나 전복하기 위해 구축된 시적 현실 혹은 상상의 공간이었다.

현실 속에 존재하지만, 현실의 질서를 낯설게 만들며, 기존 공간의 의미를 전복하는 이질적 장소의 측면에서 푸코가 언급한 '판옵티콘'은 이 시기의 한국 사회를 이해

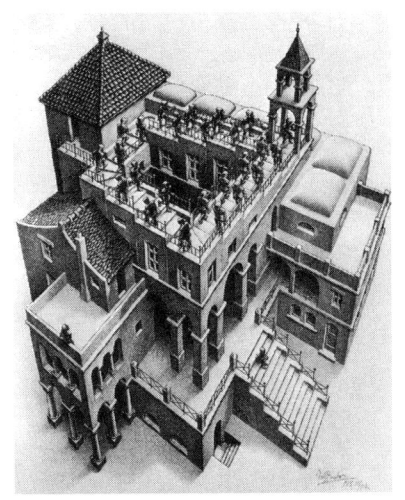

모리우츠 코르넬리스 에셔,
〈올라가기와 내려가기〉, 1960

하는 데 중요한 관점을 제공한다. '판옵티콘'은 감시를 통해 자율적 통제를 유도하는 구조로써, 감옥, 병원, 학교, 공장뿐 아니라 사회 전반으로 확장된다. 이러한 공간은 무엇보다 '일탈'의 성격을 지니는데, 시인은 규율화된 공간 구조에 정면으로 맞서기보다 그 공간 내부에서의 탈주적 사고를 통해 새로운 상상의 장소를 발견한다. 억압적인 도시 공간, 획일화된 산업현장, 권위적인 국가의 상징 공간 등은 시 속에서 해체되거나 왜곡되어 재구성된다. 시는 이러한 공간을 부조리와 무의미의 '반장소적' 공간으로 변형시키며, 통제된 언어와 질서에 균열을 일으킨다. 그 속에서 형성된 시적 공간은 중심을 상실하고, 방향성을 잃은

채로 부유하지만, 바로 그 비결정성과 해체성 덕분에 억압적 현실로부터 탈출을 가능하게 한다.

이 시기의 시에 자주 등장하는 '고향'과 '자연'은 근대 도시의 질서와 대비되는 곳으로 유년의 기억이 담긴 향수의 공간이 아니라, 산업화와 급변하는 현실로부터의 이탈을 추구하는 윤리적 대안의 장소이다. 도시는 규율과 감시의 중심이지만, 고향은 공동체적 기억과 인간성의 가능성을 환기하는 장소이다. 자연 또한 자아가 억압된 현실의 시간에서 벗어나, 무위의 공간 속에 안착하고자 하는 시적 욕망의 장소이다. 중심에서 벗어난 이와 같은 '주변부'의 장소는 시적 자아가 자신을 되찾고 내면의 윤리를 사유하는 헤테로토피아로 작동한다.

그와 동시에 이 시기 '감옥'은 매우 역설적인 장소로 형상화된다. '감옥'은 국가 권력이 부여한 가장 극단적인 억압의 공간이자, 감시의 장소이다. 그러나 아이러니하게도 그 속에서 시인은 내면의 목소리를 발견하고, 언어적 자유를 실험한다. 감옥은 단순히 육체가 구속된 장소가 아니라, 오히려 외부로부터 단절된 고독 속에서 깊은 사유가 이루어지는 내면의 공간이기 때문이다. 이와 같이 억압의 정점이자 동시에 정신적 해방의 가능성이 공존하는 감옥은 이질적 장소의 가장 극단적인 예라고 할 수 있다. 물리적 공간이 해체되는 동시에 언어적 공간이 확장되는 이 지점에서, 시인은 현실 질서의 이면을 성찰하고 전복한다.

더 나아가 이 시기의 시는 국내의 억압적 상황을 넘어서, 보편적 윤리의 시선으로 현실을 비판하는 공간을 형성하기도 한다. 예컨대 '아우슈비츠'와 같은 역사적 상처의 공간은 단순한 비유나 외부적 인용을 넘어, 한국 사회 내부의 억압 구조를 반추하게 하는 윤리적 거울로 작용한다. 시인의 상상력이 참상을 통해 내부를 직시하는 방식으로 작동하는 이러한 공간은 현재성과 역사성, 개인성과 집단성, 기억과 망각의 복합적인 사유를 요구한다. 이처럼 이질적 장소들은 윤리적 사유의 교차점이자 언어적 실천의 장으로서 시적 공간을 구성해 낸다.

그런 측면에서 이 시기 현대시의 헤테로토피아는 시대의 억압을 단순히 회피하거나 저항하는 방식에 머물지 않는다. 현대시는 현실의 규율과 감시에 내면화된 체계를 언어로 해체하고, 새로운 의미를 창출하려는 적극적인 정신의 산물이다. 나아가 암호화된 상징, 우회적인 서술, 불연속적인 이미지의 병렬 등을 통해 직접적인 언급 없이도 현실의 균열을 드러낸다. 이와 같은 시적 언어는 감시체제의 시선을 피하면서도, 그 시선을 해체하는 전략으로 독자에게 감춰진 저항의 언어를 감각하게 한다. 이는 시가 단지 시대의 산물이 아니라, 시대를 비틀고 새로운 시대 정신의 가능성을 탐색하는 장치로 작동하고 있음을 의미할 것이다.

> 그것은 그것들 모두에 장소를 부여한다
> -자크 데리다, 『광기의 지점』

동시대의 환멸과 일탈의 공간,
1980년대 민주화와 탈근대의 헤테로토피아

1980년대 한국 현대시는 압축적 근대화와 정치적 억압, 그리고 이에 따른 민주화 열망이 충돌하던 속에서 존재적 혼란과 탈근대적 사유의 각성을 그대로 반영하고 있다. 시인들은 단순한 현실 비판이나 투쟁의 언어를 넘어서, '다른 장소'에 대한 상상과 실험을 통해 시적 공간을 재구성하였다. 이는 도피처라기보다는 그만큼 고통스럽고 불편한 진실을 드러내는 상징적 공간임을 의미한다. 그런 측면에서 이 시기 시의 헤테로토피아는 사회적 모순과 억압, 주체의 파편화 속에서도 인간 존재의 의미를 재구성하려는 시도의 결과이며, 문학이 시대와 맞서는 방식으로서 장소의 재현과 해체를 어떻게 감행했는지를 잘 보여주고 있다.

대표적인 예가 '유곽'과 같은 탈규범적 공간이다. 이 공간은 성적 해방의 장소라기보다, 오히려 억압된 감정과 절망이 교차하는 탈이념적 장소로, 체제의 억압과 배제된 기억이 드러나는 곳

마들렌 뒤마, 〈벽에 맞서다 Against the Wall〉

으로 재구성된다. 이는 특정 인물이나 정체성의 장소라기 보다 그 경계가 흐릿해지고 체제적 정상성의 이면이 드러나는, 금기된 진실의 공간으로 기능한다.

또한, 도시의 주변부나 골목, 뒷길, 빈 공터 등은 중요한 헤테로토피아로 등장한다. 이곳은 사회적 위계에서 벗어난 장소로, 불확정적이고 유동적인 정체성이 부유하는 공간이다. 예컨대 1980년대 후반 시인들의 작품에서는 특정 도시 이름이 아니라, 익명적 장소들이 자주 등장하는데, 이는 장소의 고유성을 지우면서도 정체성의 불안과 존재의 분산을 가시화하기 위함이다. 이와 같은 장소들은 근대 도시가 담아내지 못한 자아의 파편과 감정의 혼재를 포용하는 공간으로 그려지며, 그렇기 때문에 더 역설적인 진실을 담아낸다.

특히 자연이나 신화적 장소는 시적 주체가 현실에서 벗어나 치유를 통해 영원으로 회귀하고자 하는 공간이다. 자연은 산업화의 피로와 도시적 소외를 넘어설 수 있는 대안적 리듬을 제공하고, 신화적 장소는 현실이 상실한 의미와 감정을 복원하며 상상의 지평을 연다. 이는 1980년대 시가 정치적 저항을 넘어서, 존재론적 재건의 가능성을 모색했다는 점에서 중요한 전환점이 된다는 것을 의미한다.

더불어, 1980년대 현대시에서 독특하게 등장하는 헤테로토피아는 바로 '언어' 자체이다. 이 시기의 시인들은 '언어'를 더 이상 절대적 진리를 담는 도구로 여기지 않았다. 오히려 '언어'는 시대의 균열과 불안을 반영하는 감정의 내밀함을 전하는 도구로써 중얼거림, 침묵의 방식으로 활용되었다. 이는 언어가 담아내지 못하는 감정과 의미의 영역을, 오히려 비언어적 혹은 탈장소적 언어로 가시화하려는 시도의 일환이었다. 다시 말해, '언어'는 고정된 장소를 대신하여 시대의 감각을 담는 유동적 헤테로토피아로 탈바꿈된다.

마지막으로, 이 시기의 시인들은 역사적 폭력과 집단적 비극의 장소들을 적극적으로 시에 끌어들였다. 이는 과거를 재현하거나 단순히 추모하려는 것이 아니라, 현재적 윤리로서 그 장소를 다시 사유하고, '애도'의 공간으로 재구성하려는 시적 전략이었다. 현실에서는 지워졌지만, 감정적으로는 결코 소거되지 않는 장소들—예컨대 광주, 제노사이드 현장, 혹은 무명 묘지 등—은 현실의 억압과 애도가 극명하게 드러나는 공간이자, 비존재를 통해 존재를 사유하는 역설적 공간이다. 이곳은 단지 기억의 장소가 아니라, '지금-여기'에서의 윤리적 성찰을 가능하게 하는 '현재적 장소'로서, 당대의 헤테로토피아적 상상력을 가장 집약적으로 드러낸다.

이와 같이 1980년대 현대시의 헤테로토피아는 억압과 저항, 환멸과 치유, 해체와 재구성이라는 복합적 층위를 시적으로 형상화한 실험의 장이었다. 이러한 공간들은 당대의 존재론적 위기를 직접적으로 고발하거나 규범화하지 않고, 오히려 그 틈과 균열 속에서 또 다른 감각과 윤리를 발견하고 초월하려는 상상력의 장소였다고 할 수 있다.

경계의 해체와 이질적 공간,
1990년대 이후 포스트 모던과 탈중심의 헤테로토피아

1990년대 이후 한국 현대시는 급변하는 사회구조와 인식의 전환 속에서 탈근대적 감수성과 포스트모던의 문학적 경향을 반영하며 새로운 공간 미학을 구성했다. 특히 이 시기의 시는 더 이상 안정된 장소에서 의미를 고정하거나 중심을 만들려고 하지 않았다. 대신에 중심과 주변, 현실과 가상, 규범과 일탈이 교차하는 '사이의 공간'들을 적극적으로 탐색한다. 나아가 균열과 모순, 억압과 저항, 욕망과 환멸이 공존하는 이질적이고 혼종적인 공간을 구성한다.

이는 탈중심성과 유동성을 특징으로 하는 시의 공간이 하나의 실체적 배경이나 정서적 무대로 소비되지 않고, 이질적인 것들이 충돌하고 공존하는 혼종적 지대로 인식하기 시작했음을 의미한다. 또한 장소가 더 이상 고정된 질서나 의미를 담보하지 않는다는 탈중심적 공간 인식의 전환이다. 이에 전통적 장소들이 해체되고, '비장소$^{non\text{-}place}$' 또는 '사이 공간'이 시적 상상력의 무대가 된다. 도시는 근대적 진보의 표상이 아닌, 분절되고 파편화된 삶의 장소로서, 그 속에서 개인들의 정체성은 유예되고, 의미는 미끄러지고 부유한다. 이러한 공간은 물리적 장소에서 감정과 감각, 기억과 상상으로 구성되는 '내면적 장소'로 점점 확장된다. 이 시기 시는 이러한 공간 안에서 존재와 언어의 경계를 동시에 실험하며, 현실을 절대적 질서가 아닌 잠재적 가능성의 연속으로 재인식한다. 이때 헤테로토피아는 대안 공간에서 더 나아가 의미가 해체되고 재구성되는 장소, 자아와 타자의 경계가 허물어지는 탈경계적 공간이 된다.

특히 여성 시에서 '몸'은 중요한 헤테로토피아적 장치로 등

장 미셸 바스키아, 〈나일강〉, 1983

장한다. 여성의 '몸'은 사회적 억압과 규범이 각인된 장소인 동시에, 그것을 전복하고 재구성하는 서사적 공간이다. '몸'은 이야기가 생성되고 분해되는 탈이분법적 장소로 기능하며, 시인은 이를 통해 정체성의 다층성과 불확실성을 담아낸다. 이것은 단순히 페미니즘적인 저항이 아니라, 감각이 실존적으로 구현되는 감정의 장소, 곧 감정의 헤테로토피아이다. 여성의 '몸'은 공공 영역에서 지워진 기억과 상처를 불러오고, 말해지지 않았던 역사를 새롭게 구성하며, 존재의 다중성과 지속성을 가능하게 하는 기반이 된다.

또한 일상의 낯선 감각이나 도시 주변의 사소하고 모호한 공간들에 주목한다. 골목, 버스 정류장과 같은 공간은 희망과 절망, 결핍과 과잉, 부재와 환영이 교차하는 정동의 장소로 형상화된다. 이러한 공간은 명확하진 않지만, 그 모호함 속에서 새로운 의미를 생성하며, 시인은 그러한 '사이'의 공간을 떠돌며 자신의 존재를 재정립한다.

한편, 이 시기 시에는 자본주의 도시화의 산물인 쇼핑몰, 광고판, 카페, 백화점 등 소비 중심의 공간도 빈번히 등장하는데, 이들 역시 헤테로토피아적 성격을 띤다. 이 공간은 욕망과 환멸이 교차하는 이중적 장소로서, 외적으로는 화려하나 내적으로는 공허한 자본주의의 허상을 드러내는 상징 공간이다. 그러므로 그 속에서 파생되는 유희성, 탈이념성, 키치적 미학을 통해 또 다른 상상력을 펼치며 시적 공간의 경계를 확장한다. 무엇보다 방황과 자유, 탈주의 이미지를 통한 길처럼 무한히 이동하는 공간들을 형상화한다. 이는 질서로부터의 이탈이 아니라, 존재의 적극적 방식으로서의 방황이며, 통제와 규범을 넘어서는 탈영토화의 실천이다. 이러한 공간은 유예와 부재의 상징으로, 새로운 가능성이 출현할 수 있는 잠재성의 장소이다.

이와 같은 헤테로토피아는 장소의 다원성에서 나아가 현실을 재구성하고 새로운 공동체적 윤리를 실험하는 미학적 인식의 전환으로 존재와 사회, 감각과 윤리의 재구성이라는 근본적인 질문으로 이어진다.

시대의 경계를 가로지르는 시적 공간을 위하여

한국 현대시에서 헤테로토피아는 시대의 흐름에 따라 다양하게 변모하며, 각 시기의 사회적·정치적 현실을 섬세하게 반영해왔다. 1950년대는 전쟁과 분단의 상흔을 담은 이산과 상실의 공간이 중심이었고, 1960~70년대는 산업화와 개발독재 속에서 소외된 존재들의 공간이 두드러졌다. 1980년대는 민주화와 정치적 탄압 속에서, 유곽과 주변부 도시가 탈규범적 공간으로 변화하며, 환멸과 해체의 시적 공간으로 재편되었다. 그리고 1990년대 이후에는 포스트모던과 탈근대적 감각이 확산하면서, 헤테로토피아는 경계를 넘나드는 유동적이고 혼종적인 공간으로 변화하였다. 여성의 몸과 도시의 틈새는 탈이분법적 존재와 정체성의 흐름을 담는 장소로 등장하며, 자본주의 사회의 허상을 드러내는 새로운 형태의 공간으로 부각되었다.

이와 같이 시대별 헤테로토피아는 한국 현대시가 미적 형식을 추구하는 언어 예술이 아니라, 시대의 감각과 사회 구조, 존재의 윤리를 수용하고 재구성하는 매개적 공간임을 재확인시켜 줄 것이다. 각 시대를 살았던 시인은 주어진 질서와 규범을 넘어, 억압된 정동과 배제된 존재들을 수용할 수 있는 새로운 공간을 모색함으로써, 시를 통해 현실의 경계를 재편하고 저항의 지평을 넓혀왔다. 특히 헤테로토피아는 '실재로 존재하지만, 체제의 질서에 쉽게 포섭되지 않는 장소'라는 점에서, 유토피아적 상상이나 이념적 이상과는 다른 방식으로 현실을 전복하거나 보완하는 대안적 공간으로 작동해왔다. 시인은 그 공간을 통해 사회의 그림자와 상처, 분열된 정체성과 억압된 목소리를 드러내며, 감각적이고 존재론적인 층위에서 현실을 새롭게 바라본다.

그런 측면에서 한국 현대시의 헤테로토피아는 시대와 역사에 따른 정동적 감각의 변화를 반영하며, 고정된 현실을 교란하고 재구성하는 시적 공간으로 기능해왔다. 특히 오늘날의 시는 단순히 과거의 모순을 반영하거나 대항하는 차원을 넘어, 시간의 비가시적 층위와 존재의 다성적 국면을 감각화하는 방식으로 진화하고 있다. 이는 더 이상 현실과 비현실, 중심과 주변, 인간과 비인간 사이의 경계를 고정된 이항 대립으로 이해하지 않고, 그것들이 끊임없이 교섭하고 충돌하며 변형되는 변이공간으로 재구성하려는 시적 기획이라 할 수 있을 것이다.

그러므로 시대의 경계를 가로지르는 반反공간으로서의 헤테로토피아는 시간의 선형적 흐름 속에서 나타나는 변화나 단절의 국면을 기술하는 데 그치지 않고 과거와 현재, 기억과 예언, 실재와 허구가 복합적으로 중첩되고 교차하는 다층적 시간성 및 공간성 속에서의 시적 사유를 지속적으로 재구성한다. 또한 고정된 '타자적 장소'에서 나아가, 현실 내부에 잠재된 감각적·존재론적 균열을 포착하여 도래할 시대의 가능성을 재구성한다. 시인은 이와 같은 장소의 경계에 위치하며, 그것을 매개하고 확장하는 수행적 주체이다. 시적 언어 또한 이러한 공간 안에서 형식적 실험과 감각적 전복을 통해 익숙한 현실의 지각 구조를 재배열한다.

동시에 현대시의 헤테로토피아는 다양한 윤리적 문제를 둘러싼 사유의 장을 확장하며, 일상적 감각의 틈새에 내재한 시대적 균열의 흔적들을 통해 기존 체제의 이면과 그로부터 배제된 타자들의 목소리를 감지하고 가시화하는 전략을 수행한다. 이는 시가 더이상 거시적 이념이나 총체적 담론의 재현 장치에 머무르지 않고, 감각의 미시적 층위에서 현실을 재구성하는 미적 실천의 가능성을 지속적으로 내포하고 있음을 시사한다. 나아가 이러한 헤테로토피아적 공간의 구상은 다가올 시대의 감각적 구성과 언어적 질서, 존재의 윤리적 양태에 대한 문학적 사유의 필요성을 함의하며, 시를 현실 비판과 미래 상상이라는 이중적 지평을 가로지르는 실천적 담론의 장場으로 재위치시킨다.

앞으로의 현대시는 디지털 기술의 확장, 가상현실의 부상, 생태위기와 기후재난, 그리고 젠더와 신체에 대한 새로운 인식을 통해서 더욱 다층적인 헤테로토피아를 적극 구성해 갈 것이다. 메타버스나 사이버 공간, 기계화된 신체와 인간의 경계, 비인간 존재와 공존하는 생태적 장소 등은 시의 새로운 감각 지형으로 이미 부상하였다. 미래의 헤테로토피아는 현실과 분리된 그러나 현실을 비추는 거울과 같은 공간으로, 현재의 일상 내부에 스며든 균열과 모순, 그리고 가능성의 여지를 더욱 자연스럽게 드러내는 공간으로 기능할 것이다. 따라서 한국 현대시에서 시대별 헤테로토피아는 단지 과거의 시학을 정리하는 작업에 머물지 않고, 시가 시대와 어떻게 긴장하며 소통하고, 현실을 재배치하여 상상하는지를 탐색하는 실천적 비평의 중요한 거점으로 작용할 것이다. 이로써 시는 여전히 시대를 감각하고 반성하며, 현실 너머의 윤리적·미학적 가능성을 모색하는 미적 실천의 위상을 지속해 나갈 것이다.

2부

원체험과 부정의 혼종적 공간
: 1950년대 해방 후 전쟁과 분단의 헤테로토피아

'가능성의 불가능성'으로서의 이질적 시간과 혼종적 공간, 1950년대 현대시의 헤테로토피아

해방 후 한국 사회는 근대적 민족국가 건설이라는 목표를 중심으로 다양한 변화의 물결에 휩싸였다. 이념이 분열된 지식인과 문인들은 좌익과 우익 간의 치열한 사상적·정치적 공방을 벌였으며 이러한 시대적 혼란은 문단 전체에 그대로 반영되었다. 이어 1950년대는 한국전쟁을 계기로, 국가적 통제와 규율이 강화되고 남북 분단이 고착됨에 따라 시대적 위기에 직면하였다. 무엇보다 이 시기는 비대칭적으로 성장한 국가 조직이 국민국가의 지형을 형성하며, 자유와 민주라는 가치가 일상적 문화 전략으로 등장하는 불안정한 전환기로 자리 잡았다.

문학사적으로도 "생존 그 자체"와 "민족적인 신성한 것"을 중요하게 여겼던 "자기발견의 시대"였다.[1] 전쟁이라는 실존성과 분단이라는 민족국가의 특수성은 비평과 창작으로서의 문학을 자기 서사의 메커니즘 속에서 재점검하도록 했다. 그런 측면에서 이 시기 시인들에게 실존과 죽음의 문제는 자신의 삶을 어떻게 수용하고 살아갈 것인가에 대한 근본적인 질문이었다. 그들은 자신에게 긴급하게 요청된 이념적, 사회적 정체성을 문제 삼으며 이를 창조적 시작으로 발전시켜 나갔다. 국가는 도시 재건과 근대화를 추진했지만, 여전히 체계적인 복구 계획이 부재했고, 관료 주도의 표면적 개발은 도시 인구의 집중과 실업 문제 등을 심화시켰으며 이는 개인에게 지속적인 피로와 불안을 가중시켰다.[2]

이러한 시대적 상황은 결국 개인이 실존하는 장소와 공간의 문제와 긴밀히 결부되었으며, 이는 급변하는 사회 구조와 혼란 속에서 자기 정체성과 존재의 의미를 재구성하려는 내적 갈등

---

[1] 최동호, 「1950년대 시적 흐름과 정신사적 의의」, 『한국현대문학사』. 현대문학, 1994, 312-313쪽.

[2] 짐멜에 따르면, 대도시는 끊임없는 내적·외적 자극으로 가득한 공간이다. 이러한 환경은 개인에게 신경과민과 같은 심리적 반응을 유발하는 동시에, 예측 불가능하고 빠르게 변하는 이미지의 연속을 만들어낸다. 이처럼 근대 도시적 삶이 가져오는 지속적 자극이 심리적 신경과민과 불안으로 이어진다고 보았다.(게오르그 짐멜, 김덕영 역, 『짐멜의 모더니티 읽기』, 새물결, 2005, 36쪽)

으로 이어졌다. 나아가 이것은 반공 이데올로기와 국가주의의 이분법적 틀에서 벗어나 탈근대적 성찰로 나아가는 계기가 되었다. 이에 전후 문학은 파편화되고 분열된 현실을 시적 언어로 구체화하며, 삶과 죽음 그리고 존재와 부재에 대한 근원적 탐색을 시도하였다. 이처럼 1950년대는 '가능성의 불가능성'이라는 모순 속에서, 일상적 리듬이 분절되고 이질화되는 헤테로크로니아heterochronia의 시기로 이해할 수 있다. 이는 전통적 시간 감각을 벗어나, 전쟁의 기억과 폐허를 이탈하려는 움직임이자, 현실과 다른 혹은 현실에 이의를 제기하는 혼종적이고 이질적인 시공간의 시대를 의미한다.

문학은 역사적 현실에 가장 민감하게 반응하는 정신적 산물이며, 특히 6·25전쟁 이후 한국 시문학은 식민지 문학과 현대문학 사이의 연결고리로 작용하면서, 정신사적 변모의 기점이 되었다. 이 시기의 시에 드러나는 세계의 불확실성과 현대성의 자각은 파편화된 현실을 반영하는 알레고리로써 헤테로토피아와 긴밀히 연관된다. 그런 측면에서 현대시는 단순히 언어로 드러나는 사유의 집합이 아니라, 그 사유가 스스로를 성찰하는 언어의 집합체이다.

이러한 맥락에서 1950년대 시문학은 시와 사회의 관계를 재인식하며 서정성과 대중성, 상상력과 체험 등의 문제를 새롭게 부각시켰다. 무엇보다 전쟁을 직접 겪은 신진 시인들의 현실

인식이나 현대성의 문제가 시단의 주요한 쟁점이었다. 그러므로 이 시기 시는 참다운 한국어의 회복과 새로운 형식의 탐구라는 시대적 과제가 요청되었지만, 앞 시대의 정서에 안주하거나 표면적 형태만 답습했다는 비판적 평가에서 자유롭지 못했다. 때문에 당대 사회를 어떻게 인식할 것인가가 이 시기 시인들의 큰 고민 중의 하나였고, 이는 곧 장소와 공간의 현실적 문제와 직결되었다. 그것은 생명이나 인간성 탐구에 몰두하며 시대의 현대화[3]에 기여한 것으로, 신진 시인들은 자기의 시론을 적극적으로 피력하며 시적 정체성을 확립하였다.

전후 시인[4]은 폐허의 현실 위에서 구세대 문학 전통을 부정하였고, 개인의 실존적 경험을 바탕으로 새로운 문학적 전환을

---

[3] 마샬 버만은 현대화가 된다는 것은 우리의 모험이나 권력 그리고 쾌락이나 발전과 같이 우리 자신의 변화와 세계의 변화를 보장하고 증명해 주는 것이라고 보았다. 동시에 그것은 우리가 가지고 있는 모든 것과 우리가 알고 있는 모든 것 그리고 이 순간 우리를 파괴하고 위협하는 환경 속에서 우리 자신을 새롭게 발견하는 것이고 하였다.(마샬 버만, 윤호병 역, 『현대성의 경험』, 현대미학사, 1998, 12쪽)

[4] '전후=한국전쟁 이후'로서의 전후 개념은 포스트 식민과 냉전을 다른 무엇보다 한국적인 시각에서 인식함으로써 통용되기 시작했다. 비교적 최근 들어 '전후' 개념을 한국전쟁이 아닌 2차대전, 즉 세계사적으로 확장하는 한편, 식민지 시기로 소급해 이중언어적 정체성, 학병 이력 등 거시적인 맥락에서 기존의 전후문학을 재론하기도 하고 그에 따라 빈공, 실존, 자유 같은 이념적 소재나 종국작가단을 비롯한 각종 문학단체 중심의 해석 방식에서 벗어나 새로운 조망을 하게 되었다. 이처럼 전후 문학의 유형으로서 1950~60년대 문학의 특징은 문학 주체가 '전후'의 시간성을 어떠한 체험, 기억, 역사 '이후 post'로 상정했는지에 달려있다.(박연희, 「냉전의 시인들-박인환과 김수영의 '전후' 인식과 문학」, 『우리어문학회』 79, 2024)

시도하였다. 한국 문학은 이 시기를 하나의 '전환기'로 규정하고 전쟁이 남긴 부정성과 모순을 내면화하며, 국가와 개인, 현실과 시적 자아의 관계를 새롭게 정립하기 시작하였다. 이는 시가 어떤 역할을 해야 하며, 어떤 의미를 가질 수 있는가에 대한 절박한 자기

6·25 전쟁으로 총탄 자국이 난 독립문

증명의 과정이기도 했다. 이러한 시대 인식은 시간과 공간의 문제에서 생명과 인간성 탐구로 이어졌다. 결국 현대화[5]란 세계의 변화 속에서 새로운 자아를 발견하는 일이기 때문이다. 이와 같은 이유로 문학의 중심에는 생존과 현실 복구에 대한 긴박감과 더불어 구세대와 신세대 간의 갈등이 자리하고 있었다. 또한 납북, 월북, 월남 등 분단으로 인해 문인들의 운명이 엇갈리기

---

[5] 마샬 버만은 현대화가 된다는 것은 우리의 모험이나 권력 그리고 쾌락이나 발전과 같이 우리 자신의 변화와 세계의 변화를 보장하고 증명해 주는 것이라고 보았다. 동시에 그것은 우리가 가지고 있는 모든 것과 우리가 알고 있는 모든 것 그리고 이 순간 우리를 파괴하고 위협하는 환경 속에서 우리 자신을 새롭게 발견하는 것이고 하였다.(마샬 버만, 윤호병 역, 『현대성의 경험』, 현대미학사, 1998, 12쪽)

도 했다. 대체로 이 시기는 전통 서정과 탈전통적 모더니즘으로 재편되었는데, 이는 시대 인식과 세계관의 차이를 반영한 것이었다. 특히 50년대 후반기에는 전후 경제 재건과 보조를 맞추며 많은 신진 작가들이 등장했고, 이를 두고 한국 문학의 '르네상스'로 규정할 만큼 문단은 활기를 띠었다. 이처럼 전후 작가들은 당대의 현실과 긴밀하게 호흡하며 현대시의 새로운 가능성을 타진해 나갔다.

도시 공간의 모더니즘적 상상력과 자연 친화적 전통 서정

발터 벤야민은 19세기 파리의 시인 보들레르를 '도시의 산책자'라 명명하였다. 벤야민에게 있어 보들레르는 현대 문명으로 가득 찬 도시를 방황하거나 군중 속에 고립된 '거리의 산책자'였다. 그는 대도시와 화려한 군중 속에 소속되지 못하고 혹은 자발적으로 소속되지 않고, 언제나 불안하고 예민한 감수성의 소유자였다. 하지만 이 산책자는 자본주의 도시에 대한 성찰과 반성을 동반하는 탐색가이며, 자신의 내밀한 장소를 모색하는 시적 존재였다. 그에게 근대 도시는 환상과 꿈의 공간이자, 소외와 환멸이 교차하는 이질적 장소이다.

모더니즘이 도시와 밀접하게 맞닿아 있는 까닭은 그것이 근대 문명의 체험과 밀접한 도시의 산물이기 때문이다. 도시는 이성과 감성, 의식과 무의식, 질서와 무질서가 공존하는 이질적이고 혼종적인 공간이다. 그러므로 주체로 하여금 자아와 세계, 주체와 대상 간의 소통과 단절, 공존과 소외를 동시에 느끼게 한다. 그런 점에서 이 시기를 대표하는 모더니스트 김수영과 박인환은 공교롭게도 「거리」라는 같은 제목의 시를 각각 발표하였다. 박인환의 「거리」는 시장과 교회가 어우러진 명동의 도시 풍경을, 김수영의 「거리」 또한 서울 안에서도 가장 번잡한 종로 거리의 한 모퉁이에서 포착한 여러 장면들을 형상화했다. 두 시는 사실상 그들의 첫 작품이자 문단 진입을 알리는 작품으로, '도시'라는 공간이 공통적 배경이다.

도시 모더니즘은 과학기술의 발달과 물질문명이라는 현실의 기반 위에 있으며, 이때 도시는 찬미와 비판, 탐미와 불안과 같은 복합적 감정이 교차한다. 그리고 도로와 철도, 전차, 공원, 백화점, 카페 등과 같은 근대적 기호들로 재구성된 도시는 균질적인 욕망을 생산하고 전파하는 장으로서 기능하며, 인간의 욕망을 표준화된 형태로 만든다.[6] 김수영과 박인환은 각각 상이

---

[6] 데이비드 하비는 도시가 매우 경이로울 정도의 사회 기술적, 정치적 혁신을 가능하게 하는 힘이 존재하는 동시에, 사회적 복합성과 권력, 광채의 물리적 경관 내에 가장 현란한 지식을 객관화하는 인간 성취의 정점임을 말하였다. 그러나 그는 도시가 또 다른 한편으로는 인간 실패의 부끄러운 무대이자, 인간의 불만족과 사회적·정치적 갈등이 가장 심화된 각축장이기도 하다고 지적했다. 때문에 도시는 신비로운 장소이며, 예기치 않은 부지이고, 선동과 동요가 일어나는 곳이며, 다

한 방식으로 도시의 풍경을 해석하며, 그 안에서 새로운 서정을 모색하였다. 그들은 각기 다른 언어 구성과 감각을 통해 현대 문명의 심연에 내포된 사회적, 문화적 의미를 깊이 성찰하였으며, 이를 통해 '도시'라는 공간이 갖는 복합적 정체성과 인간 존재에 미치는 영향 관계에 집중하였다.

무엇보다 1950년대는 세계사적 풍조와 맞물려 모더니즘과 전통 서정시 간의 대립과 교차가 빈번하게 일어났으며, 특히 전통 서정시에 대한 비판이 그 어느 때보다 치열하게 전개되었다. 그러나 이러한 시대 분위기에 휩쓸리지 않고, 전통적 시의 계보를 발전적으로 계승한 대표적 신진 시인이 박재삼이었다. 그는 모더니즘 시의 관념적이고 이국적인 정취에서 벗어나, 한국적 정서와 자연 친화적 서정을 지속적으로 계승하며, 자신만의 시적 지형을 구축하였다.

엘리엇은 "전통은 계승될 수 없고, 온 힘을 기울여 얻어내야 하는 어떤 것이다. 전통에는 역사의식이 포함되는데 이 역사의식은 과거의 과거성뿐만 아니라 과거의 현재성에 대한 인식도

양한 자유와 기회, 소외감이 공존하는 공간임을 그는 강조하였다. 동시에 열정과 억압, 세계주의와 제한주의, 폭력, 혁신과 반동이 교차하는 역동적인 장소이기도 하며, 자본주의 도시가 자본주의와 불균등 발전의 변증법 속에서 기념비적 선언과 힘의 집합체로 작용하는 동시에, 가장 극심한 사회적·정치적 혼란의 핵심 장소임을 언급하였다.(데이비드 하비, 초의수 역, 「의식의 도시화」, 『도시의 정치경제학』, 한울, 1996, 290-291쪽)

포함한다[7]"고 했다. 이것은 과거와 현재의 소통 속에서만 살아 있는 전통의 모습을 찾을 수 있다는 의미로 전통은 과거의 것이면서 지속 변화하고 성장하는 현재의 것임을 의미한다. 과거에 역사성을 부여함으로써 당대적이며 영속적인 가치를 획득하는 것이 전통이라면 그것은 통합적인 감수성을 바탕으로 한다. 그런 측면에서 전통 서정시는 현대적 맥락에서 오늘날의 정서와 전통적 운율을 자연스럽게 계승하면서도, 독자적인 시 세계를 심화시켰다.

특히 박재삼의 시에서 드러나는 이러한 전통의 현대화는 자연과 신화적 차원의 정서에서 뚜렷하다. 그는 한국인의 기질인 '한(恨)'의 정서를 시적 감수성의 핵심에 두었으며, 이를 '영원히 지워지지 않는 슬픔의 정감'이라 하였다. 이러한 시적 세계가 그의 시적 체험과 기억의 깊이와 관련된다면 박재삼 시에 드러나는 전통적 서정은 '삼천포'라는 장소에서 독자적으로 체득한 근

---

[7] 엘리엇은 전통은 결코 죽은 유물이 아니라 우리 곁에 살아 있는 새로움의 성장 동력으로 우리는 자신이 살고 있는 시대 감각을 통해 그것을 얻을 수 있다고 밝혔다.(T.S. 엘리엇, 데이비드 로지 엮음, 윤지관 등 역, 「전통과 개인의 재능」, 『20세기 문학비평』, 까치, 1977, 72쪽)

에즈워드 쉴즈 또한 '전통'이란 현재에도 성장하고 발전하는 유기체이며 그것이 전통인지를 결정하는 데는 인간 행동과 사상 그리고 상상력 등을 통해 이루어진다고 했다. 그러므로 '전통'은 이미 지나간 유물이 아니라 현재를 통해서 지속적으로 발전하고 변화하는 창조력의 근원인 것이다.(에즈워드 쉴즈, 김병서 역, 『전통』, 민음사, 1992, 25쪽)

원적 정서이자 창조적 상상력일 것이다. 박재삼 또한 "전통은 단순히 과거로부터 전승된 정신적 유산일 뿐 아니라, 미래로 계승·발전해야 할 살아 있는 정신적 유산"으로서, 그것을 생명력 있는 정서적 유기체로 간주하였다. 그러므로 그의 시에 반복적으로 등장하는 슬픔, 눈물, 가난한 유년의 기억들은 '한'이라는 미학적 성취의 집합체이다. "가장 슬픈 것을 노래하는 것이 가장 아름다운 것"이라고 했던 그는 '삼천포'의 바다와 자연 속에서, 전통 서정의 독자적인 세계를 구축하였다.

더불어, 박재삼은 민담과 설화와 같은 구비문학적 요소들을 창조적으로 수용하여 전통적 서정을 심화시켰다. 특히 '춘향', '흥부', '심청'과 같은 인물들을 차용하여 개인과 민족의 집단 무의식이 상호 교차하는 상징적 공간을 형상화했다. 유년의 기억과 민족적 원형으로서의 설화적 인물들은 전통 서정시의 기원과 그 가치를 높이는 창작의 원동력이 되었다. 이러한 상상력은 선형적 시간의 제약에서 벗어나, 순환과 반복을 통해 인간과 자연을 아우르는 무한한 시적 공간으로써 한국 전통 서정시의 가능성을 현대적 언어로 재구축하여 선취한 박재삼의 독자적 세계인 것은 분명하다.

김수영 시에 드러나는
경험의 토폴로지

Topology of Exprience Revealed in Poems by Kim Soo-Young

전후 시문학을 대표하는 김수영[1]은 일제 강점기를 지나 해방과 6·25 전쟁, 그리고 분단이라는 현대사를 직접 겪었다. 이러한 시대적 흐름 속에 해방후 한국 모더니즘을 이끌어간 그는 시적 주체의 역사와 이데올로기적 폭력을 체험하는 장으로서

---

[1] 김수영(1921-1968)은 서울 종로에 태어나 1945년『예술부락』에「묘정廟廷의 노래」를 발표하면서 작품 활동을 시작하였다. '신시론' 동인을 결성하여 문인들과 교류하였으며 1949년에 합동 시집『새로운 도시와 시민들의 합창』을 출간하였다. 1950년 한국 전쟁으로 의용군과 포로수용소 생활을 했다. 당시 잡지사와 신문사의 문화부에서 근무하기도 하고 외국 잡지 번역을 하며 시를 쓰다 1959년에 첫 시집『달나라의 장난』을 출간하였다.

2부 원체험과 부정의 혼종적 공간
: 1950년대 해방 후 전쟁과 분단의 헤테로토피아

김수영 시인(1921-1968)

1950년대 그의 시에 드러나는 공간은 그러한 현실에 대한 저항과 부정의 태도를 드러내는 중요한 시적 모티프로 작용한다.

그런 측면에서 김현은 이 시기 김수영의 새로움을 향한 저항의 시론은 1950-1960년대 시단이 거둔 가장 값진 수확이라고 밝혔다. 이것은 김수영이 전후 혼란의 정치와 이데올로기적 현실 속에서 근대 사회의 획일성과 속도에 부정적 시선을 가지고 있었음을 의미한다. 세계의 무질서와 부정성을 기반으로 한 이러한 탈근대적 시학은 전통적 시적 인식을 넘어 현실을 비판적으로 성찰하고 새로움과 자유를 향해 나아가는 온몸의 시학을 위한 단초라고 할 수 있을 것이다.

하지만 전후戰後 절망의 시대적 분위기는 환멸에 빠진 주체와 현실, 그리고 타자 간의 화해 가능성을 단절시켰다. 김수영은 이 절대 고독의 상황 속에서 끊임없는 자기 변모와 쇄신을 거듭하며 시 세계를 확장해 나갔다. 자신의 현실을 둘러싼 구체적인 장소에서부터 스스로의 육체와 내면 세계로까지 동시대의 경험적 현실을 이질적 장소를 통해 구체화했다. 이러한 시쓰기는 모더니즘의 현실 인식에 뿌리를 둔 것으로, 그의 첫 시집 『달나라의 장난』에 수록된 「병풍」, 「눈」, 「폭포」 등을 비롯해 1950년대의 주요 작품들에 집중되어 있다. 특히 이질적 장소의 정서와 시대적 절망감은 '설움'과 '비애'라는 정서를 통해 표출되었다.

비교적 최근에 확인된 그의 '수용소' 생활에 대한 두 편의 산문 「시인이 겪은 포로 생활」과 「나는 이렇게 석방되었다」에서 그러한 감정에 대한 원인이 잘 드러나고 있다. 이 글들에서는 수용소 생활에 관한 구체적 사실과 더불어, 최소한의 인권과 생명이 유린당한 극한의 체험들이 상세하게 기술되어 있다. 이러한 경험들은 인간의 존엄성과 생명의 가치를 상실한 죽음에 가까운 극한 상황을 시사한다.[2] 생존을 위한 투쟁과 수용소의 원초적인 현실을 기록한 윗글들은 그의 시가 지니고 있는 난해함과 기이한 행적을 이해하는 데 도움이 될 뿐만 아니라 김수영 시에 대한 새로운 문제의식을 제기하는 계기가 되고 있다.

---

[2] 2009년 이영준은 1953년 『희망』 8월호에 실린 미공개 산문 「나는 이렇게 석방되었다」를 찾아 공개함으로써 김수영의 포로 생활에 대한 몇 가지 새로운 사실들을 밝혔다. 또한 박태일이 1953년 6월호 『해군』에 실린 「시인이 겪은 포로생활」을 발굴하면서 김수영의 포로 생활에 대한 더욱 자세한 정보들을 알 수 있게 되었다. 무엇보다 이 글은 시인이 포로수용소에서 석방된 뒤 발표한 시 「달나라의 장난」 이후 처음 발표한 산문이라는 점에서 이 시기 그의 시 세계를 재고할 수 있는 중요한 글이다.

나아가 이러한 경험과 그 경험의 장소들은 인간의 자유가 얼마나 극단적으로 억압될 수 있는지를 가시화하며, 자유의 소중함을 온몸으로 깨닫게 해주었다. 하지만 어쩌면 철저하게 자유를 부정당했던 기억들이 역설적으로 김수영을 '자유의 시인'으로 만들어 주었던 것은 아니었을까. 다시 말해, 1960년대 김수영 시의 '자유'의 실천과 행동적 전환의 근간이 바로 50년대의 부정적 헤테로토피아적 공간에서 발견된다는 것이다. 이러한 맥락에서 김수영은 개인적 경험을 자유의 확장으로 전이하였으며, 이것은 현실적 대응과 비판적 저항을 이질적 장소를 통해 실천하였음을 의미한다.

김수영 시의 공간에 대한 연구로 여태천은 '방'과 '집'을 통해 시어의 사용 빈도와 의미의 변화를 시기별로 살피며, 방과 집은 정주의 장소이자 갈등과 위기의 공간으로서 김수영의 치열한 비판의식이 잘 드러나는 장소로 보았다. 김응교는 종로 마리서사와 충무로 유명옥 그리고 소공동 국립도서관 등의 장소를 통해 김수영 시의 실증적인 정보와 컨텍스트로서의 공간과의 연관성을 제시했다. 또한 김원경은 김수영 시의 '방'이라는 닫힌 공간과 '거리'라는 열린 공간의 변증법적 의미를 살피며 '마당'을 회복과 정화의 헤테로토피아로 분석하였다.

이와 같은 연구는 김수영의 시적 세계관과 정체성 형성에 중요한 시사점을 제공한다. 시 속 공간은 단순한 배경이나 물리적 장소를 넘어, 그의 내면세계와 사회적 현실이 교차하는 공간 기제로 작용한다. 즉 그의 시에 나타나는 다양한 정서와 태도를 반영하는 동시에 시대적·사회적 맥락 속에서의 저항과 생성의 가능성을 모색하는 의미로 해석될 수 있다. 따라서 그러한 공간은 개인 차원에서뿐만 아니라, 역사의 상처와 사회적 갈등이 투영된 이질적 장소로서 헤테로토피아적 차원으로 분석될 필요가 있다.

무엇보다 김수영 시의 헤테로토피아는 주로 '현재'라는 시간성을 중심으로 주체의 이질적 경험과 밀접한 연관성을 지닌다. 포로수용소와 근대 도시의 혼종적 공간들 그리고 '몸'이라는 헤테로토피아는, 시대적 현실을 살아가는 소시민적 삶의 부정과 저항적 태도가 드러나는 상징적 공간들이다. 세계에 대한 감각과 지성은, 폭력적 역사와 현실에 대한 저항 의지로 표출되는데 그의 시에 드러나는 헤테로토피아는 대부분 부정적 시선을 함축한다. 특히, "나는 타락해 있는 것이 아닌가"라는 고백은 자기 성찰과 실천적 자각을 동시에 드러내는 고백으로 이는 이질적 경험에 대한 더 깊은 고뇌와 성찰로 이어진다.

전쟁과 역사의 현장, 생존과 죽음이 교차하는 '포로수용소'

김수영은 1950년 한국 전쟁 당시 의용군으로 붙들려 평안

남도 북원리까지 갔다가 두 번의 탈출 끝에 간신히 서울로 돌아왔다.[3] 하지만 곧 이태원 육군형무소에서 큰 고문을 당해 다리를 심하게 다쳤고 곧 그 상태로 인천 포로수용소로 이송되었다. 이틀 만에 적십자 군용 병원 열차에 실려 부산 서진 병원으로 옮겨졌다. 제14야전병원에서 다리가 거의 완치된 김수영은 곧바로 부산 거제리 수용소에 수감되었다.[4] 그는 이곳에서 1951년 2월 28일 열한 명의 동료와 더불어 좌익 포로들에게 인민재

---

[3] 김수영은 1950년 8월 3일 서울 충무로3가 일신국민학교에서 의용군으로 끌려가 북행하게 된다. 8월 6일 연천에서 다시 북행기차를 타고 개천군 북면에 있는 북원 훈련소에 도착했다. 훈련소 생활을 견딜 수 없었던 김수영은 탈출을 시도하지만, 순천읍 지점에서 북한 내무성 군인에게 체포되어 다시 훈련소로 보내지게 된다. 그 후 9월 21일경 다시 탈출하여 일주일간 순천, 평양, 황주, 신막까지 거의 210킬로를 걷다가 28일경 신막에서 미군 트럭을 타 서울로 오게 된다. 서대문 사거리에 내린 김수영은 적십자병원 맞은편에 있던 임시 파출소에서 의용군으로 북한에 갔다 온 사실을 모두 털어놓았다. 하지만 집으로 돌아가던 길에 해군본부 건물을 지나자마자 검거되어 중부서로 끌려가 말할 수 없이 심한 고문을 당했다. (홍기원, 『길 위의 김수영』, 삼인, 2020, 137-185쪽)

[4] 부산 거제리 포로수용소 생활에 대해 김수영은 다음과 같이 언급했다. "별별 사람들이 다 모여 있는 곳이다. 위에는 검사, 판사, 신문기자, 예술가로부터 중학생, 농부, 노동자에 이르기까지 별별 성격의 사람들이 주위 4,000미터의 철조망 속에 한데 갇혀 있는 곳이다. 서로 싸우고 으르렁거리고 조금이라도 더 잘 먹고 남보다 잘 지내려고-나는 내가 받아야 할 배급 물품도 제대로 받지 못하였다. 옷이나 담배나 군화 같은 것이 나와도 나는 맨 꼬래비로 받아야 하거나 그렇지 않으면 못 쓰게 된 파치만이 나의 차례에 들어오고는 하였다"(「시인이 겪은 포로 생활」 중) 또한 최하림은 이곳에서 포로수용소 생활을 했던 당시 김수영이 자신이 스케치한 것을 보며 백지 다발을 수차 갖다주기도 하고, 수용소 내에서 포로들에게 영어를 가르쳐 주는 등 다른 포로들이나 간호사들 그리고 잡역부들에게 따뜻한 마음을 베풀어 주었다고 회상하며 김수영이 첫눈에도 눈빛이 보통 사람 같지 않았음을 이야기했다.(최하림, 「장희범의 회고」, 『김수영 평전』, 실천문학사, 2001, 170쪽)

판을 받았지만, 거제도 포로수용소로 다시 옮겨졌는데 그것은 우익 포로들의 안전을 위한 조치였다. 그 후 1952년 11월 28일 충남 온양 국립구호병원에서 25개월 동안의 수용소 생활을 하게 된다. 김수영은 포로수용소에서의 인간 이하의 대우나 의용군으로 북한에 끌려가서 받은 죽음에 가까운 공포적 체험을 "인간이 아니었고", "포로는 생명이 없는 것"이어서 살아 있는 것 자체가 "비참한 안도감"을 주었다고 했다. 이처럼 그에게 포로수용소는 폭력적이고 이질적인 경험을 했던 곳으로, 적군과 아군이 서로 대립해 죽음이 난무하고 인간의 자유를 억압하는 '격리'와 '금지'로서의 일탈이 헤테로토피아였다.

김수영은 1950년대를 "나는 절망 위에 산다-. 나는 죽음 위에 산다-. 이러한 신념이 없이는 나는 이 좁은 세상을 단 1분 만이라도 자유로이 살 수가 없다"고 회상했다. 생사를 넘나들었던 전쟁의 기억은 그를 치열한 자기 성찰로 이끌었고, 이는 그의 시 세계를 변화시키는 결정적인 계기가 되었다. 절망적인 현실 속에서 스스로 타락하지 않고서는 버틸 수 없다는 생각은 바로 이 시기에 형성된 그의 치열한 윤리적 사유에서 비롯된 것이다.

어떤 시대의 특정 공간은 구성원들에게 공통의 경험을 이끌어내며 시대정신의 근간이 된다. 앞서 언급한 두 편의 산문은 시인으로 하여금 '포로수용소'라는 장소에서 겪고 느꼈던 많은 일들을 통해 스스로 자신의 존재와 입장을 끊임없이 해명하게

끔 하고 있다.[5] 규율을 통한 억압의 신체화가 관철되는 수용소는 공간화된 권력의 상징으로 자유가 부정되는 억압의 헤테로토피아이다. 북원리 의용군 훈련소 → 서울 육군 형무소 → 인천 포로수용소 → 부산 거제리 포로수용소 → 거제도 포로수용소를 거친 25개월의 '수용소' 생활은 그를 '자유'의 노정으로 들어서게 했던 헤테로토피아적 장소성의 근간이 되었다.

> 조국에 돌아오신 상병포로 동지들에게
> 그것은 자유를 찾기 위해서의 여정이었다
> 가족과 애인과 그리고 또 하나 부실한 처를 버리고
> 포로수용소로 오히려 집을 버리고 나온 것이 아니라
> 포로수용소보다 더 어두운 곳이라 할지라도
> 자유가 살고 있는 영원한 길을 찾아
> 나와 나의 벗이 안심하고 살 수 있는
> 현대의 천당을 찾아 나온 것이다
> (중략)

---

5   윤숙의 연구는 김수영의 전쟁과 포로 경험에 대한 기존 논의에서 보여지는 국가와 반공이라는 거시적 관점에서 벗어나 전쟁과 수용소 생활을 겪은 당사자들의 경험 자체에 중점을 두고 전후까지 이어진 폭력적 상황에 시선을 집중하고 있다는 점에서 그 의미가 크다고 할 수 있다.(윤숙, 「김수영 시론의 원점으로서의 포로체험」, 『한국시학연구』 60, 한국시학회, 2019, 183-215쪽)

"내가 포로수용소에서 나온 것은
포로로서 나온 것이 아니라
민간 억류인으로서 나라에 충성을 다하기 위하여 나온 것이라고
그랬더니 억류되고 있는 대한민국과 UN군의 포로들을 구하여내기 위하여
새로운 싸움을 하라고 합니다
나는 정말 미안하다고 하였습니다
이북에서 고생하고 돌아오는
상병포로들에게 말할 수 없는 미안한 감이 듭니다"

내가 6·25 후에 개천 야영훈련소에서 받은 말할 수 없는 학대를 생각한다
북원 훈련소를 탈출하여 순천 읍내까지도 가지 못하고
악귀의 눈동자보다도 더 어둡고 무서운 밤에 중서면 내무성 군대에게 체포된 일을 생각한다
그리고 나는 평양을 넘어서 남으로 오다가 포로가 되었지만
내가 만일 포로가 아니 되고 그대로 거기서 죽어버렸어도
아마 나의 영혼은 부지런히 일어나서 고생하고 돌아오는
대한민국 상병포로와 UN상병포로들에게 한마디 말을 하였을 것이다
"수고하였습니다"

―「조국에 돌아온 상병포로 동지들에게」 부분

위 시는 시인의 형제들이 보관하던 서류에서 나온 김수영의 미발표작으로, 6·25 전쟁은 민족적 비극이지만 김수영에게는 더 참혹했던 역사적 사건이었다. 당시 김수영은 자신의 수용소 생활에 대해 "세계의 그 어느 사람보다도 비참한 사람이 되리라는 나의 욕망과 철학"을 일깨워준 생활이었으며 자유를 찾기 위해 포로수용소에 간 것이라고 역설했다. 일반적으로 수용소에서는 자유를 누릴 수 없다. 시에서는 인간으로서는 도저히 상상할 수 없는 가장 비참하고 끔찍한 상황을 견뎌야 했던 포로 생활에 대해 비교적 자세히 언급되어 있다. 무엇보다 김수영은 자신이 포로가 아니라 민간 억류인[6]으로 갇혔음을 해명하고 싶어 했다. 이영준은 이 시에서 말하는 "민간 억류인"으로서의 김수영과 관련된 자료들을 통해 당시 이데올로기의 대립각이 충돌하는 지점에서 정부와 언론들은 "민간 억류인"들에게는 크게 관심을 두지 않았다고 했다. 김수영은 의용군으로 끌려갔던 그 시절이 "악귀의 눈동자보다도 더 어둡고 무서운 밤"이었다고

---

6   1951년 7월 남북의 정전 협상이 시작되었다. 제네바협약에 의해 남북 포로를 즉시 송환시킨다는 것을 원칙으로 시행된 이 협상에서 가장 큰 문제가 바로 북한이 남한을 점령하고 있을 때 강제로 징집한 의용군 문제였다. 당시 남한 정부는 북한군 포로 14만 명 중 적어도 4만 명은 남한 점령 시 징집된 의용군으로 포로가 아니라 민간인이 억류된 것이라고 보고 '민간인 억류자'란 개념을 한국전쟁에서 처음 사용하였다. 유엔군이 이것을 받아들이면서 '민간인 억류자'를 포로에서 제외하는 것에 대한 찬반의 의견이 팽팽하게 맞섰다. 이 문제로 인해 결국 정전 협상이 2년간 시간을 끌게 된 것이다.(홍기원, 『길 위의 김수영』, 삼인, 2020, 204쪽)

회상한다. 그는 유엔군의 서울 수복 소식을 듣고 탈출을 시도하다 인민군에게 잡혀 사흘 밤낮을 가리지 않고 손톱이 다 부서지도록 땅을 파내 군복과 총을 찾아 겨우 죽음을 면하기도 했다고 진술하였다.

시에서는 이북에서 고생하고 온 '상병포로들'에게 말할 수 없는 '미안함'을 드러내며 억류되어 있던 민간인 포로들을 위해 자신이 해줄 수 있는 것이 아무것도 없었다는 죄책감과 다시 찾은 자유에 대한 무한한 벅참의 감정이 교차하고 있다. 김규동은 『나는 시인이다』에서 김수영이 사람을 조금 경계하고 군인들을 몹시 싫어하였다고 했는데 그 말을 유추하면 의용군과 포로수용소의 경험이 평생 그의 무의식에 억눌린 감정으로 자리하였기 때문이라는 것을 추측할 수 있다. 그 때문에 술만 먹으면 〈인민 항쟁가〉 등의 이북 노래를 슬프게 불렀던 것 또한 '반공 국가' 지식인의 슬픈 자화상이라 할 수 있을 것이다.

하지만 김수영의 내면을 평생 지배한 것은 어쩌면 '두려움'이었을지도 모른다. 포로수용소의 '죽음과 공포'에 대한 기억은 김수영이라는 한 시인의 무의식에 보통 사람들보다 훨씬 더 깊은 공포를 심어 주었기 때문이다.[7] 거제도 포로수용소에서는 친공

---

7 염무웅은 '공안과'라고 하니까 대뜸 공안과公安課를 떠올리셨죠? 그게 국가보안법 아래 살아온 우리의 무의식입니다. (중략) 의용군으로 붙들려 올라갔던 넷째 동생

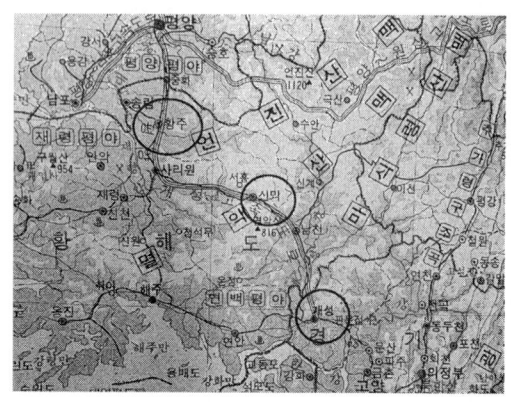

김수영의 탈출 경로

김수영은 북에서 탈출하기 위해 평양에서 남쪽으로 국도를 따라 내려왔다. 지금은 평양과 개성 사이에 고속도로가 놓여 있다. 김수영이 거쳐 간 황주와 미군 트럭을 빌려 탄 신막은 평양과 개성 사이의 주요 교통 요지였다.(홍기원, 『길 위의 김수영』, 삼인, 2021)

과 반공의 포로들이 밤마다 서로의 막사 철조망을 부수고 습격하였으며, 하루에 10명이 넘는 포로들이 인민재판의 형식으로 처형되었다. 때로는 어제저녁에 같이 이야기 나누던 동료들의 싸늘한 주검 옆에서 오늘 아침 식사를 해야 하는 등 생이빨을 뽑아야 했을 정도로 참담한 고통의 생활을 했던 곳이 수용소였다.

이처럼 그의 내면 깊이 각인된 수용소의 공포는, '소시민적 자아'에 대한 성찰로 이어진다. 그가 시를 통해 끊임없이 비판했던 안정에 대한 갈망이나 비겁함은, 타인을 향한 것이라기 보

김수경이 일본을 통해 본가로 편지를 보내온 사실 때문에 국가 기관원이 구수동으로 김수영을 데리러 왔을 때 그는 "조선일보 땜에 오셨소?"라고 물었다고 했다. 그것은 당시 조선일보에서 이어령과 일종의 사상 논쟁을 벌인 것을 떠올리고 그런 대답을 한 것이다. 이것을 유추해보면 당시 김수영의 무의식 속에 있었던 것은 다름 아닌 이 '공포감'이라 말할 수 있다.(홍기원, 앞의 책, 357쪽)

1951년 2월 26일 부산 거제리 포로수용소

김수영이 제3수용소에서 인민재판을 받기 이틀 전 모습.
(박도 엮음, 『한국전쟁2』, 눈빛출판사, 2010)

다는 포로수용소의 극한 상황 속에서 살아남기 위해 가졌던 자신의 두려움에 대한 정직한 고백이었을지도 모른다. 따라서 김수영 시의 위대함은 두려움 없는 영웅의 목소리가 아니라, 자신의 가장 깊은 공포와 나약함을 직시하고 그것을 넘어서기 위해 평생을 고통스럽게 분투했다는 데 있을 것이다.

무엇보다 수용소를 나와 보니 아내가 자신의 선배와 살고 있었고 두 명의 남동생이 북으로 간 것 때문에 취직도 못 하고 평생 연좌제로 힘든 시기를 보냈다. 한 시인이 경험한 자신의 한계와 사상으로 그의 문학과 시 세계가 완성된다면 김수영에게는 의용군과 '포로수용소'의 경험이 그의 시세계에 가장 큰 영향을 끼쳤다고 볼 수 있다. 그 좌절의 고통이 「긍지의 날」에서 '피로'와 '설움'이 역설화된 '긍지'의 감정으로 드러난다.[8]

전후 근대 도시의 이질적 장소들 – 거리, 국립도서관, 산정

근대 도시인들은 급속도로 변하는 시공간 속에서 자신의 기억과 흔적을 남긴다. 이는 도시가 근대 개인들의 집단적 기억과 향수를 불러일으키는 이질적 장소임을 의미한다. 즉 근대 도시는 여러 시대의 기억이 혼종되고, 과거와 현재가 공존하는 등 다양한 시간성과 기억의 층을 내포하는 복합적인 공간의 특징을 지니기 때문이다.[9] 하지만 이러한 도시의 삶이 가속화될수록 실존적인 의미를 점점 상실하고 주체들의 삶이 고립되거나 물질화된다.

---

8 이영준 교수는 2016년 5월 28일 김수영 연구회에서 이 「긍지의 날」은 1953년 《문예》지 9월호에 처음 발표되었다고 밝히며 2018년 이전 전집에 '1955년 2월'로 기록된 오류를 지적했다. 그렇게 본다면 이 시 또한 그가 포로수용소에서 구상했을 것으로 추측할 수 있다.(김응교, 『김수영, 시로 쓴 자서전』, 삼인, 2021. 131-132쪽)

9 도시를 역사적 기억의 모델로 보았던 발터 벤야민 Walter Benjamin은 '파사주-아케이드 프로젝트'를 통해 현재 살고 있는 도시와 기억, 역사의 관계에 관해 서술하며 도시에 숨어 있는 기억의 흔적을 발견하는 것의 중요성을 강조하였다. '거리 산책자'로써 도시 공간을 탐구하고 도시가 가지고 있는 이질혼효적인 특성을 강조하였다.(수잔 벅모스, 『발터 벤야민과 아케이드 프로젝트』, 문학동네, 2004. 57-88쪽)

이처럼, 도시화와 산업화의 과정을 거치며 해방과 전쟁, 그리고 분단의 현실을 맞이한 서울은 급속한 자본주의화와 함께 다양한 변화의 과정을 경험하게 된

김수영의 부인, 김현경 여사
(김현경,『김수영의 연인』, 책읽는 오두막, 2013)

다. 과거와 현재, 낡은 것과 새로운 것, 봉건적 가치와 자본주의적 가치가 혼재된 도시로, 다양한 변화 속에서 그 구성원들은 혼란과 불안에 휩싸인 이질적 공간을 체험하게 된다. 「국립도서관」이라는 시에 나오는 '도서관'[10]이라는 헤테로토피아는 당시 서울 소공동에 있던 '국립도서관'을 말한다. 번역으로 생계를 유지했던 김수영은 모르는 단어나 필요한 정보가 있으면 반드시 '국립도서관'까지 직접 가서 사전들을 찾아 확인한 다음 글을 썼다고 한다.

---

10 현실에 존재하지 않는 유토피아가 현실에 실현되는 장소가 헤테로토피아라면 현실에 존재하지 않는 시간을 유크로니아라고 한다. 그렇다면 현실에 존재하는 이질적 시간인 헤테로크로니아**heterochronia**로 구획되는 장소를 '영원성'과 '일시성'의 장소로 분류할 수 있다. 여기서 영원성의 헤테로토피아로서 무한히 시간을 쌓아가는 아카이브적 장소가 바로 도서관과 박물관이다. 이와 반대로 일시성의 헤테로토피아는 장터, 휴양지, 박람회 그리고 축제 등으로 볼 수 있다.

모두들 공부하는 속에 와보면 나도 옛날에 공부하던
생각이 난다
그리고 그 당시의 시대가 지금보다 훨씬 좋았다고
누구나 어른들은 말하고 있으나
나는 그 우열을 따지고 싶지는 않다
그러나 〈그때는 그때이고 지금은 지금〉이라고
구태여 달관하고 있는 지금의 내 마음에
샘솟아 나오려는 이 설움은 무엇인가
모독당한 과거일까
약탈된 소유권일까
그대들 어린 학도들과 나 사이에 놓여 있는
연령의 넘지 못할 차이일까…(중략)

오 죽어 있는 방대한 서책들

너를 보는 설움은 피폐한 고향의 설움일지도 모른다
예언자가 나지 않는 거리로 창이 난 이 도서관은
창설의 의도부터가 풍자적이었는지도 모른다

모두들 공부하는 속에 와보면 나도 옛날에 공부하던
생각이 난다

－「국립도서관」 전문

도서관에서 열심히 공부했던 자신의 지난 날을 떠올리던 시인은 문득 이곳에서 공부하고 있는 학도들의 모습을 유심히 지켜본다. 하지만 그들을 바라보는 시인의 시선이 그리 긍정적이지 않다. "모독된 과거"나 "약탈된 소유권"과 같이 자신 또한, 그들과 마찬가지로 반복되는 현실에서 제대로 "흥분하지 못하"고 있다. 이것은 "어린 학도들"또한 정치적 목적이나 사회적 시선들에서 자유로울 수 없다는 부정적 시선으로 이어진다. 규율이나 체제에 순응시키려는 "창설의 의도부터가 풍자적"인 이곳에서 과연 그들은 무엇을 읽고 무엇을 생각하고 있는 것일까. 그러한 생각은 "죽어 있는 방대한 서책"들을 보며 "피폐한 고향"에서 예언자가 나타나지 않는 현실에 대한 실망감으로 이어지지만, 또 한편으로는 "예언자"가 나타나기를 바라는 희망을 포기하지 않음을 의미하기도 한다.

　'도서관'이라는 장소는 무한한 시간과 기억들이 집적된 지식과 정보의 보고寶庫이다. 하지만 당시 현실에서는 그 기능과 역할이 다분히 제한되어 있었다고 볼 수 있다. 특히 1950년대 전후에는 일반인들이 도서관에 갈 기회가 그렇게 많지 않았을 것이다. 공부를 전업으로 하는 학생이나 글을 쓰고 가르치는 사람들에게는 열려있는 장소겠지만 무엇보다 생업에 바쁜 사람들에게는 닫혀 있는 장소이다. 오래된 서적들이 배치된 도서관은 과거의 오랜 시간들을 공유하고 기억하는 헤테로크로니아의 장소이다. 곰팡이가 피어 있는 어둡고 축축한 세계는 아무도 들여다보지 않는 지식의 질서가 머물러 있는 공간이다. 하지만 그 장소는 타인의 간섭에서 벗어나 자신만의 내밀한 시간을 소유하며 새로운 희망이나 욕망을 꿈꿀 수 있는 곳이기도 하다.

그런 측면에서 김수영에게 '도서관'은 낡고 박제된 지식이 아닌, 살아있는 언어와 저항 정신을 벼리는 혁명가의 밀실과 같은 곳은 아니었을까. 그곳에서 세상의 소음과 간섭으로부터 차단된 채 자신만의 언어로 현실과 치열하게 싸우며 새로운 자유와 희망을 모색하였던 것은 아니었을까. 그러한 도서관은 세상의 통념과 권위로부터 벗어나 온전히 자기 자신과 마주할 수 있는 자유로운 지성의 공간이었을 것이다. 즉 김수영은 도서관이 낡은 지식을 헤쳐나와 자신만의 새로운 질서를 발견하며, 시대를 향할 새로운 목소리를 창조해내는 헤테로토피아적 공간으로 기능하길 바랐던 것으로 보인다.

이처럼 김수영은 도시의 이질적인 장소들을 통해 자아뿐 아니라 타자와의 관계를 면밀하게 들여다보았다. 1953년에 쓴 산문 「낙타과음」에서 '구석 쪽 외떨어진 자리를 택하여 앉기를 즐기는' 시인의 모습을 통해 도시의 중심부에서 비켜난 변두리에 대한 그의 애착을 확인할 수 있다. 이러한 애착의 장소는 '도서관'에 이어 '찻집'이나 '거리'와 같은 공간으로 이어진다.

1923년에 완공된 국립중앙도서관 모습(1973년)
(김응교, 『김수영, 시로 쓴 자서전』, 삼인, 2021)

오래간만에 거리에 나와 보니
나의 눈을 흡수하는 모든 물건
그중에도
빈 사무실에 놓인 무심한
집물 이것저것

누가 찾아오지나 않을까 망설이면서
앉아있는 마음
여기는 도회의 중심지
고개를 두리번거릴 필요도 없이
태연하다

-일은 나를 부르는 듯이
내가 일 위에 앉아있는 듯이
그러나 필경 내가 일을 끌고 가는 것이다
일을 끌고 가는 것은 나다

헌 옷과 낡은 구두가 그리 모양 수통하지 않다 느끼면서
나는 옛날에 죽은 친구를
잠시 생각한다

벽 위에 걸어놓은 지도가
한없이 푸르다
이 푸른 바다와 산과 들 위에
화려한 태양이 날개를 펴고 걸어가는 것이다

구름도 필요 없고
항구가 없어도 아쉽지 않은
내가 바로 바라다보는
저 허연 석회 천정-
저것도
꿈이 아닌 꿈을 가리키는
내일의 지도다

스으라여

너는 이 세상을 점으로 가리켰지만

나는

나의 눈을 찌르는 이 따가운 가옥과

집물과 사람들의 음성과 거리의 소리드를

커다란 해양의 한 구석을 차지하는

조그마한 물방울로

그려보려 하는데

차라리 어떠할까

-이것을 구차한 선비의 보잘것없는 일일 것인가.

-「거리」 전문

    김수영은 1955년 한국전쟁 이후 폐허의 서울 거리를 걸으면서 두 편의「거리」연작을 발표했다. 그의 시에서의 '거리'[11]는 대개 자신이 살았던 '종로 거리'를 의미하는데, 그런 점에서 '거리'는 시적 주체의 생활공간이자 그 너머를 상상하는 공간이다. 즉 절망 속에서도 시적 주체를 일으켜 세우는 곳이자 새로운 각성을 불러일으키는 장소였다.

---

[11] 김수영의 경우 1955년과 4·19 직후, 그리고 1965년 이후의 시들에서 '거리'가 주로 등장한다. 특히 그가 1965년 9월 발표한「연극하다가 시로 전향」이라는 글에서, 발표지를 얻지 못하고 분실한 자신의 시「거리」에 대해, 이 시는 "일본말로 쓴「아메리칸 타임지」라는, 내 딴으로의 리얼리스틱한 우수한(?) 작품 이전에 또 하나의 리얼리스틱한 우수한 작품으로「거리」라는 작품을 나는 썼다"라고 언급하였다.

위의 시에서 오랜만에 거리로 나온 시적 주체는 "도회의 중심지"에서 두리번거리다 "빈 사무실"을 찾아든다. 그곳에 놓여 있는 "무심한/ 집물"처럼 시적 주체 또한 "일은 나를 부르는 듯이/ 내가 일 위에 앉아 있는 듯이" 도시의 속도에 쫓기며 중압감을 느낀다. 문득 아무도 없는 빈 사무실에 앉아 생각한다. "옛날에 죽은 친구"는 이 도시의 피로한 생활 속에서 자신이 놓치지 말아야 할 것들을 상징적으로 일깨워주는 존재이다.

시적 주체는 '거리'에서 자기를 응시하거나 타인과 관계하면서 내적 성장을 도모한다. "돈을 버는 거리의 여인"은 전쟁 이후 폐허가 된 도시의 생활고에서 벗어나기 위해 몸을 파는 여인이라면, 김수영은 도시의 '화려함' 뒤에 보이지 않는 이러한 서러운 존재들에 마음이 더 가닿는다. 그러므로 "거리는 모든 나의 설움"의 장소가 된다.

김수영에게 도시적 설움의 감수성은 50년대 중반에 이르러 '거리'의 연작시를 쓰며 더욱 강조된다. 그렇다면 김수영이 시 쓰기의 장소이자 타인을 관찰하는 장소로 삼았던, 폐허의 '거리'에서 그는 무엇을 보고 어떤 생각을 했을까. 도시의 활력이 사라진 텅 빈 공간에서 무심한 '집물'처럼 그곳을 지나가는 사람들의 모습에서 자신의 현재와 미래의 모습을 본 것은 아니었을까. 어쩌면 꿈과 열정이 사라진 텅 빈 '거리'에서 그는 이미 또 다른 '거리'의 꿈을 꾸었을지도 모른다.

종로 네거리도 행길에 가까운 일부러 떠들썩한 찻집을
택하여 나는 앉아 있다
   이것이 도회 안에 사는 나로서는 어디보다도 조용한
곳이라고 생각하고 있기 때문이다 (중략)
   서울에 들어온 지 일주일도 못 되는 나에게는 도저히
도회의 소음과 광증과 속도와 허위가 새삼스러움게 미웁
고 서글프게 느껴지고
―「시골선물」 부분

시장 거리의 먼지 나는 길 옆의
좌판 위에 쌓인 호콩 마마콩 멍석의
호콩 마마콩이 어쩌면 저렇게 많은지
나는 저절로 웃음이 터녀 나왔다

모든 것을 제압하는 생활 속의
애정처럼
솟아오른 놈
(중략)

무위와 생활의 극점을 돌아서
나는 또 하나의 생활의 좁은 골목 속으로
들어서면서

이 골목이라고 생각하고 무릎을 친다

생활은 고절孤節이며
비애였다
그처럼 나는 조용히 미쳐 간다
조용히 조용히……

-「생활」 부분

「시골 선물」에서는 그가 가장 많이 왕래했을 '종로 네거리'가 처음 나온다. '종로'는 그가 태어나고 자란 곳으로 그에게는 현실적 삶의 구체성이 가장 면밀하게 드러나는 장소 중의 하나이다. '종로'는 근대 이전의 장소에서 벗어나 새로운 도시공간으로 자리매김하며 동시대인의 구체적인 삶의 모습이 다양하게 관측되는 곳이다. 장소와 공간의 배치는 그 속에서 펼쳐지는 삶의 양식을 드러내는 동시에 사고방식과 행동방식까지 확인하는 장이다. 시에서 시적 주체는 찻집의 구석진 곳에 앉아 밖을 내다본다. 너무나 익숙한 네거리를 바삐 걷는 행인들을 관찰하다 문득 자신도 "도회지 안에서 쫓겨 다니듯" 살고 있다는 것을 깨닫는다. 나아가 이 도시의 속도와 소음을 떠올리며 자신도 그처럼 '거리에 굴러다니는 보잘것없는 설움'(「거리 2」)일지 모른다는 자의식에 사로잡힌다.

도시의 '거리'는 수많은 타인들의 욕망과 삶이 교차하는 '번잡한 현실'의 장소이다. 이 무질서한 공간 속에서 개인은 익명성에 기댄 관찰자가 되어, 자신과 타인의 모습을 객관적으로 재인식하게 된다. 즉, 거리는 물리적으로는 누구에게나 열린 공간이지만, 그곳을 걷는 주체에게는 외부와 단절된 채 내면으로 침잠할 수 있는 '닫힌 사유의 공간'으로 변모된다. 따라서 "번잡한 거리의 한 모퉁이"를 배회하는 것은 단순히 길을 잃는 행위가 아니다. 그것은 과거의 상처와 기억을 안고 현재의 도시를 온몸으로 통과하며, 미래의 새로운 관계와 세계에 대한 가능성을 탐색하는 능동적인 성찰의 과정이다. 그러므로 "오늘 세상에 처음 나온 사람"처럼 걷는 이 '거리'에서 나는 언제나 낯선 존재일 수밖에 없다. 중심에서 벗어나 불균질적인 헤테로토피아 공간으로서의 그곳은 "새삼스러움게 미웁고 서글프게 느껴지"는 소시민들의 지극한 생활공간이기 때문이다.

이처럼 도회의 한복판 종로 네거리 떠들썩한 찻집에서 시대의 유행과 속도를 생각하는 '거리'는 처음부터 김수영에게 소음과 광증과 속도와 허위의 한가운데를 표상하는 공간으로, 그로부터 일정한 거리를 두고 있는 시적 주체는 그 속도와 화려함에서 벗어나려고 한다. 그러므로 "설운 마음이 한 모퉁이"를 돌아보게 하는 설움의 장소이기도 하다.

1959년에 쓴 「생활」에서는 시의 제목에서 드러나듯 김수

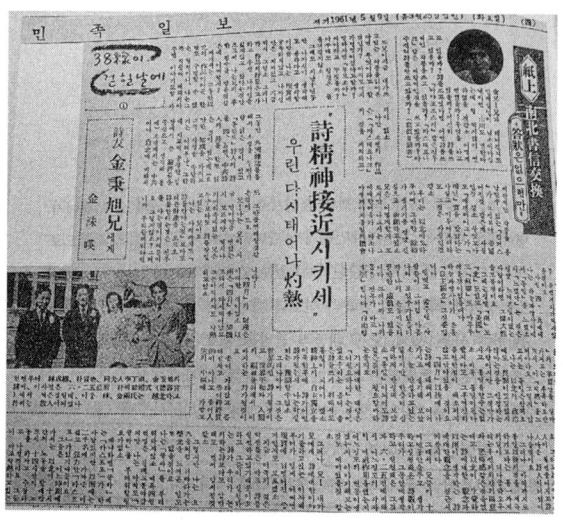

『민족일보』기획 시리즈 「지상 남북서신교환」

제1호 서신으로 김수영은 북한에 있는 김병욱 시인에게 편지를 보냈다. 사진 맨 오른쪽이 김병욱 시인이다.(『민족일보』1951년 5월 9일자)

『민족일보』는 5·16 군사쿠데타 다음 날 "육·해·공·해병이 '쿠데타'"라고 군사쿠데타를 보도한 후 3일 만인 5월 19일 폐간되었다. 김수영은 이 신문의 창간호에 시 세 편과 편지 한 편을 썼다. 신문에 게재 당시 편지 제목은 「38선이 걷힐 날에」이고, 뒤에 산문집에 실릴 때는 「저 하늘 열릴 때-김병욱 형에게」로 제목이 바뀌었다.(홍기원, 『길 위의 김수영』, 삼인, 2021)

영 자신의 일상의 모습과 그가 머무는 장소들이 비교적 자세히 드러난다. 시에서는 "시장 거리의 먼지 나는 길 옆의/ 좌판"이 등장한다. 시적 주체는 시장 거리의 먼지 나는 길 옆 "좌판 위에 쌓인 호콩 마마콩"에 시선이 가 닿으며 '저절로 웃음이 터져 나'온다. "호콩 마마콩"은 엄숙하고 무거운 일상의 분위기를 단숨에 반전시키는, 시인의 표현을 빌자면 "애정처럼/ 솟아오른 놈"

과 같은 이미지다. 평범한 일상을 영위하지 못하고 "무위와 생활의 극점을 돌아와" 조용히 미쳐가는 듯한 위태로운 삶을 살던 시인. 바로 그런 그의 눈에 시장 거리에 하잘것없이 돌출해 있던 그것이 특별한 의미로 들어온 것이다.

시적 주체가 거리를 '낙오자처럼 걸어가면서' 자꾸 허허 웃는 까닭은 생활이 "고절孤絶이며/ 비애"임을 누구보다 절실하게 알기 때문이며 그럼에도 그 생활에서 한 발짝도 벗어나지 못해 쩔쩔매는 자신이 '호콩 마마콩'같다는 인식에서 비롯된 것일 것이다. 또한 누구보다 '생활'이라는 것이 저 하찮고 낮은 현실의 좁은 거리와 거리에서 발견되는 것임을 잘 알기 때문이다. 이처럼 시적 주체는 '거리'라는 장소를 배경으로 타자와 풍경과 삶이 하나의 생활 공간에서 조우하며 그 속에서 비애와 설움을 발견한다. 또한 그러한 삶에서 조용히 미쳐가는 자신을 똑바로 응시하는 것이 바로 시이며, 시인의 삶이란 그 치열한 응시를 시적으로 승화시키는 것임을 그는 누구보다 절실하게 알고 있었던 것이다.

> 시를 배반하고 사는 마음이여
> 자기의 나체를 더듬어보고
> 살펴볼 수 없는 시인처럼
> 비참한 사람이 또 어디 있을까

거리에 나와서 집을 보고
집에서 앉아서 거리를 그리던 어리석음도 이제는
모두 사라졌나 보다
날아간 제비와 같이

날아간 제비와 같이 자국도 꿈도 없이 어디로인지
알 수 없으나
어디로이든 가야 할 반역의 정신

나는 지금 산정에 있다-
시를 반역한 죄로
이 메마른 산정에서 오랫동안
꿈도 없이 바라보아야 할 구름
그리고 그 구름의 파수병인

-「구름의 파수병」 부분

    무엇보다 이 시기에 김수영의 '현실의 유토피아'를 가장 갈구한 시가 「구름의 파수병」에서 드러나는 '산정'일 것이다. 이 시기 김수영이 살았던 구수동 집은 비교적 높은 언덕에 있었다. 한강이 내려다보이는 집에서 시인은 시詩와 다른 "반역"된 삶을 살고 있다고 고백한다. 그에게 '방 두 칸과 마루 한 칸과 말쑥한 부엌과 애처로운 처를' 거느리고 일상에 안주하며 사는 삶은 바로 "시를 배반하며 사는" 것이다. 집에서는 밖을 생각하고 또 밖에서는 집을 생각하는 이러한 일탈逸脫적 이중 심리는 "산정"이라는 이질적 장소에서 두드러진다. '산정'은 실제로 시인이 살고 있는 언덕 위에 위치한 집의 구조적 특징에서 비롯된 장소이자 "반역의 정신"이 꿈틀거리는 시인의 무의식 속의 장소이기도 하다. 어쨌든 시인이 '산정'에 있는 이유는 "시를 반역한 죄" 때문이다. 그러므로 시인은 구름의 파수병이 되어 장소 밖의 장소인 "산정"을 스스로의 유배지로 삼고 있는 것이다.

이와 같이 스스로를 유배시킨 시인은 '구름의 파수병'이라는 역설적 역할을 수행한다. 파수병은 한 자리를 지켜야 하는 정적인 존재이지만, 그가 지키는 구름은 쉼 없이 흘러가는 동적인 대상이다. 이는 물리적으로는 '산정'에 갇혀 있지만 정신적으로는 현실(밖)과 이상(집) 사이를 끊임없이 오가며 번뇌하는 시인의 내면 풍경과 일치한다고 볼 수 있다. 따라서 그의 유배는 단순한 도피나 징벌이 아니라, 현실과 이상이 충돌하는 그 경계에서 가장 순수한 언어를 길어 올리려는 치열한 시적 투쟁이라 할 수 있다.

살핀 것처럼 김수영의 시에서 '도시'는 낯선 타인과의 우연하고 일시적인 만남이 이루어지는 덧없는 공간이다. 이러한 공간의 일시성은 역설적으로 '지금, 여기'라는 현재성을 첨예하게 부각하는데, 그에게 이 현재성은 동시대의 부조리에 안주하지 않고 그것을 부정하고 저항하는 사유의 출발점이 된다. 이 때의 '저항'이란 현실의 비극을 냉소하거나 자학하는 것이 아니라, 오히려 '나태와 안정'에 물든 자기 자신, 즉 자신의 '나태懶怠'를 정면으로 직시하는 고통스러운 행위이다. 하지만 그러한 억압 속에서 고통스러운 자기 체험을 진술하는 시의 서사는, 바로 그 폭력으로 인해 파열되고 변이된 도시의 이면 즉 헤테로토피아적 공간에서 가장 첨예하게 펼쳐진다.

저항과 생성으로서의 '아픈 몸'

시인은 자신이 무엇이며 어떻게 존재해야 하는지, 그 '실존'[12]에 대한 자각을 평생 하는 존재이다. 그런 의미에서 '몸'은 인간의 가장 근본적인 존재 형식이고 우리는 그 '몸'을 통해 사회와 소통하고 관계를 맺는다. 또한 몸은 존재의 본질적·객관적

---

12 하이데거의 철학에서 존재는 인간의 '있음'을 말한다. 인간은 자신의 존재에 대해 항상 물음을 제기하며, 그것을 자기 것으로 받아들이는 '현존재Dasein(거기-있음)'이다. '거기-있음'은 곧 '세계-안에-있음'인데, 이 '있음'은 자신이 지나온 과거와 미래 그리고 타인 혹은 자신과의 관계 맺음을 통칭하는 말이다. 여기서 인간의 '있음'의 양식 즉 '실존'의 의미가 부각된다. 그것은 현존재가 어떻게 있어야 하는지 그의 '존재'에 대해 끊임없이 문제를 제기하는 인간의 독특한 '있음'의 양식이다. 그러므로 '실존'은 존재자가 '세계-안에-있음'이며 자신과 타인, 세계, 사유, 역사와 관계를 맺으며 그 속에서 정지하지 않고 앞을 내다보며 사는 것을 말한다.(하이데거, 이기상 역, 『존재와 시간』, 까치, 1998)

근거로 근대 철학에 대한 반성을 설계하는 중요한 계기이며 사회와 문화 그리고 도덕이라는 수많은 코드들이 공시적·통시적으로 작동하는 장소이다.[13]

김수영 시에 드러나는 '몸'은 기존의 질서와 권력에 대항하는 장소이다. 현실의 부조리와 비극을 통해 '영원히 나 자신을 고쳐가야 할 운명과 사명'을 가진 존재의 비극은 그 자신의 '몸'을 통해 드러난다. 이러한 '몸'은 사회적 관습과 규율이 가장 첨예하게 각인되는 장소인 동시에, 질병·고통·욕망·늙음의 이질적 장소로 사회가 규정한 정상성의 질서를 반영하면서도, 동시에 그것을 교란하고 전복시키는 반-장소 counter-site 로서의 헤테로토피아이다. 따라서 시인이 자신의 몸을 응시하는 행위는, 사회의 가장 미시적인 권력 작동 방식을 읽어내고 그 균열의 지점에서 새로운 언어를 길어 올리는 시도로 볼 수 있다.[14]

[13] 니체는 '몸' 즉 '육체'의 문제를 그가 속한 사회 내부적 권력과 도덕, 그리고 지식의 문제와 밀접하게 연계되어 있다고 주장한다. 그는 오랜 로고스 중심의 사유에서 육체의 존재 가치와 육체의 사회적 현상을 고려하지 않은 이성 중심의 사유에서 육체의 존재와 육체의 사회적 현상을 고려하지 않는 이성 중심적 인식론에 대해 가장 날카롭고 핵심적인 비판을 한다.(니체, 강수남 역, 『권력에의 의지』, 청하, 1990, 391쪽)

[14] 푸코는 '몸'을 단순한 생물학적 실체를 넘어, 권력과 지식이 교차하는 헤테로토피아적 공간으로 규정했다. 그의 '생명 권력' 개념에 따르면, 근대 사회는 몸을 통제하고 관리의 대상으로 삼지만, 바로 그 지점에서 저항과 해방의 가능성 또한 가능하게 된다. 즉, '몸'은 사회적 규율이 내면화되어 특정 사고와 행동을 형성하는 순응의 장소인 동시에, 그 억압에 맞서 자율성을 추구하는 실천의 장소가 되는 것이다. 특히 질병, 광기, 성적 정체성과 같은 경험은 사회적 규범과 개인의 욕망 사이

도봉동에 위치한 김수영의 본가

앞쪽이 본가 본채이고, 오른쪽에 보이는 작은 건물이 김수영이 기거하며 시를 썼던 장소이다.
(홍기원, 『길 위의 김수영』, 상인, 2021)

김수영이 「시여 침을 뱉어라」에서 강조한 '온몸으로서의 시' 또한 '몸'에 대한 그의 지속적인 사유의 귀결로 볼 수 있을 것이다. '온몸'은 사건과 감정이 집약되는 공간이자, 현실과 이상, 억압과 저항이 교차하는 장소로, '자유의 과잉'과 '혼돈'을 시작하는 탈경계와 저항의 헤테로토피아이다. 이러한 시적 '몸'의 이행은 50년대 그의 시에서 자주 발견된다.

의 첨예한 갈등을 드러내는데, 이때 '몸'은 이 갈등을 통해 새로운 주체성을 형성하고 권력에 맞서는 역동적 공간인 '반-장소 counter-site'로 거듭난다. 그런 측면에서 헤테로토피아적 '몸'은 사회적 통제의 작동 원리와 그에 대한 저항의 가능성을 동시에 내재한 이질적 공간인 것이다.

어둠 속에서 본 것은 청춘이었는지 大地의 진동이었는지
나는 자꾸 땅만 만지고 싶었는데
땅과 몸이 一體가 되기를 원하며 그것만을 힘 삼고 있었는데
(중략)
지나간 생활을 지나간 벗같이 여기고
해 지자 헤어진 구슬픈 벗같이 여기고
잊어버린 생활을 위하여 불을 켜서는 아니 될 것이지만
천사같이 천사같이 흘려버릴 것이지만
아아 아아 아아
불은 켜지고
나는 쉴 사이 없이 가야 하는 몸이기에
구슬픈 육체여.

-「구슬픈 육체」부분

    이 시는 제목에서 주체의 '몸' 즉 '육체'의 슬픔을 직접적으로 토로하고 있다. 그것은 "잃어버린 생활"과 "말없는 생활" 때문임을 알 수 있다. '나'는 잠을 자기 위해 불을 끄지만 어둠 속에서 쉽게 잠들지 못해 다시 일어나 생각하고 있던 그 무엇을 이내 잊어버리고 만다. '나'의 이러한 강박증은 "너무나 멀리 잊어버린" 과거와 "쉴 사이없이 가야 하는 몸"이 놓인 현실 때문일 것이다. 또한 이상과 현실 사이를 "쉴 사이 없이 가야"하는 나의 '몸'은 현실의 '구슬픈 육체'로서 존재의 한계에 직면할 수밖

에 없는 비극적 장소이다. 그 때문에 이러한 '육체'는 내면의 고통과 실존적 한계가 교차하는 '서러움의 장소'로 그려진다. 그런 점에서 "구슬픈 육체" 위에는 '잃어버린 생활'로 상징되는 아름다웠던 과거의 기억과 고통스러운 현재의 삶이 상흔처럼 겹쳐진다. 이것은 잃어버린 이상향을 향한 갈망과 현실의 고통을 감내해야 하는 숙명이 이질적 장소인 '몸'에 공존하기 때문이다.

또한 "구슬픈 육체"는 사회적 규율과 억압이 내면화되면서, 개인의 유한성과 한계를 절감하는 장소이지만 동시에 그 억압의 틀을 벗어나려는 저항 정신이 꿈틀거린다. 하지만 이러한 '육체'는 모든 모순과 갈등을 온몸으로 겪어내기에, 현실에 대한 부정을 통해 역설적으로 치유와 회복의 가능성까지 담지하는 역동적인 공간으로 승화된다. 때문에 김수영은 시의 현대성은 '육체'에서 나오는 것이라고 강조했던 것이다.[15]

> 내 몸은 아파서
> 태양에 비틀거린다

---

[15] "이 시에 나타나 있는 현대성은 육체에서 나오고 있는 것이다. 그것은 시를 쓰기 전에 준비되어 있는 것이다. 우리 시단에서 가장 아쉬운 것이 이것이다. 진정한 현대성은 생활과 육체에서 자각된 것이고, 그 때문에 그 가치는 현대를 넘어선 영원과 접한다. 시의 모더니티란 외부로부터 부과하는 감각이 아니라 내면에서 우러나오는 지성의 火焰이며, 따라서 그것은 시인이ㅡ육체로서ㅡ추구할 것이지 시가ㅡ기술 면으로ㅡ추구할 것이 아니다"(김수영, 「모더니티의 문제」, 『김수영 전집 2』, 516쪽)

내 몸은 아파서
태양에 비틀거린다

— 「동맥」 부분

내가 으스러지게 설움에 몸을 태우는 것은 내가 바라는 것이 있기 때문이다

그러나 나는 그 으스러진 설움의 풍경마저 싫어진다.

나는 너무나 자주 설움과 입을 맞추었기 때문에

가을 바람에 늙어가는 거미처럼 몸이 까맣게 타버렸다.

— 「거미」 전문

「동맥」에서 '태양에 비틀거'리는 '내 몸'은 도시 생활에서 모든 사건이 일어나는 이질적 장소이다. 모순된 현실에서는 몸과 마음의 아픈 증상이 분리되지 않는다. '아픈 몸'은 단순한 신체적 고통을 넘어 현실에 대한 부정적 인식과 부조리, 그리고 이 세계의 고통과 체념을 체득하는 장소이다. 특히, '내 몸이 아파서'라는 반복적 표현은, 개인이 겪는 내면적 고통이 곧 사회적 부조리와 억압의 뿌리임을 드러낸다. 시적 주체는 이러한 몸과

현실의 불일치를 통해 삶의 부조리와 존재의 심연을 직시하고 있음을 알 수 있다. 그러므로 '아픈 몸'은 개인이 처한 현대 도시의 복잡한 현실과 긴밀한 연관성을 보여주는 상징적 공간으로 작용한다.

「거미」에서도 '나'는 '거미'를 보며 자신의 예민한 '몸'을 들여다본다. 그리고 나 또한 거미처럼 "내 안에 바라는 것"이 있어 "설움에 몸을 태우는 것"이라고 고백한다. 설움과 너무 자주 입을 맞추기에 나의 '몸'은 "가을 바람에 늙어가는 거미처럼" 몸이 까맣게 타버렸다는 것이다. 여기서 '몸을 태우는 것'은 결과적으로 내면의 극적 불안이나 긴장을 표출하는 행위이다. 즉 '몸'을 태움으로써 자신의 감정과 현실적 한계를 극복하려는 극단적 실천으로도 이해된다. 이것은 내부의 극한 긴장과 설움을 담고 있는 이질적 공간으로서의 '몸'을 까맣게 태움으로써 현실을 돌파하고자 한다.

시인이 진정으로 바라는 것이 시적 완성이라면 이처럼 '몸을 태운다는 것'은 육체를 완전히 소모함으로써 새로운 정신세계와 시를 찾을 수 있다는 의지의 표현이기도 하다. 김수영은 "가을 바람에 늙어가는 거미처럼" 자신이 살고 있는 현실의 모순과 몸의 중요성을 누구보다 예민하게 꿰뚫고 있었을 것이다.

그러므로 '몸'은 진정한 소통과 개방의 장소로써 자신의 몸뿐 아니라 다른 사람의 몸을 통해 세계를 인식하고 소통하는 또 하나의 '정체성'을 갖게 된다. 나아가 '몸'이라는 헤테로토피아는 개인적 고통은 물론 사회적 억압과 저항이 복합적으로 작용되는 장소이다.

1961년 김수영이 여동생 졸업식 때 찍은 가족사진
(『김수영 전집』, 민음사, 2019)

'이성적 사유'가 도식적이면서 대상을 장악하려는 폭력적인 억압을 만들어낸다면 '몸의 사유'[16]는 열린 인식체계로 대상에 다가가려는 사랑의 철학이다. 한 편의 시는 시인이 '몸'으로 체험하는 세계와의 상호 관계 속에 존재한다. 그런 지점에서 김수영이 자신의 온몸에는 티끌 만한 허위도 없고 자신의 '몸'이 전부 〈주장〉이라고 한 것은 그가 '몸'으로 생각하고 그 생각한 바를 정직하게 행동으로 옮겼음을 의미한다.

---

16 이재복은 김수영이 현대시를 쓰는 시인의 결핍이 '몸'에 있다는 것을 예리하게 포착했던 시인이라고 했다. 그의 이러한 시각은 데카르트의 이성 대신 '몸성' 또는 '큰이성'의 개념을 내세운 니체의 사상과 통하며 자아나 주체를 몸에 대한 사유 속에서 재창출하고 존재의 정체성을 재형성하는 것이 진정한 의미의 현대성으로 보았다. 또한 언어보다 '몸'이 먼저라는 인식은 몸과 언어의 이분화에서 오는 즉 몸의 배제라는 근대 언어 중심주의와 눈에 보이는 것만 중시하는 시각 중심주의를 넘어서는 새로운 가능성의 시도라고 보았다.(이재복, 『한국문학과 몸의 시학』, 태학사, 2004, 26-27쪽)

눈은 살아 있다
떨어진 눈은 살아 있다
마당 위에 떨어진 눈은 살아 있다

기침을 하자
젊은 시인이여 기침을 하자

눈 위에 대고 기침을 하자
눈더러 보라고 마음 놓고 마음 놓고
기침을 하자

눈은 살아 있다
죽음을 잊어버린 영혼과 육체를 위하여
눈은 새벽이 지나도록 살아 있다

기침을 하자
젊은 시인이여 기침을 하자
눈을 바라보며
밤새도록 고인 가슴의 가래라도
마음껏 뱉자

-「눈」 전문

1956년에 쓴 이 시는 김수영이 자신이 추구하던 시와 시작詩作에 대한 정신이 집약된 작품이다. 시에서 마당에 떨어진 '눈'이 녹지 않고 그대로 남아 있는 모습을 보고 '눈은 살아 있다'고 선언한다. 반복되는 '살아 있다'는 표현에는 '깨어 있다'는 미래지향적인 의지와 현재의 안일함에 빠진 정체성에 대한 경각심을 동시에 내포되어 있다. 즉 지상의 부조리한 현실과는 별개로, 밤새 하얗게 쌓인 눈의 숭고한 정신에 대한 경외와 현실의 나태함을 동시에 고백한다.

또한 '기침'은 단순한 생리현상을 넘어, 저항하는 '몸'의 언어이자 헤테로토피아적 실천의 시작詩作을 알리는 신호이다. 그러므로 '젊은 시인'의 기침은 부조리한 세상과의 타협을 거부하고, 억압적 현실을 '온몸'으로 돌파하려는 정직하고 용기 있는 행위이다. 이는 정신적 안일과 부패를 거부하고 '죽음을 잊어버린 영혼과 육체'로서 끊임없이 깨어있으려는 자기 갱신의 의지, 즉 살아있는 '몸'의 선언이다.

이와 같이 저항적 '몸'의 실천은 '눈'이라는 상징적 공간 위에서 펼쳐진다. '눈'은 현실의 질서가 일시적으로 중지되고 새로운 가능성을 모색하는 이질적 공간으로 변모된다. 즉 현실의 부조리에 맞서는 의지, 정직한 양심, 자유를 향한 투쟁이 교차하는 시인의 실천은 저항하는 '몸'을 통해 '눈'이라는 현실 공간의 헤테로토피아로 전환시킨다.

이처럼 김수영의 시에서 '몸'은 생물학적 신체의 의미를 넘어, 시대의 혼란과 개인의 실존적 고뇌가 충돌하는 가장 정직한 장소라 할 수 있다. 나아가 그것은 사회적 규범과 권력에 끊임없이 저항하면서도, 동시에 현실과의 괴리 속에서 고독을 감내하고 그 모순을 끌어안는 대안적 장소이다. 시인은 이 '몸'의 감각과 행위를 통해, 내면의 갈등과 저항 정신을 가시적인 언어로 번역해낸다. 이때 '몸'은 현대사의 복잡성과 인간 내면의 깊은 갈등을 드러내는 상징적 장소로, 시적 주체가 시대를 비판하고 자신의 존엄을 지키며, 끊임없이 스스로의 존재를 성찰하는 근원적 공간이 된다.

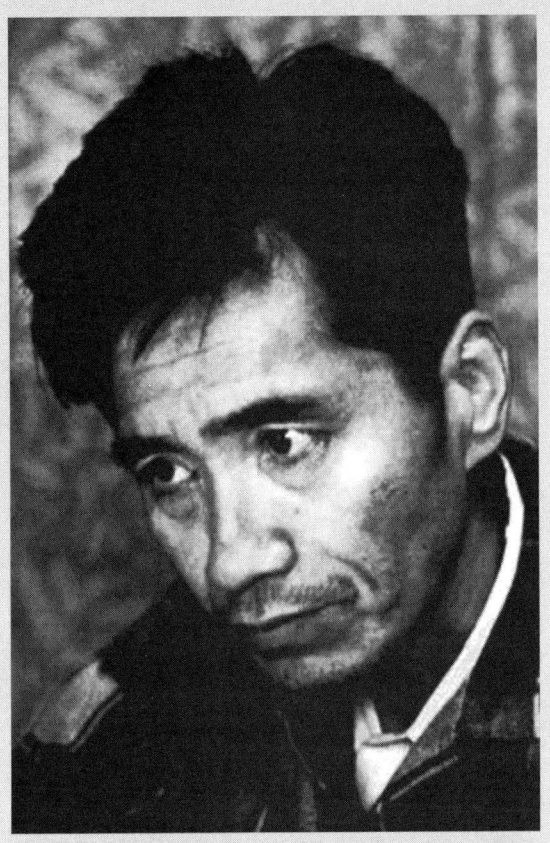

'시는 온몸으로, 바로 온몸으로 밀고 나가는 것이다. 시는 그림자에 조차도 의지하지 않는다'고 했던 김수영 시인

왜 나는 조그마한 일에만 분개하는가(중략)/ 모래야 나는 얼마큼 작으냐/ 바람아 먼지야 풀아 나는 얼마큼 작으냐/ 정말 얼마큼 작으냐……
— 「어느 날 고궁을 나오면서」 부분

선린상업학교 전수과 2학년(1936년)
첫째 줄 왼쪽에서 두 번째가 김수영이다.(『김수영 전집』, 민음사, 1981)

김수영의 본가 성북동 집 뒷면 모습
아직도 옛 모습을 유지하고 있다. 2019년 촬영.(홍기원, 『길 위의 김수영』, 삼인, 2021)

동아일보사
1958년 12월에 동아일보는 광화문 사옥을 남측으로 2간 증축했다. 김수영은 4·19 혁명 당시 이 사진 속 동아일보사를 찾아간 것으로 추측된다.(김성한 편, 『동아일보사사 제2권』, 동아일보사, 1978)

군산 YWCA강연회 기념사진
첫째 줄 왼쪽부터 김수영, 이병기, 신석정, 둘째 줄 왼쪽에서 세 번째가 송기원, 오른쪽 끝에 고은.(『김수영 전집』, 민음사, 1981)

1968년 4월 13일 부산의 『국제신문』과 팬클럽에서 주관하는 문학 세미나 장면
장소는 당시 미화당백화점이었고, 이 자리에서 김수영은 「시여, 침을 뱉어라-힘으로서의 시의 존재」를 발표하였다. 왼쪽부터 김수영, 이헌구, 백철, 안수길.(김현경, 『김수영의 연인』, 책읽는 오두막, 2013)

인천 포로수용소 모습
1950년 10월 1일 인천 소년형무소 자리에 임시로 만들어진 인천 포로수용소의 모습. 이태원 육군 형무소에서 큰 고문을 받고 다리를 심하게 다친 김수영은 들것에 실려 이곳 인천 포로수용소에 도착했다.(홍기원, 『길 위의 김수영』, 삼인, 2021)

1.P

꽃의 生活難

꽃, 꽃나무 上部의 피어는 꽃

피는 꽃보다 피었은 것은

눈 發散的 形象을 取한것은

그것은 作戰같은 꽃이기에 처음이다.

국수— 伊太利諺 ㅆ까 스니간

뭐가 쉬운것은 ~의 叛乱성일까

동음이 가져 나르비로 봄세

事物과 事物의 生理냐

事物의 포置과 跟度냐

事物의 遇昧와 事物의 明晰함을

그리고 ろ는 갔어서 ×
~1984~5

박인환과 박재삼 시에 드러나는 혼종적 장소의 의미

The Meaning of a Hybrid Place

도시 지향과 '명동'이라는 모더니티 장소

박인환[1]은 동시대 작가들보다 비교적 짧은 생애를 살았지만 1950년대 한국 시문학에서 도시 문명의 모더니티를 이끈 대표적 시인이다. 그는 신시론과 후반기 동인의 핵심 인물로서 한

---

[1] 박인환(1926-1956) 강원도 인제 출생. 경성제일고보를 거쳐 평양 의전을 중퇴했다. 1946년 『국제신보』에 「거리」를 발표하여 등단. 『박인환 시선집』(1956) 발간. 1956년 소설가 이상의 기일 때 4일 동안 폭음한 것이 급성 알콜성 심장마비로 이어져 자택에서 사망하였다.(향년 29세)

박인환 시인(1926-1956)

시대의 불안과 고뇌를 통해 혼란스러운 당대 현실 속에서 한국 문단이 나아가야 할 방향성과 새로운 시를 끊임없이 모색했다. 박인환은 자유신문사와 경향신문사 기자로 활동하며 '나의 생애에 흐르는 시간들', '아메리카의 영화시론', '샤르트르와 실존주의' 등을 발표하였고, 부산 피난 시절 몇몇 시인들과 '후반기' 동인을 결성하여 모더니즘 문학 운동을 주도했다. '후반기後半期'[2] 동인의 명칭은 1950년대를 '20세기 후반의 시작'으로 인식한 데서 비롯되었으며, 이들의 시적 상상력은 대체로 '도시'라는 공간을 중심으로 형성되었다. 박인환의 이국적인 모더니즘 시세계는 문명과 현대성에 대한 그의 진보적 세계관에서 비롯된 것으로 그가 누구보다 시대 변화에 민감했기 때문이다.

주지하다시피, 제2차 세계대전 이후 세계는 경제적 성장 덕

---

2 박인환은 1948년에 김경린, 김경희, 김병욱, 임호권과 함께 〈新詩論〉을 발간하였다. 이어 1949년에는 김경린, 김수영, 임호권, 양병식과 함께 합동시집 〈새로운 都市와 市民들의 合唱〉을 출간하였다. 이를 기반하여 박인환은 동인 그룹인 〈後半期〉를 결성하였다. 이 그룹의 주요 인물로 박인환, 조향, 김경린, 이봉래, 김차영, 김규동 등이 있었으며, 이들은 전기 모더니즘을 계승하면서 '반反전통성', '도시성', '서구 모더니즘 기법' 등 현대 문명의 메커니즘과 형상화를 주된 주제로 삼았다.

1950년대 서울 명동 거리

분에 진보와 발전의 새로운 가능성을 기대하게 되었다. 특히 서구 국가들은 1945년 이후 눈부신 속도로 경제를 발전시키며, 과학기술을 통한 빈곤 종식, 질병 퇴치, 환경 정복 등 풍요로운 미래 사회에 대한 희망을 실현하고자 했다. 그러나 대한민국의 경우, 이러한 세계적 흐름과는 달리 민족적 독립을 이루지 못했고, 한국전쟁이라는 비극적 사건으로 글로벌 경제와 이념의 흐름에 뒤처지게 되었다. 박인환은 이러한 시대적 어려움 속에서 진보적 세계인식을 바탕으로 불안정한 현실과 희망으로서의 미래를 시작詩作 활동을 통해 기존 모더니즘[3]과 시대의 한계를 넘

---

3   1920~30년대 모더니즘은 정지용, 김기림, 이상, 김광균 등의 시인이 서구 모더니즘을 받아들여 이미지를 중심으로 한 작품을 썼으며, 여기에 주지주의와 초현실주의적 기법도 표현되었다. 이러한 작품들은 일제 강점기하에서 근대화, 도시화를 거친 시인들의 도시 감각과 현대 문명 의식을 드러내며, 당시 시대상과는 동떨

으려고 하였다.

그는 경향신문 기자로 재직할 당시 1951년 5월부터 종군작가단 소속으로 전장에서 그 참상과 고통을 직접 목격하였다.[4] 시적 공간이 현실 인식을 반영한다면, 박인환에게 1950년대는 전후 사회의 혼란과 부정적 현실을 도시적이고 이국적인 공간으로 인식하게 했다. 특히, 서구 모더니즘과 도시성을 추구하며 기존 시단의 전통과 권위에 반기를 든 모더니스트들은 기성 문단과의 이념적 대립에서 벗어나 새로운 시적 정체성을 모색하고자 하였다. 이들은 자연 중심의 '청록파'와 대비되는 도시 공간을 이질적으로 형상화했다.

전쟁이 종료된 후 부산으로 피난 갔던 박인환은 서울로 돌아

어진 듯 보이기도 했다. 1940년대 들어서 전쟁과 일제의 폭압, 해방과 혼란으로 모더니즘은 갈 길을 잃게 되었다. 이후 1950년대 한국전쟁의 복구 과정을 거치며 모더니즘은 그러한 실질적 감성을 표현하기 시작했다. 특히 전쟁 경험은 실존주의적 경향과 함께 도시적, 비관적 감수성과 결합했는데 이에 해당하는 대표적 시인이 박인환이었다.

[4] 박인환이 종군기자 시절(1951~1952년에 썼던 「신호탄」, 「서부전선」 등에는 전장에서의 죽음이나 전쟁 영웅의 승전에 대한 이데올로기적 문법이 강하게 드러난다. 「최후의 회화會話」에서도 1950년대로 집약된 폐허와 불안의 이미지가 드러나는데 이것 또한 '한국전쟁'의 원체험에서 비롯된 것으로 보인다. 또한 그는 '미국'이라는 심상지리를 적극 활용해 분단 및 냉전 인식의 새로운 기반을 마련하고자 하였다. 그가 종군한 서부전선의 주력 부대가 미8군이었다. 박연희는 박인환이 종군하며 경험한 이러한 전쟁의 참상을 미국 표상을 통해 냉전 경험을 자기화하는 모습을 그의 번역소설인 『이별』을 통해 고찰하였다.(박연희, 「냉전의 시인들-박인환과 김수영의 '전후' 인식과 문학」, 『우리어문학회』 79, 2024)

와, 이른바 '명동 시대'[5]의 중심인물로 활동했다. 당시 '명동'은 문화예술의 산실로 그는 다방, 살롱, 대폿집 등을 다니며 동료 문인이나 예술가들과 활발한 교류를 이어갔다. 문화예술인들은 명동의 다방과 주점들에 모여 철학을 논하고 니힐리즘을 논하며 예술과 인생을 토론하였다. 불운과 가난 속에서도 꿈과 낭만을 잃지 않았던 예술가들은 비록 주머니는 가난했지만, 주체할 수 없는 기개와 열정으로 명동의 거리를 활보했다. 특히, 최불암 배우의 어머니가 운영했던 막걸릿집 '은성'은 박인환, 김수영, 번영로, 전혜린, 오상순, 천상병 등 당대 주요 문인들이 모이는 집합소였다. 그들에게 '명동'은 새로운 문학적 상상력의 근거

---

5   이봉구는 '명동'에 관해 다음과 같이 기억했다.
"내가 명동에 첫발을 들여놓은 것은 1947년 경. 해방 직전, 일본에서 나와 서울에 올라온 것이 스물 댓 살의 풋내기였을 때인데, 그 당시 예술가들이 많이 모이던 소공동, 명동, 충무로에 나도 드나들게 되었던 것이다. 그때는 서울이 좁기도 하였지만 문인, 화가, 음악인들의 수가 적었던 까닭에 우리는 모두 한 덩어리가 되어 꼭 벌떼처럼 이리저리 몰려다녔다. 모두가 가난하고 그렇다고 타오르는 정열을 집안에서 혼자 삭이기에는 모두가 너무 젊었을 때였다. 흘러나오는 음악 속에 닥치는 대로 문학, 미술, 음악 등을 토해내곤 하였다. 명동이야말로 우리 문화의 산실이 아닐까? 물론 그때는 나도 젊었고 주변 사람들도 모두가 젊었고, 그리고 나라도, 우리 문화도 모두 젊었을 때였다. 해방 이후 괜스레 커다란 꿈속에서 허공을 허우적거려 보려는 턱없는 욕심도, 6·25전쟁의 쓰리고 비참한 자포자기도 한물가시고 이제는 그것들이 밑거름되어 어느 만큼 현실감을 가진 우리 문화가 형성되었을 때였다. 새삼 해방 직후의 그 설렘임과 6·25 이후의 스산했고 분주했던 일들이 한꺼번에 생각나고 내 머릿속에 생생히 남아 있는 그 영상들로 인하여 더욱 애틋이 옛사람들이 그리워진다. 흙바닥이 질척거리던 명동거리와 대폿집에서 뿜어내던 북어 굽는 냄새, 솜털이 스칠 정도로 밀착되어 스쳐 가던 그때가, 그 사람들이 사무치게 그립기만 하다. 그리고 명동은 예처럼 지금도 살아 흐르고 있다"(이봉구, 『명동백작』, 일빛, 2004)

지이자, 동시대 예술인들의 중요한 교류의 장이었다.[6]

그 시절 명동의 문인들은 당대 이데올로기의 경직성과 한계를 인식하고, 사회적 이념에서 벗어난 순수한 예술, 즉 "예술을 위한 예술"을 추구하였으며 '명동백작'으로 불렸던 박인환 역시 이러한 예술지상주의적 태도를 견지하였다. 특히 그는 명동 뒷골목의 작은 목로주점인 '경상도집'과 '은성' 외에도 시인 김수영의 어머니가 운영하던 '유명옥', 해방 후 명동 인근 최초의 고전음악 전문 다방 '봉선화'와 '모나리자' 등을 즐겨 찾으며 예술적 교류를 했다. 그는 이러한 도시적 장소 경험을 토대로 현대 도시의 복잡성과 이질성을 드러내는 이국적인 모더니즘 시를 창작하였다.

> 나의 時間에 스코올과 같은 슬픔이 있다
> 붉은 지붕 밑으로 鄕愁가 光線을 따라가고
> 한없이 아름다운 계절이

---

[6] 조병화 또한 당시 명동을 다음과 같이 회상했다.
"나는 여러 가지 마음의 해방을 찾아서 서울고등학교 도서관 이층에 마루방을 얻어 혼자 한겨울을 난 일이 있었다. 학생들의 공부를 돕다가 끝나면 종로 → 을지로 → 명동, 이렇게 애수에 젖은 보행을 했던 것이다. 당시에 명동엔〈명동장〉〈무궁원〉이러한 문인들이 모이는 싸구려 술집이 있었다. 이러한 곳에 들러 술을 마시고 친하기 어렵고 친하기 싫은 말썽 많은 글쟁이 그림쟁이 노래쟁이들과 만취가 되면 세상은 몽땅 캄캄한 적막. 좌익이니 우익이니 누구편이니 누구 구룹이니 하는 살어름판 같은 곳을 고독과 싸우며 나의 연한 생명과 호흡하길 배웠던 것이다. 그 무렵에 나의 술 주변 사람들-김광주, 이봉구, 윤경섭, 김수영, 박인환, 이경성, 양병식…. 이런 분들이 이름들이 우선 생각이 난다."

運河의 물결에 씻겨 갔다
(중략)

지금 그곳에는 코코아의 市場이 있고
果實처럼 기억만을 아는 너의 음향이 들린다
少年들은 뒷골목을 지나 敎會에 몸을 감춘다
아세틸렌 냄새는 내가 가는 곳마다
陰影같이 따른다
(중략)
戰庭의 樹木같은 나의 가슴은
베고니아를 끼어안고 氣流 속을 나온다
望遠鏡으로 보던 千萬의 微笑를 灰色 외투에
싸아
얼은 크리스마스의 밤길을 걸어 보내자
―「거리」 부분

    이 시에는 전후 혼란스럽고 을씨년스러운 도시의 거리를 걷고 있는 시적 주체의 불안정한 자의식이 드러난다. "스콜과 같은 슬픔"이나 "맥박을 닮아 갔다"와 같은 관념적 표현은 당시 박인환의 지적이고 실험적인 창작의 특징을 잘 보여주고 있다. 특히 "코코아의 시장", "아세틸렌 냄새", "베링 해안", "베고니아", "크리스마스" 등의 이국적이고 현대적인 이미지들이 두드러진

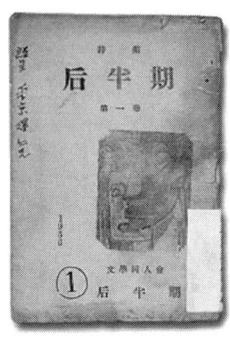

서구 모더니즘과 도시성을 추구하며 기존 시단의 전통과 권위에 반기를 든 동인지, 《後半期》

다. 이러한 이미지들에는 시적 주체의 감정과 심리적 갈등이 상징적으로 반영되어 있다. 이처럼 현대적이고 이국적 이미지들이 결합된 공간들은 시적 자아와 외부 세계와의 접점을 형성하며, 내면의 불안과 자기 성찰적 모습이 동시에 드러난다.

그러므로 시의 '거리'는 현실과 다른 질서를 지닌 헤테로토피아적 장소이다. 해방 직후의 혼란스러운 시간 속에서 주체는 '나의 시간'을 통해 혼돈을 경험하며, 도시 풍경의 상징인 '거리'의 시간 속에서 '스코올과 같은 슬픔'의 정서를 드러낸다. "베링 해안 같은 나의 마을", "바다로 가는 거리", "얼은 크리스마스의 밤길" 등 구체적인 시공간의 묘사 또한 추상적이고 관념적인 인식을 통해 불안정한 도시의 거리 풍경을 부각시키고 있다. 그가 지속적으로 도시를 배경으로 시를 쓴 것은 도시 문명의 이중적 시선을 통해 근대 주체의 우울과 허무와 같은 내면을 드러내기 위함이다. 이처럼 시대에 대한 진보적 문제 의식은 결국 서구 사상과 문학에 대한 심취로 이어지게 된다.

소낙비가 음향처럼 흘러간 다음
지금은 조용한
고르키의 달밤

오막살이를 뛰어나온
파펠들의 해머는
눈을 가로막은 안개를 부순다
(중략)
정박한 기선은 군대를 끌고
포탄처럼
내 가슴을 뚫고 떠났다

-「고르키의 달밤」 부분

　「고르키의 달밤」은 동인지 『신시론』에 수록된 작품으로, 그의 초기 시 세계를 이해하는 데 중요한 텍스트이다. 여기서 '고르키'는 모스크바에서 35km 떨어진 마을로, 레닌이 죽은 뒤 '고르키 레닌스키에'로 이름이 변경되었다. 레닌은 노동자 계급의 혁명으로 사회주의를 평생 추구했던 러시아 혁명가이다. '고르키'는 레닌이 총상을 입은 뒤 휴식을 취하며 그가 생을 마감한 상징적 장소로, 노동자 계급과 민중의 해방을 꿈꾸던 당시 사회주의 중심지로 혁명적 이상과 결의, 그리고 공동체적 유대의식이 교차하는 장소이다. 박인환이 이처럼 레닌의 '고르키'를

경향신문사 종군기자 시절 박인환

그에게 전쟁 체험은 죽을 때까지 영향을 미친 정신적 상처였다.(1951년 8월, 강원도 화천에서)

시적 장소로 소환한 것은 그가 혁명적 이상과 같은 진보 의식에 심취해 있었기 때문임을 알 수 있다. 이 시와 더불어 「인도네시아 인민에게 주는 시」[7], 「남풍」, 「인천항」 등의 시에서도 인도네시아, 베트남, 캄보디아, 말레이시아 등의 나라에서 벌어지는 상황을 통해 당시 동아시아의 급박한 정세를 파악하며 이들과의 연대를 촉구하였다.

한편, 1949년 박인환이 〈자유 신문사〉 기자 재직 당시 국가보안법 위반 혐의로 체포된 '남로당 사건'은 그의 삶에 큰 시련이자 중대한 전환점으로 작용한다. 오문석의 지적처럼, 이 사

---

[7] 맹문재는 이 시에 대해 다음과 같이 밝혔다. "이 시는 미군정 때 쓴 시인데요, 2차 대전 뒤 영국이나 프랑스, 네덜란드 등 제국주의 국가들이 전쟁 때 일본에 빼앗긴 동남아 옛 식민지들을 다시 차지하려고 했잖아요. 그러한 상황을 보면서 박인환이 네덜란드에 대한 인도네시아 인민들의 저항을 촉구한 시입니다. 이 시는 해방 직후 소련과 미국이 점령한 조선 사람들에게 건네는 말이기도 해요. 진정한 민족 국가를 건설하려면 제국주의로부터 해방되어야 한다는 거죠"(맹문재, "「목마와 숙녀」 박인환은 역사·현실 의식 강한 시인이었죠", 〈한겨레 신문〉, 2023. 10. 10.)

건 이후 박인환의 작품에서 정치적 '진보성'이 약화되었으며, 이는 '신시론' 동인의 해체로 이어지는 요인 중의 하나로 작용한다. 비록 이러한 사건들을 통해 박인환의 정치적 노선을 단정하기는 어려우나, 새로운 시대에 대한 강한 열망과 이상을 그의 작품 속에 투영하고자 했던 치열한 예술적 고민은 부인할 수 없는 사실이며, 그의 시적 공간은 이러한 열망과 현실적 제약이 교차하는 혼종적 장소로서 또 하나의 헤테로토피아로 이해될 수 있다.

> 가만히 눈을 감고 생각하니/ 지난 하루하루가 무서웠다./ 무엇이나 거리낌없이 말했고/ 아무에게도 협의해 본 일이 없던/ 불행한 연대年代였다.// 비가 줄줄 내리는 새벽/ 바로 그때이다/ 죽어간 청춘이/ 땅속에서 솟아나오는 것이······/ 그러나 나는 뛰어들어/ 서슴없이 어깨를 거느리고/ 악수한 채 피 묻은 손목으로/ 우리는 암담한 일곱 개의 층계를 내려갔다.// 『人間의 條件』의 앙드레·말로우/ 『아름다운 地區』의 아라공/ 모두들 나와 허물없던 友人/ (중략) // 안개 속에 울리고/ 지난날의 무거운 회상을 더듬으며/ 벽에 귀를 기대면/ 머나먼/ 운명의 도시 한복판/ 희미한 달을 바라/ 울며 울며 일곱 개의 층계를 오르는/ 그 아이의 방향은/ 어디인가.
>
> ―「일곱 개의 층계」 부분

이 시에 등장하는 "앙드레 말로"와 "아라공"은 반파시즘 문학을 주도했던 인물로 박인환이 서구 모더니즘 문학에 심취해 있었음을 엿볼 수 있다. '불행의 연대' 속에서 '죽어 간 청춘'들은 시인 자신을 포함한 당대의 젊은 세대들의 초상으로 인간의 존재와 운명에 고뇌하는 모습이 드러난다. '울던 아이', '죽어가던 소녀', '환상처럼 살았다' 등의 이미지는 전후 현실 속에서 고통받던 이들의 모습을 떠올리게 한다. 시의 첫 연에 제시된 '일곱 개의 층계'가 마지막 연에 다시 반복됨으로써 무지개와 같은 희망이 은유적으로 표현된다. "악수한 채 피 묻은 손목으로" 서슴없이 뛰어들어 "암담한 일곱 개의 층계"를 내려가는 모습은 "「인간의 조건」의 앙드레 말로"나 "「아름다운 지구」의 아라공"과 같은 작품 속 인물들의 고뇌와 연결된다. '끝없이 들려오는 불안한 파장波長'(「밤의 노래」)과 같은 비극적 징후에도 새로운 시에 대한 희망을 놓지 않았던 박인환은 서구 문화가 급격히 유입되면서 심화되는 사회 현상을 '도시'라는 문명적 장소와 현대적 시어를 통해 모더니즘적 시적 세계로 확장해 나갔다.

> 나와 나의 청순한 아내
> 여름날 순백한 결혼식이 끝나고
> 우리는 *流行品*으로 화려한
> 상품의 쇼우 윈도우를 바라보며 걸었다.

(중략)

그러나 창밖
암담한 상가
고통과 嘔吐가 동결된 밤의 쇼우 윈도우
그 곁에는
절망과 기아의 행렬이 밤을 새우고
내일이 온다면
이 靜寞의 거리에 폭풍이 분다.

-「세 사람의 가족」부분

하루 종일 나는 그것과 만난다
피하면 피할수록
더욱 접근하는 것
그것은 너무도 불길을 상징하고 있다
옛날 그 위에 명화가 그려졌다 하여
즐거워하던 예술가들은
모조리 죽었다.

지금 거기엔 파리와
아무도 읽지 않고
아무도 바라보지 않는

격문과 정치 포스터가 붙어 있을 뿐
나와는 아무 인연이 없다.

그것은 감성도 이성도 잃은
멸망의 그림자
그것은 문명과 진화를 방해하는
사탄의 사도
나는 그것이 보기 싫다.
그것이 밤낮으로
나를 가로막기 때문에
나는 한 점의 피도 없이
말라버리고
여왕이 부르시는 노래와
나의 이름도 듣지 못한다.

-「벽」전문

「세 사람의 가족」에서는 도시의 이질적 풍경을 더욱 정밀하게 묘사하며, 근대 도시 문명의 한 단면을 제시한다. '쇼윈도우'에 투영된 화려한 이미지들은 문명의 번영을 과시하는 듯하지만, 그 이면에는 '고통과 구토가 동결된 밤의 쇼윈도우'와 같은 차갑고 냉혹한 도시의 양면성이 드러난다. 이러한 대비는 표면적인 번영과 내면의 고통이 공존하는 도시의 이질적 특성을 부각하며 존재의 불안을 형상화한다. '쇼윈도우' 속 군중과 고독한 주체 사이의 대비는 가시적인 도시 문명에 소속감을 느끼지 못하는 주체의 단절된 모습으로 다음 시에서 그 이유가 명확히 드러난다.

「벽」에서는 사물과 개체 사이의 단절을 의미하는 '벽'이 '밤낮으로/ 나를 가로막'고 있다. 시적 주체는 하루 종일 그것과 씨름하며, 가로막힌 자신의 암담한 상황을 되뇐다. 암울한 시대 현실에서 모든 존재는 내적 혹은 외적인 '벽'과 마주칠 수밖에 없다. 무엇보다 사회와 타자로 향했던 길이 '벽'으로 가로막힐 때 우리는 자신의 내면으로 침잠하게 된다. 때문에 '피하면 피할수록 더욱 접근'하여 다가오는 '벽'은 주체를 우울하고 불안한 존재로 만든다.

또한 현실의 주체들은 '아무도 읽지 않고 아무도 바라보지 않는 격문과 정치 포스터가 붙은 '벽'으로부터 등을 돌린다. 세계정세와 당대 현실의 중심 장소인 '도시'라는 문명의 장소가 사람살이를 윤택하게 만들어주는 공간이 아니라, 인간을 소외시키는 공간으로 인식되기 시작했기 때문이다. 하지만 우리는 현실에서 그 누구도 이 '벽'으로부터 완벽하게 탈출할 수 없다. 이처럼 화려한 도시 문명의 단절적 이중성은 당대 현실적 존재의 아이러니와 맞물려 박인환 시의 중요한 헤테로토피아적 장소의 모티브가 된다.

희망과 절망의 경계, 탈이데올로기적 공간 '마리서사'

박인환은 영재들만 간다는 경기 중학을 거쳐 평양 의전에 입학하지만 이내 학교를 그만두고 아버지와 작은 이모에게 돈을 빌려 '마리서사'를 인수한다. '마리서사'는 구하기 힘들다는 외국 문인의 작품들과 문예지, 화첩 등을 구비해 두었던 서점으로 당시 모더니즘 작가들의 문화공간이자 아지트였다. 예술의 '자유'와 '연대'를 위한 실천적 장소로서의 '마리서사'는 좌우 이념을 가리지 않고, 나이와 지위를 막론하고 누구나 어울릴 수 있는 공간이었다. 누구의 말이 옳고 그른지 가릴 필요 없이, 그곳을 찾은 젊은 예술가들은 시와 예술에 대해 자유롭게 논하며 정보를 교류하였다. 그런 점에서 정우택은 '마리서사'가 "해방기 박인환의 삶과 시의 성격을 이해하는 데 중요한 부분"이며 초현실주의 화가의 그림을 걸어놓고 운영한 것은 "해방기의 정치적 상황에 대응하는 박인환만의 방식이자 그가 지향했던 본래 모습"이라고 했다. 이는 정치적 억압과 현실적 기대라는 당대의 이데올로기에서 벗어나 절망과 희망이 교차하는 혼종적 장소의 면모가 드러나는 지점이다.

'마리서사'라는 이름에는 두 가지 설이 존재한다. 하나는 프랑스 여성 시인 마리 로랑생(1883-1956)의 이름에서 유래한 것으로, 마리 로랑생은 기욤 아폴리네르의 연인이자 앙드레 지

1947년 3월 마리서사
임호권과 함께.(오른쪽 박인환)(『박인환 전집』, 실천문학사, 2008)

드나 장 콕토 등과 함께 파리 예술계의 중심에 있었던 인물이다. 다른 하나는 '말리茉莉'라는 한자어가 일본 시인 안자이 후유에安西冬衛의 시집 『군함말리軍艦茉莉』에 등장하는 '말리'에서 유래한 것으로 보고 있다. 어쨌든 서점 '마리서사'에는 '기상도'를 비롯하여 김기림과 같은 좌익 문단 조직의 시인들도 자주 드나들드나들었다. 특히, 박인환은 김기림의 장시 『기상도』(1936)가 1949년 1월에 복간될 때 서평을 쓸 정도로 김기림을 좋아했다. 그는 새로운 세계도世界圖를 찾은 우리 '현대시의 바이블'이라고 말하며 『기상도』를 높이 평가했다.

또한 김수영도 '마리서사'를 당시 서울에서는 보기 어려운 놀랍고 특이한 서점이라고 했다. 그는 '짧은 시간이기는 했지만 가장 자유로웠던 곳으로 좌·우 구별 없는 몽마르트 같은 분위기가 있었던'[8] 장소라고 기억했다. 하지만 김수영은 그곳에서 자신의 등단작인 「묘정廟庭의 노래」와 합동시집에 발표한 「공자孔子의 생활난」에 대해 혹평을 듣는다. 김수영과 박인환은 가장 가까운 사이였지만 서로의 시세계에 대해서는 혹독했다. 두 사람은 해방 이후 같은 모더니즘을 추구했지만, 지향하는 시적 세계관은 달랐다. 영어 실력이 상당해서 서양의 이론 책을 읽고 모더니즘과 세계정세를 직접 파악했던 김수영은 박인환의 첫인상이 그리 좋은 편이 아니라고 고백했다. 강원도 인제 출신으로 서울로 와 '모더니스트' 행세를 하던 인환을 '친구이면서도 가장 경멸한 사람 중의 하나'라고 못마땅해했다. 김수영은 책을 읽고 나서도 집에 두지 않는 버릇이 있는데, 그것은 자신도 인환처럼 서점 흉내를 낼지 모른다는 압박감 때문이라고 고백했다. 읽은 책을 마리서사에 팔러 갈 때면 박인환이 쓴 시를 종종 읽었다고 한다. 그때 파격적이고 현대적인 시어를 즐겨 쓰던 인환의 시에서 김수영은 자신도 모르게 영향을 받았는지도 모른다.

하지만 김수영은 인환에게 예술을 가르쳐 주고 서점을 차릴

---

[8] 김수영, 「마리서사」, 『김수영 전집 2 산문』, 민음사, 2018. 175쪽.

때도 많은 도움을 주었던 화가 박일영朴一英을 존경하였다. 박일영은 구보丘甫 박태원朴泰遠의 아들로, 극장 간판을 그리며 생계를 유지하던 화가로 김수영은 그를 '성인에 가까운 진정한 아웃사이더'이며 예술가의 전형적인 인물로 평가했다. 김수영은 박인환이 그로부터 진정한 전위예술과 모더니즘의 본질에 따른 예술가의 양심은 배우지 않고, 겉멋과 허위만 배운 단순한 스타일리스트였다고 비판했다.[9] 심지어 박인환이 타계한 후 그를 요절한 천재 시인이라고 평가한 당시 문단의 분위기에 호응하지도 않았다.

또 다른 일화로 김수영이 전쟁포로가 되었다가 거제 포로수용소에서 나온 뒤 어느 날 박인환이 보여주는 시를 읽게 되었는데, 작품에 쓰인 어색한 낱말을 지적하자 박인환이 "이건 네가 포

---

[9] "복쌍은 인환에게 모더니즘을 가르쳐준 것이 아니라 예술가의 양심과 세상의 허위를 가르쳐주었다. 그는 '마리서사'라는 무대를 꾸미고 연출을 하고 프롬프터까지 해가면서 인환에게 대사를 가르쳐주고 몸소 출연을 할 때에는 제일 낮은 어릿광대의 천역을 맡아가지고 나와서 관중과 배우자들에게 동시에 시범을 했다. 인환은 그에게서 시를 얻지 않고 코스춤만 얻었다."(김수영, 「마리서사」, 『김수영 전집』, 민음사, 2018, 105쪽)
"나는 인환을 가장 경멸한 사람의 한 사람이었다. 그처럼 재주가 없고 그처럼 시인으로서의 소양이 없고 그처럼 경박하고 그처럼 값싼 유행의 숭배자가 없었기 때문이다. 그가 죽었을 때도 나는 장례식장에 일부러 가지 않았다. (중략) 어떤 사람들은 그의 「목마와 숙녀」를 너의 가장 근사한 작품이라고 생각하는 모양인데, 내 눈에는 '목마'도 '숙녀'도 낡은 말이다. 네가 이것을 쓰기 20년 전에 벌서 무수히 써먹은 낡은 말들이다. '원정園丁'이 다 뭐냐? '배코니아'가 다 뭣이며 '아뽀롱'이 다 뭐냐?"(김수영, 「박인환」, 위의 책, 161-162쪽)

로수용소 안에 있을 동안에 새로 생긴 말이야."(「박인환」)라고 반격한 일도 있었다. 김수영은 박인환의 그런 언행에 증오심을 품으면서도 "좌우 이념의 구별이 없고 글 쓰는 사람과 그 밖의 사람들의 문명文名이 아니라 인간성을 중심으로 어울릴 수 있는 마리서사를 마련해준 면"에서는 박인환의 모더니즘 시운동과 함께 새로운 시어의 사용에 대한 박인환의 열정을 인정하였다.[10]

이처럼 박인환은 낡은 시를 극복하기 위해 새로운 시어 즉 동시대의 변화를 반영하는 현대적 시어를 추구했다. 또한 자신 역시 어려운 여건이었음에도 김수영의 비아냥에 아랑곳하지 않고 김수영에게 밥과 술을 자주 샀고, 김수영 몰래 그의 부인에게 생활비를 보태주기도 했다.

나는 눈을 감는다
평화로운 나의 서재에 군림했던
서적의 이름을 외운다

---

[10] 박인환과 오래도록 갈등을 겪었던 김수영은 당시 그의 시를 '제스처'만 있는 시라고 비난했지만, 동시대 시인 중에서 시어에 가장 관심이 많았던 시인으로 기억했다. "그는 일본말이 무척 서툴렀고 우리말도 제대로 아는 편이 못되었지만, 그 대신 그의 시에는 내가 모르는 멋진 식물, 동물, 기계, 정치, 경제, 수학, 철학, 천문학, 종교의 요란스러운 현대용어들이 마구 나열되어 있었다. 요즈음의 소위 〈난해시〉라는 것을 그는 벌써 그 당시에 해방 후 처음으로 본격적으로 시작하고 있었다."(「말리서사茉莉書舍」) 여기서 김수영이 말하는 요란한 현대 용어는 박인환의 시에 나타나는 새로운 문명의 언어일 것이다.

한 권 한 권이
인간처럼 개성이 있었고
죽어간 병사처럼 나에게 눈물과
불멸의 정신을 알려준 무수한 서적의 이름……
이들은 모이면 인간이 살던
원야原野와 산과 바다와 구름과 같은
인상의 풍경을 내 마음에 투영해 주는 것이다
-「서적과 풍경」 부분

그 눈 나리는 창窓가에 행복은 오지 않았다. 허나/ 사람아 환영의 사람아/너는 떠났다/나리는 눈과도 같이.//젊은 날/그리고 애달픈 사랑의 날/나는 아무 말도 없이/웃고 있었다/내 머리에 조소嘲笑로운/눈이 나리듯/환영의 사람아/너는 지금 내 눈에 산다.
-「환영의 사람」 전문

「서적과 풍경」에서 보이는 것처럼 어쩌면 시인으로 하여금 시를 쓰도록 추동하는 것이 '불안'일지 모른다. 시적 주체는 "인간처럼 한 권 한 권 개성을 가진" 서적 속에 있다. "죽어간 병사처럼" 현실이 고통 속에서 "불멸의 정신"을 알려준 "무수한 서적의 이름"을 되뇐다. 실제로 박인환의 책 사랑은 유별났다. 그는 책을 사면 일일이 표지를 씌워 흠집이 나지 않도록 했다고 한다. 심지어 문학 월간지마저 손때가 묻지 않도록 유산지나 셀로판지로 씌워서 가지고 다녔다고 한다. 그러한 박인환은 전쟁의 불안과 비극이 채 가시지 않은 현실을 매순간 목도하여야 했고, 그 속에서 문학과 예술의 연대를 꿈꾸었던 장소가 '마리서사'였다. 그것은 '시인으로서 사회적 책임을 다하는 것'이 자신의 사명이자 의무이며, 그런 점에서 박인환에게 '한 권 한 권'의 책은 '죽어간 병사'처럼 시인에게 '불멸의 정신'을 가르쳐 주었을 것이다.

「환영의 사람」에서는 불안과 죽음의식 속에서 지속적으로 '시인'으로서의 자의식에 끊임없는 물음을 던졌다. 한 인간에게 되묻는 존재의 물음이 '나는 어떻게 살아야 하는가'로 귀결된다면, 비극적 세계를 예술로 승화시켜야 하는 시인에게는 시작詩作에 대한 질문으로 이어질 것이다. 어두웠던 과거를 지나온 환멸의 현실은 한 치 앞을 내다볼 수 없다. 그러므로 '나리는 눈'과 같이 현실의 고난과 그 속에서 감내해야 하는 외로움은 '환영의 사람'을 기다릴 수밖에 없다. 과거는 망각해야 할 어떤 것이지만 동시에 망각할 수 없는 것에 대해 시인은 윤리적인 시쓰기를 이어 나갈 수밖에 없는 것이다.

바람이 불고
비가 올 때도

나는 저 유리창 밖
가로등 그늘의 밤을 잊지 못하지

사랑은 가고
과거는 남는 것
여름날의 호숫가
가을의 공원
그 벤치 위에 나뭇잎은 떨어지고
나뭇잎은 흙이 되고
나뭇잎에 덮여서
우리들 사랑이 사라진다 해도
지금 그 사람 이름은 잊었지만
그의 눈동자 입술은
내 가슴에 있어
내 서늘한 가슴에 있건만

-「세월이 가면」 부분

  이 시는 전후 현실에서도 정신적 고고함을 잃지 않으려는 박인환의 시적 태도가 엿보이는 시로 거의 생의 마지막에 쓴 작품이다. 1956년 이른 봄, 국민배우가 된 최불암의 어머니가 운영했던 선술집 '은성'에서 당시 박인환이 즉석에서 시를 짓고,

이진섭이 작곡하여 노래로 불렸다는 일화가 있다.[11] 이 시는 창작 시점에서 노래로 불렸다는 점에서 그 배경부터 이슈가 많이 되었던 작품이기도 하다.

시에는 '유리창, 가로등, 공원, 벤치' 등의 도시적 장소가 배경으로 드러난다. 떠난 사람에 대한 애절함과 첫사랑에 대한 그리움 등 시인의 현실에 대한 정서가 짙게 갈려 있는 이 시는 동시에 전쟁으로 죽은 이들로 인한 상처와 비극이 드러난다. '사랑은 가고/과거는 남는 것'처럼 인간은 아무리 혹독한 경험을 하였다 해도 잊혀지기 마련이다. 박인환은 전장戰場에서 보았던 죽음과 고통을 절대 잊지 않으리라 다짐했지만 결국 시간이 갈수록 조금씩 잊히게 된다. 하지만 '전쟁'이라는 상처의 뿌리는

---

[11] 박인환의 「세월이 가면」의 원전과 창작 과정에 대해서는 유성호의 자세한 분석이 있다. 그는 근역서재에서 펴낸 『세월이 가면』의 편집자 주에서는 임만섭이 참석한 첫 발표회가 먼저 있었고, 그로부터 잠시 후 참석자 중 몇 사람이 자리를 옮긴 후 거기서 나애심이 노래를 부른 것으로 판단하였다. 이에 엄동섭도 '명동 샹송'의 첫 발표회에 대한 증언은 이봉구 측과 송지영 측으로 대별된다고 보았다. 박인환에 대한 회고문을 집성한 『세월이 가면』에 의하면 양측 모두 같은 날 같은 장소에서 회합했지만, 이봉구 측의 모임이 먼저 있고 난 후에 송지영 측의 모임이 뒤따라 열린 것으로 밝혔다. 두 사람의 증언 모두 동방살롱 건너편의 빈대떡집 혹은 대폿집이라고 하였으므로 송지영 측이 장소를 옮긴 것 같지는 않다. 어쨌든 송지영의 증언은 "박 형은 취흥을 빌어 즉석에서 가사를 썼고, 진섭 형이 또한 그 자리에서 곡을 만들었다"는 것. 그래서 「세월이 가면」은 "그날 밤 그 자리에서 만들어진 것"이라는 사실에 초점을 맞춘 것이었다. 결국 이봉구와 송지영의 증언은 그 후 여러 모양으로 변형, 파생되면서 「세월이 가면」의 이야기를 만들고 있다.(유성호, 「박인환 시편, 「세월이 가면」의 원전과 창작 과정」, 『한국근대문학연구』 14, 한국근대문학회, 2013)

쉽게 지울수는 없는 것이다. 그것은 박인환만의 상처가 아니라 사랑하는 사람과 가족을 빼앗긴 모든 이들의 마음에 남은 상처이기도 하다.

박인환은 이러한 정황을 '과거는 남는 것'이라고 강조하며 '지금 그 사람의 이름은 잊었지만/그 눈동자 입술은/내 가슴에 있'다고 묘사한다. 그런 점에서 이 작품은 박인환의 다른 시와 조금 다른 자리에 위치해 있다. 떠나간 여인을 회상하며 비탄해하는 허무의 시가 아니라, 전쟁으로 인해 떠나가는 모든 것들, 죽어가는 것에 대한 슬픔을 근원적 비극으로 치환하여 지적인 절제와 균형미를 잘 보여주고 있다.

> 한 잔의 술을 마시고
> 우리는 버지니아 울프의 생애와
> 목마를 타고 떠난 숙녀의 옷자락을 이야기한다
> 목마는 주인을 버리고 그저 방울 소리만 울리며
> 가을 속으로 떠났다
> 술병에서 별이 떨어진다
> 상심한 별은 내 가슴에 가벼웁게 부서진다
> 그러한 잠시 내가 알던 소녀는
> 정원의 초목 옆에서 자라고
> 문학이 죽고 인생이 죽고
> 사랑의 진리마저 애증의 그림자를 버릴 때

목마를 탄 사랑의 사람은 보이지 않는다
세월은 가고 오는 것
한때는 고립을 피하여 시들어 가고
이제 우리는 작별하여야 한다
술병이 바람에 쓰러지는 소리를 들으며
늙은 여류 작가의 눈을 바라다보아야 한다.
······등대에······
불이 보이지 않아도
그저 간직한 페시미즘의 미래를 위하여
우리는 처량한 목마 소리를 기억하여야 한다
모든 것이 떠나든 죽든
그저 가슴에 남은 희미한 의식을 붙잡고
우리는 버지니아 울프의 서러운 이야기를 들어야 한다
두 개의 바위 틈을 지나 청춘을 찾은 뱀과 같이
눈을 뜨고 한 잔의 술을 마셔야 한다
인생은 외롭지도 않고
그저 잡지의 표지처럼 통속하거늘
한탄할 그 무엇이 무서워서 우리는 떠나는 것일까
목마는 하늘에 있고
방울 소리는 귓전에 철렁거리는데
가을 바람 소리는
내 쓰러진 술병 속에서 목메어 우는데

-「목마와 숙녀」 전문

이 시는 '예술가의 내면에 대한 관심과 추구가 삶에 대한 비판과 자기 응시의 태도로 이어져 절묘하게 균형을 이루었다는 점'을 긍정적으로 평가하기도 하지만 '도시적 서정이 지성화나 철학화되지 못하고 자기 체념적 센티멘탈리즘으로 전락'했다는 부정적 평가를 동시에 받고 있는 작품이다. 이 시에서 박인환은 '버지니아 울프'의 삶과 작품 세계를 자신이 살아온 시대와 동일시하며, 그 속에 드러난 불안과 허무를 형상화하고 있다. 버지니아 울프는 1941년 남편에게 편지를 남기고 우즈강에 투신하며 생을 마감하였는데, 그녀의 정신적 동반자인 레너드 울프는 그녀가 안정적인 작품 활동을 할 수 있도록 평생 지원했다. 이러한 울프의 자살 배경에는 2차 세계대전으로 인한 광범위한 공포심과 유대인이었던 남편 레너드가 가졌던 불안 등이 함께 자리하고 있었다. 박인환은 이러한 버지니아 울프의 삶을 통해, 1950년대의 허무와 상실감, 그리고 전쟁이 남긴 정신적 고통을 동일시한 것으로 볼 수 있다.

쓸쓸한 가을 속으로 목마를 타고 떠난 숙녀처럼 이별하는 누군가의 뒷모습은 슬프고 허무하다. 삶의 행로를 밝히는 좌표이자 희망의 상징인 '별'이 시에 등장하지만 '문학이 죽고', '인생이 죽고', '사랑의 진리마저 애증의 그림자를 버릴 만큼' 모든 가치 있는 것들이 1950년대라는 시대 속에서 빛을 잃어가고 있었다. 박인환은 이러한 전쟁의 폐허로 인한 비애감과 상실감에 함몰되거나 비관하지 않고 그것을 극복하고자 하였다. 이 시에는 그러한 한국 전쟁 직후의 허무주의, 실존주의적 고뇌, 도시적 서정성을 바탕으로 삶에 대한 절망감이 두드러진다.[12]

이처럼 박인환은 해방 이후 조직적으로 모더니즘 문학 운동을 펼쳤다. 한국전쟁의 트라우마로 허무와 절망 그리고 폐허의 '도시'적 서정을 지녔던 그는 '명동'을 중심으로 시작과 예술 활동을 펼쳤다. 특히 그가 운영했던 '마리서사'는 새로운 예술의 연대를 꿈꾼 모더니즘 시운동의 모태가 되었던 장소였다. 그곳은 희망과 절망의 경계이자, 탈이데올로기적 헤테로토피아 공간으로 당대 예술가들의 해방의 공간이었다. 땅에까지 닿은 긴 외투를 입고 나타나 "이게 바로 에세닌이 입었던 외투야"라고 의기양양하게 말하던 그는 시인 이상을 유난히 좋아해 그의 기일 날 오후부터 며칠 동안 이어진 폭음 탓으로 일찍 세상을 떠났다. 갑작스럽게 떠난 그를 안타까워한 동료 시인들은 망우리에 그를 묻을 때 그가 좋아했던 조니 워커와 카멜 담배를 같이 묻었다고 한다.

---

[12] 박인환은 이러한 도시적 절망감에 대한 시작을 다음과 같이 밝혔다. "시를 쓴다는 것은 사회를 살아가는 데 있어 가장 의지할 수 있는 마지막인 것이었다. 나는 지도자도 아니며 정치가도 아닌 것을 잘 알면서 사회와 싸웠다. …… 여하튼 나는 우리가 걸어온 길과 갈 길, 그리고 우리들 자신의 분열한 정신을 우리가 사는 현실사회에서 어떻게 나타내 보이며 순수한 본능과 체험을 통해 본 불안과 희망의 두 세계에서 어떠한 것을 써야 하는가를 항상 생각하면서 작품들을 발표했었다."(박인환, 「선시집 후기」, 『사랑은 가고 과거는 남는 것』, 예옥, 2006, 300쪽)

한 잔의 술을 마시고/ 우리는 버지니아 울프의 생애와/ 목마를 타고 떠난 숙녀의 옷자락을 이야기한다/ 목마는 주인을 버리고 그저 방울 소리만 울리며/ 가을 속으로 떠났다/ 술병에서 별이 떨어진다/ 상심한 별은 내 가슴에 가벼웁게 부서진다

— 「목마와 숙녀」 부분

(『아! 朴寅煥』, 문학예술사, 1983년)

위스키 한 병 담배 열 갑/ 아니 내 정신이 소모되어 간다. 시간은/ 15일간을 태평양에서는 의미가 없다

— 「15일간」 부분

1936년 준공된 명치좌 시절의 명동예술극장 모습
(중구문화원, 『한류의 중심 서울 중구, 그 뿌리를 찾아서』, 상상박물관, 2015)

◀ **경향신문 시절의 박인환의 모습**
(『아! 朴寅煥』, 문학예술사, 1983년)

◀ **1955년 3월 미국에서의 박인환**

1955년 3월, 박인환은 대한해운공사 사무장의 임무를 띠고 3개월간 미국을 다녀왔다. 이때 미국에서 만난 사람들과 한때.(『아! 朴寅煥』, 문학예술사, 1983년)

 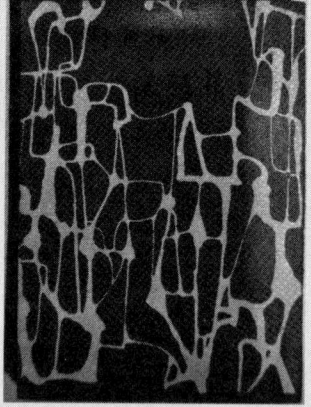

『새로운 都市와 市民들의 合唱』표지

김경린, 임호권, 박인환, 김수영, 양병식 다섯 시인이 합동으로 내놓은 동인지 형식의 시집.(1949년 5월 발행)

『박인환 선시집』표지

아내 정숙에게 보낸다고 밝힌 박인환의 최초의 선시집.(1955년 10월 발행)

1960년대 명동 뒷골목 노점상 모습

(이봉구, 『그리운 이름 따라』, 유신문화사, 1966)

옛 국립극장 서쪽 골목에 위치했던 은성 주점의 1966년 모습

(이봉구,『그리운 이름 따라』, 유신문화사, 1966)

은성주점 터 표지석

예술인들의 아지트였던 은성주점이 있던 곳의 표지석, 옛 국립극장 서쪽 골목 입구.(홍기원,『길 위의 김수영』, 삼인, 2021)

위 표지석에는 다음과 같이 적혀있다.

"이 곳에서 약 10m앞에는 1960년대 소설가이자 언론인 이봉구(1915-1983)와 변영로, 박인환, 전혜린, 임만섭 등 문화예술인들이 모였던 주점 터이다. 특히 이봉구 선생은 명동을 좋아하여 '명동시장明洞市長·명동백작明洞伯爵'이란 애칭으로 불렸다."

1948년 봄, 박인환 결혼식

덕수궁 석조전 앞에서 박인환은 이정숙과 성대한 결혼식을 올렸다. 앞줄에 소설가 박영준, 송지영, 이봉구, 시인 김경린. 극작가와 언론인인 이진섭 등. 뒷줄에 시인 김광균, 양병식 등이 자리를 함께 했다.(『아! 朴寅煥』, 문학예술사, 1983년)

'휘가로다방' 앞에서 박인환과 박태진
(『박태진 시전집』, 시와산문사, 2012)

가까이 있었지만, 평생 가까워지지 못했던 김수영과 박인환

'삼천포'의 가난과 슬픔으로 구축된 전통 자연관

1950년대 박재삼[13]은 스무 살이 접어든 후 고려대학교 국어국문학과에 입학했으나 집안 사정으로 중퇴하였다. 하지만 그 후 부지런히 시를 써 모윤숙의 추천으로 1953년 『문예』에 시조 「강물에서」, 1955년 『현대문학』에 유치환의 추천으로 시조 「섭리攝理」가 실리며 등단하게 된다. 또한 은사 김상옥의 소개로 현대문학사에 취직하게 되는데,[14] 그로부터 여러 언론사 일을 하며 시를 썼다. 하지만 평생을 '가난'과 동거하며 '한'과 '설움'의 시 세계를 보인 그의 시를 김춘수는 소월과 서정주의 「木花」의 계보를 잇고 있으며 이는 고전적 한국인의 심성인 '한恨'이나 '애哀'

---

[13] 박재삼은 1933년 4월 도쿄 출생, 경남 삼천포(현 사천)에서 성장했으며, 고려대 국문과를 중퇴했다. 현대문학사, 대한일보사, 삼성출판사 등에서 근무했다. 1962년 첫 시집 『춘향이 마음』을 시작으로 『천년의 바람』(1975), 『어린 것들 옆에서』(1976), 『추억에서』(1983), 『아득하면 되리라』(1984), 『내 사랑은』(1985), 『대관령 근처』(1985), 『찬란한 미지수』(1986), 『바다 위 별들이 하는 짓』(1986), 『박재삼 시집』(1987), 『사랑이여』(1987), 『울음이 타는 강』(1987), 『다시 그리움으로』(1996), 『사랑하는 사람을 남기고』(1997) 등 다수의 시집을 남겼다. 1997년 6월에 타계했다.

[14] 당시 『현대문학』의 주간은 조연현, 편집장은 오영수, 편집사원으로 임상순, 김구용 등이 있었다. 등단한 해 고려대학교 국문과에 입학하여 1957년 3학년까지 다니다가 중퇴하였다. 학교를 그만둔 이유에 대해서 그는 더 배울 것이 없어서라고 했지만, 경제적인 사정이 가장 큰 이유라고 추측된다. 그 후 박재삼은 학교를 중도에 포기한 것에 대해 많은 후회를 했다고 고백하기도 했다.

박재삼 시인(1933~1997)

와 같은 것이라고 하였다.[15]

박재삼 또한 당대 다른 시인과 마찬가지로 광복과 전쟁을 겪으며 경제적 빈곤뿐만 아니라 현실적 괴로움과 허무 같은 뿌리 깊은 자의식에 방황하기도 했다. 하지만 그는 모더니즘 계열의 전쟁과 문명에 대한 공포와 도시 서정에서 벗어나 전통 지향의 고전적 정서에 몰입하였다. 비록 박재삼은 시조로 등단했지만, 자유시를 썼으며 자신의 평소 시작에 대해 "나는 시를 쓸 때도 어렵게 쓰는 이른바 난해시를 피한다. 어떻게 하면 내 시에 독자가 가까이 다가올 수 있고 누구나 알 수 있는 명확한 이미지를 떠올리게 하느냐에 신경을 쓴다"고 했다.

난해한 모더니즘을 피하고 전통적 서정성을 지향한 그의 시에 내재된 가락은 통시적 맥락에서 시대성과 관련된다고 볼 수 있는데 이때 시대성은 새로운 전통이 발현되는 구체적인 요소

---

[15] "그의 시세계는 고려가요로부터 면면히 흘러온 한국적 서정의 근간이었고, 소월이 그 생애를 걸었던 그것이었고, 서정주가 한때 머물다 간 그것이다. 서정주의 영향이 가장 개화開花를 본 것은 박재삼에게서다. 박재삼은 서정주가 한 때 스쳐 간 장소를 붙들고 그곳에보다 섬세한 음영陰影을 비춰주고 있는 동시에 토착어의 밝고 긍정적이고 그윽한 부분을 캐내고 있기 때문이다."(김춘수, 『김춘수 시론전집』, 현대문학, 2004, 436쪽)

로서 동시대인들의 문화적 공감대를 의미한다. 그러므로 그는 '슬픔을 바라보는 방식'이 아니라 스스로 그 '슬픔을 체화'하는 방식으로 나아갔다. 전통은 과거의 현재성에 대한 인식을 포함하는 현재의 것으로 끊임없는 변화를 거듭하며 지속된다. 그런 측면에서 박재삼 시의 독특한 전통적 서정은 그가 '삼천포'라는 장소에서 자라며 겪게 되는 정서적 경험들에 기인한 것이며, 또 하나는 설화를 시에 도입해 자신만의 서정으로 새롭게 변용했기 때문이다.

박재삼의 시에 관한 연구는 다양한 측면으로 진행되어 왔으며 시·공간의식에 대한 연구[16], 이미지에 대한 연구, 정서와 감정에 관한 연구[17], 설화와 관련된 연구[18], 자연을 분석한 연구[19]

---

[16] 조상경, 「박재삼 시의 시간 의식 연구 - 「기억의 구조」를 중심으로」, 서울여자대학교 석사논문, 1996 ; 장만호, 「박재삼 시의 공간 상상력 연구 - 초기시를 중심으로」, 고려대학교 석사논문, 2000 ; 정분임, 「박재삼 시의 공간인식 연구」, 중앙대학교 석사논문, 2001 ; 김강제, 「박재삼 시 연구」, 동아대학교 박사논문, 2001.

[17] 정삼조, 「박재삼 시에 나타난 설움과 그 극복 양상」, 『경상어문』 2집, 경상어문학회, 1996 ; 오세영, 「아득함의 거리」, 『20세기 한국시이론』, 월인, 2005 ; 오정식, 「박재삼 시 연구 - 세계인식의 변모양상을 중심으로」, 경희대학교 석사논문, 1998 ; 손미나, 「박재삼 시에 나타난 정서의 양상과 그 의미」, 충북대학교 석사논문, 2009.

[18] 한혜경, 「박재삼 시의 설화 수용 양상」, 『수련어문집』, 수련어문학회, 1999 ; 오정국, 「한국 현대시의 설화 수용 양상 연구」, 중앙대학교 박사논문, 2002 ; 김종호, 「설화 주술성과 현대시의 수용양상 - 서정주와 박재삼을 중심으로」, 『한민족어문학』 46호, 2005.

[19] 황인원, 「1950년대 시의 자연성 연구 - 구자운, 김관식, 이동주, 박재삼 시를 중심으로」, 성균관대학교 박사논문, 1999 ; 진순애, 「박재삼 시의 낭만적 거리」, 『현대시의 자연과 모더니티』, 새미, 2003.

등이 있다. 특히 장만호[20]는 박재삼의 초기 시집에 수록된 시들에 형상화된 공간을 분류하고 그 이미지를 고찰하며 박재삼 특유의 서정성이 공간화되는 양상을 면밀하게 분석했다. 또한 박재삼의 초기 시에 나타나는 '공간의 상상력'을 분류하며, 인위적 공간은 폐쇄와 고립으로, 자연적 공간은 개방과 확대의 의미를 가지지만, 궁극적으로 박재삼 시는 화합의 공간으로 나아가고 있음을 밝혔다.

박재삼은 또한 토착적인 한국어를 아름다운 시적 언어로 승화시켰다. 일상적인 구어를 바탕으로 문학적인 수사 없이 자신의 사유와 체험을 쉽게 묘사했다. 무엇보다 우리말의 소리와 뜻이 잘 어우러진 말이나 운율이 서민의 정서와 맞닿아 있다는 것을 누구보다 깊이 이해했다. 그것은 그의 시세계가 전통적인 시조에 뿌리를 두고 있기 때문일 것이다. 그는 이러한 전통적인 정서를 단지 계승하는데 머물지 않고 삶의 본질에 대한 깊은 철학적 사유로 넓혀 나갔다. '가난'이라는 개인적 정서 또한 고향

---

20 장만호는 박재삼 초기시의 화자들은 진정한 사랑을 위해 또 다른 세계, 즉 '저승'이라는 공간과의 소통을 시도하며 식물적 인간인 화자들은 사랑의 완성을 위해 가지와 뿌리를 뻗음으로써 화합의 공간이 태어남을 발견했다고 보았다. 여기서 부활의 상상력을 통한 삶과 죽음의 공간은 '꽃'이라는 공간으로 통일되며 개화 공간에서는 이승과 저승, 삶과 죽음, 생성과 소멸, 만남과 이별이 공존한다고 밝혔다.(장만호, 「박재삼 초기 시의 공간 유형과 의미」, 『한국문학이론과 비평』 30, 한국문학이론과 비평학회, 2006)

'삼천포'의 바다와 자연의 풍요로움 속에서 발전시켜 나갔다.

주로 문학에서 '현실적 유토피아'를 표상하는 '자연'은 존재의 본질과 만물의 근원으로서 생명성과 연관되는데 시에서는 시인과 고향을 연결 지어 논의하는 경우가 많다. 그 대표적인 예로 박재삼에게 고향 '삼천포'는 그와 떼어 놓을 수 없는 장소다. 박재삼의 '삼천포'는 바다와 그 주변의 섬 그리고 바람과 작은 햇살 아래서 가난하고 낮은 사람들이 살고 있는 곳이다. 흔히 박재삼을 1950년대 전통적 서정성을 계승한 시인이라는 일반적인 평가는 그의 시가 영원성이나 자연과의 친화 등 대체로 전통 시의 일반적인 특징을 포함하고 있기 때문이다. 특히 '가난'과 '슬픔'은 전통적인 '한'[21]으로써 그의 초기 시세계를 이루는 근본적인 정서이다.

박재삼 아버지의 고향은 옛 사천군 용현면이었고, 일본에서 태어난 그는 네 살 때 다시 외갓집이 있는 삼천포 '팔포'로 와 정착하게 된다. 그의 아버지는 지게를 지는 노동을 했고, 어머니는 생선 행상을 하며 생계를 이어나갔다. 초등학교를 졸업한 그는 3천원이 없어서 중학교에 진학하지 못하고 신문 배달을 하

---

21   김현은 박재삼의 시는 "역사의 중하 밑에서 신음해 온 한국 서민층의 감성을 그대로 표출하고 있는 여성시"라고 하였다.(김현, 「시와 시인을 찾아서-박재삼편」, 『심상』, 1974. 3.)

던 중 삼천포여중에 있던 한 선생님의 도움으로 학교 사환으로 일하게 된다.[22]

나는 어린 시절을 삼천포 바닷가에서 살았다. 또 거기서 중요한 사춘기 시절을 맞고 보내었다. 우리 집은 가난한 가운데 특히 윗자리라 할 만큼 가난하였다. 고등학교까지 거기서 다녔다.[23]

귀국하고 나서도 아버지는 역시 노동, 어머니는 장사를 했다. 어머니가 장사를 한 것은 귀국 즉시가 아니었고, 한 번은 죽은 내 남동생의 주사를 맞히려고 하는데 집에는 돈 한 푼이 없어 이웃에 빌리려 했으나 어디 한군데서도 그것을 못했다고 한다. 그 약값이 없어 동생은 죽었다.[24]

---

22 박재삼은 당시 그 학교에서 교편을 잡았던 시조 시인 김상옥 선생을 만나 시를 쓰게 된다. 그리고 1947년 삼천포중학교 병설 야간 중학교에 입학하였고, 전교 수석을 할 정도로 성적 또한 뛰어났다. 그는 김상옥의 첫 시조집인 『초적』을 사지 못해 공책에 베껴 암송하기도 했으며, 당시 교내 신문에 발표한 「해인사」 등의 시조 또한 수준급이었다. 이후 진주 개천예술제(1회 때는 영남예술제) 백일장에서 이형기가 장원, 박재삼이 차상을 했다.

23 박재삼, 『숨가쁜 나무여, 사랑이여』, 상사, 1982, 134쪽.

24 박재삼, 「나의 어머니」, 『샛길의 유혹』, 태창문화사, 1982, 35쪽.

사람이 죽으면 물이 되고 안개가 되고 비가 되고 바
다에나 가는 것이 아닌가. 우리의 골목 속의 사는 일 중에
는 눈물 흘리는 일이 그야말로 많고도 옳은 일쯤 되리라.
그 눈물 흘리는 일을 저승같이 잊어버린 한밤중, 참말로
참말로 우리의 가난한 숨소리는 달이 하는 빗질에 빗어
져, 눈물고인 한 바다의 반짝임이다.

-「가난한 골목에서는」 전문

이처럼 박재삼을 시인으로 키운 것은 그의 '가난' 때문인지
도 모른다. 가난했기 때문에 삶과 죽음의 순간들이 절박했고,
실제로 약값이 없어 죽은 동생은 부모뿐 아니라 어린 박재삼에
게도 가슴에 '한恨'으로 남았을 것이다. 그처럼 어린 박재삼이
매일 마주할 수밖에 없는 고향의 '자연'은 그의 삶의 위안인 동
시에 시의 원형적 장소가 된다. '사람이 죽으면 물이 되고 안개
가 되고 비가 되고 바다에나 가는 것'이라고 말하는 것은 그가
오랫동안 자연과 더불어 그 자연 속에서 체득한 삶의 섭리일 것
이다. 그처럼 '삼천포'는 박재삼 정신의 뿌리이며 시의 중심 무
대이다. 하루하루 지난한 삶을 사는 이들의 돌담집이 늘어선 골
목골목에 환하게 뜬 달빛 아래서 현실의 고통을 잠시 잊기도 했
을 것이다. 그런 그는 고향을 떠나 있을 때도 언제나 삼천포를
오래도록 그리워했다.

해가 지면 한내라는 냇가에서 낮 동안 바닷물에 놀았던 탓으로 몸에 붙은 하얀 소금기를 씻어내고 방파제에서 돗자리를 깔고 바닷바람을 쐬며, 별을 보며, 창가를 부르며, 옛날 얘기를 들으며 잠을 끌어오곤 했었다.[25]

바닷물이 철썩철썩
모래밭을 적시고 조금씩
가까이로 오고 있는 밀물일 때
연방 온갖 것을 삼키고
우리 동네로까지 밀고 들어올 것 같아
은근히 걱정이 되던
어린 날을 가졌다.

그러나 잠이 깨고 나면
방파제 주변에 와서는
찌꺼기를 씻으며 물러나고 있었다.
아, 얼마나 다행인가.
나는 그것이 참으로 용하다고 느끼고
게를 잡고 파래를 캔
잘못밖에는 없다고 속으로 빌었다.

---

[25] 박재삼, 「여름밤」, 『슬퍼서 아름다운 이야기』, 경미문화사, 1977, 27쪽.

> 그러나 그 순한 바다도
한번 화가 나면
사람이 쌓은 둑을 넘어
혓바닥을 넘실거리기도 한다는 것을.
요컨대 天地開闢을 한다는 것을,
진실로서 남몰래 믿고 있었다.
ㅡ「追憶에서 11」 전문

뉘가 알리
어느 가지에서는 연신 피고
어느 가지에서는 또한 지고들 하는
움직일 줄 아는 내 마음 꽃나무는
내 얼굴에 가지 뻗은 채
참말로 참말로
사랑 때문에
햇살 때문에

못 이겨 그냥 그
웃어진다 울어진다 하겠네.
ㅡ「자연」 전문

시에 드러나는 것처럼 삼천포 바다에 살았던 어린 시인을 키운 건 '자연'이다. 자연의 풍경이 이처럼 자세하고 풍성하게 그려진 것은 자연과 더불었던 다양한 놀이와 경험들로 독자적인 상상력을 키웠으며, 그것이 시의 정서적 원천이 되었기 때문이다. 평소에는 그렇게 순한 바다도 "한번 화가 나면/사람이 쌓은 둑을 넘어/ 혓바닥을 넘실거리기도 한다"는 시인의 생태적 체험은 자연의 다양한 변화 속에서 존재의 항구성을 보여주며 수많은 시적 이미지를 유래시킨다.

무엇보다 박재삼 시인이 자주 놀았던 '팔포八浦' 앞바다는 가난했지만, 행복한 유년의 기억이 각인된 장소이다. '팔포' 앞바다의 노산 공원(당시는 마을 언덕 쯤 되었을 것)은 그가 마음이 울적할 때마다 올랐던 곳으로 지금은 그의 문학관이 있는 곳이다. 그곳에서 바다를 내려다보며 회한에 잠기기도 하고 눈물을 흘리며 설움을 가라앉혔을 것이다. 「八浦, 슬픔과 그 허무의 바다」라는 산문에서 그 '팔포'의 앞 바다를 '햇빛이 바다 위에 와서는 눈부신 금과 은을 뿌리며 반짝반짝 빛나'며 '봄에는 마치 유채 꽃밭을 대하듯이 환했고, 여름에는 생명의 환희를 그 절정에서 구가하고 있는 듯했고, 또 가을이면 익은 곡식이 들판을 덮는 것 같았고, 겨울이면 상당히 힘이 거센 듯 눈물겨운 것을 안겨주던' 곳으로 기억했다.

「자연」에서도 시인의 희로애락이 자연의 일부가 될 때 어

삼천포 바다와 실안 낙조

떤 열락이나 초월의 경지까지 이른다. '어느 가지'에서 '연신' 피고 지는 꽃나무가 어떻게 보면 자신의 마음일지도 모른다는 것. '사랑' 때문에 '햇살' 때문에 못 이겨 그냥 '웃어진다 울어진다'고 말하는 시인은 그대로 자연의 일부로 그러한 행위는 순간순간 그 자연의 생리에서 배운 진리일 것이다.

하지만 이런 삼천포 시인의 유년에는 '자연'뿐 아니라 거기에는 언제나 '가족'이 있었다. 박재삼에게 있어서 '가난'은 다시 가족 간의 관계를 원초적인 유대감을 되돌려 놓는다. 초등학교 밖에 나오지 않았던 형이 여관에서 심부름꾼으로 일했다는 것(「追憶에서 30」)과 기부금 삼천 원이 없어서 중학교에 전학하지 못한 기억들(「追憶에서 31」). 그리고 이러한 가난과 눈물의 유년에서 결코 떼어버릴 수 없는 결정적 원인으로 '어머니'가 있었다. 어머니는 가난을 견디게 만든 마지막 보루였다.

계절의 순환과 변화를 통해 배운 자연의 이치는 언젠가 다시 되돌아온다는 것. '어머니' 또한 항상 되돌아오는 자연을 닮아 있었다. 행상을 나간 어머니를 매일 기다렸던 유년의 기억이 박재삼의 초기시의 지배적인 정서를 이루고 있다. 하지만 이와 같은 기다림의 정서는 어머니에 한정되지 않고 가난에 익숙해지고 나아가 자연의 섭리를 통해 기다림에 익숙해지기에 이른다. 어머니와 아버지는 생계를 위해서 집을 비웠을 것이고 어린 박재삼은 부모를 기다리며 밤하늘의 파도 소리와 더불어 가난의 심미적 슬픔을 키웠던 것이다.

> 어머니는 모래 뜸질로/ 남향 십 리 밖 沙登里에 가시고/ 아버지는 魚物 到付로
> 북향 십리밖 龍峙里에 가시고/ 여름 해 길다.// 문득/ 낮닭 울음소리 멀리 불기둥 오르고/ 피 듣는 맨드라미 뜰 안에 피어./ 내 귀를 찢는다/ 내 눈을 찢는다.// 오히려 物情 없는 나이로도/ 십리 밖 칼끝 같은 세상을/ 짚어 짚어 앓았더니라
>
> ―「追憶에서 68」 전문

화안한 꽃밭같네 참./ 눈이 부시어, 저것은 꽃핀 것가 꽃진 것가 여겼더니, 피는 것 지는 것을/ 같이한 그

러한 꽃밭의 저것은 저승살이가 아닌것가 참. 실로 언
짢달것가, 기쁘달것가./ 거기 정신없이 앉았는 섬을 보
고 있으면,/ 우리가 살았다해도 그 많은 때는 죽은사람
과 산사람이 숨소리를 나누고/ 있는 반짝이는 봄바다와
도 같은 저승 어디쯤에 호젓이 밀린 섬이 되어 있는/ 것
이 아닌것가.

―「봄바다에서」 부분

누님의 치맛살 곁에 앉아/ 누님의 슬픔을 나누지
못하는 심심한 때는,/ 골목을 빠져나가는 바닷가에 서
자.// 비로소 가슴 울렁이고/ 눈에 눈물 어리어/ 차라리
저 달빛 받아 반짝이는 밤바다의 절정할 수 없는/ 괴로
운 꽃 비늘을 닮아야 하리.// 천하에 많은 할 말이, 천상
의 많은 별들이 반짝임처럼/ 바닥의 밤물결 뒤에 찬란
해야 하리/ 아니 아파야 아파야 하리.// 이윽고 누님은
섬이 떠 있듯이 그렇게 잠들리./ 그때 나는 섬가에 부딪
치는 물결처럼 누님의 치맛살에 얼굴을 묻고/ 가늘고
먼 울음을/ 울음 울리라

―「밤바다에서」 전문

유년이 상상할 수 있는 가장 먼 거리가 '십 리 밖'이라면, 행
상을 나간 부모는 어린 시인이 감당할 수 없을 정도로 먼 거리

에 있는 경우가 많았다. 아무것도 모르는 '물정 없는 나이'였지만, 부모님이 십 리 밖에서 '칼끝 같은 세상'을 헤쳐나가며 가난을 극복하기 위해 몸부림친다는 사실을 직감적으로 알 수밖에 없는 것이다. 그것은 하루 종일 부모를 기다리는 어린아이의 지루한 기다림이 "여름 해 길다"에서 그대로 드러난다.

이처럼 시에서 한낮은 지루한 기다림의 기억으로, 밤은 포근한 부모님 사랑의 품으로 기억된다. 기다림의 "낮닭 울음소리"는 귀에 짖고, 맨드라미는 피를 떨어뜨리면서 내 눈을 찢는 것 같은 고통을 준다. 부모가 돌아오는 순간을 놓치지 않기 위해선 눈과 귀는 가장 예민해야 한다. 뚫어지게 쳐다보다 충혈된 두 눈엔 눈물도 흘렸을 것이다. 그래서 질병처럼 "앓아야" 하는 유년의 기다림이 '핏빛 맨드라미'의 이미지와 겹친다. 물정 모르는 어린 시인이 십리 밖의 모진 세상을 '짚어 짚어' 온몸으로 체득하였기에 시인을 더 일찍 철들게 했던 것이다.

특히 박재삼 시에 드러나는 이러한 슬픔과 죽음의 자연적 원형은 '바다'에 있다. '바다'는 햇살을 받아 반짝이는 '꽃밭' 같은데 그 환한 꽃밭에서 꽃이 지는 것인지, 아니면 피는 것인지 알 수 없는 것처럼 삶과 죽음도 마찬가지라 여긴다. 그것은 앞선 시에서 나온 것처럼 사람이 죽어 물이 되고 바다로 가는 것처럼, 바다는 죽은 사람들이 모여 있는 곳이기도 하다. 그 '혼들'이 반짝이는 '꽃'으로 다시 우리 앞에 되살아나고, 설레는 물결로 밀려왔다가 밀려가는 바다. 그런 측면에서 우리의 삶의 모습은 그 '바다'와 너무 닮아 있다는 것이다.

이와 같이 박재삼 시에서 삶과 죽음의 경계는 '자연'과 가장 가깝다. '자연'은 현실 세계를 극복하고 초탈하는 헤테로토피아적 장소이다. 무엇보다 그의 시에 두드러지는 '바다'는 가난과 슬픔의 구체적인 감정이 가장 많이 투영된 장소이다. "자연의 축과 마음의 축을 기점으로 하여 그 두 지점 사이를 왕래하며 의미의 응축을 꾀하는 한편 또 다른 영역을 향하여 의미 확장을 도모"하기 때문이다.

자연은 질서를 어기고 궤도를 벗어나는 법이 없다. 박재삼은 이러한 자연과 인간을 상생적 관계로 보는 전통적 자연관을 평생 고수했다. 그것의 조화가 곧 '삶과 죽음'을 관통하는 인생관으로 자리하기도 했다. '한'과 '죽음'의 의미 또한 자연의 일부로, 한국의 전통적 자연관에 수용된 인식의 구조로 이해할 수 있다. 그러므로 인간의 운명과 '자연'이 조화를 이루는 '삼천포'는 박재삼에게 이상적 장소로서의 의미와 가치를 가지며 그의 시적 정서와 시세계를 형성하는 데 중요하게 작용하였다.[26]

---

[26] 박재삼은 '삼천포'의 '선한 인심'을 이야기하며 하늘이 내려준 풍경의 장소라고 하였다.
"삼천포는 해상공원이라는 한려수도의 한복판에 있다. 물결치는 거센 바다의 이미지보다는 꿈꾸듯 잔잔한 바다의 이미지를 주는 곳이다. 이것은 섬이 많은 내

설화적 상상으로서의 심미적 공간

박재삼은 가난과 한의 정서에서 벗어나 이를 극복하기 위해 집단 무의식으로써 한국 전통의 설화적 인물을 시에 차용하였다. 설화 속 인물들이 자신들에게 주어진 운명을 스스로 헤쳐 나가는 것처럼 박재삼 또한 식민과 전쟁 등 우리 민족이 겪은 정신적 외상을 비롯해 당대 현실 속에서 부딪히게 되는 개인적 삶과 새로운 시적 대안을 설화 속 인물들을 통해 찾았던 것이다. 전통 설화는 현재적 삶의 수동성을 극복하고 기존 질서에서 새로운 가치를 발견할 수 있는 문학적 제재이다. 박재삼에게 설화는 황폐한 현실에서 공동체 의식의 회복과 정신적 위기를 극복할 수 있는 시적 방법론으로 이러한 설화적 상상력이 박재삼의 시에 어떤 방식으로 수용되는지를 살피는 것은 그의 시세계에서 중요한 지점이다.

설화說話는 어느 민족이나 집단에 예로부터 전승되어 오는 구비문학으로 오랜 세월을 거치며 전통적 공동체 의식을 토대로 민족의 보편적인 정서가 가장 잘 드러난다. 임문혁 또한 '설

해內海라는 사실 때문이다. 그러니까 동해나 서해와 같이 일망무제一望無際가 아니라 오밀조밀한 경치가 그럴 수 없이 좋다는 것을 뜻한다. 아마도 경치로 칠 땐 하늘이 내려준 그대로를 갖고 있다고 하겠다."(박재삼, 「경남 삼천포-한려수도처럼 선한 인심」, 『샘터』, 샘터사, 1988. 4.)

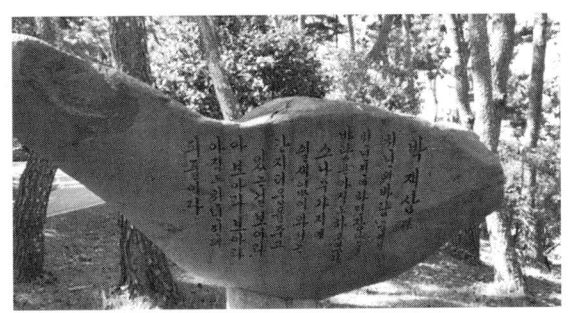

노산 공원에 있는 '천년의 바람' 시비

화는 오랜 세월을 통해서 민족공동체가 그 발생과 향수 그리고 전승과 관련된 공동 심의의 표현이므로, 민족의 보편적인 정서와 사상, 그리고 생활상이 가장 잘 드러난 원초적 형태의 문학'으로 언급하였다.

1953년 이후 박재삼은 고향을 벗어나 서울 생활을 시작하면서 삼천포의 자연과도 멀어지게 된다. 특히 당시 대한 일보 등의 기자 생활을 하며 50년대를 거쳤고 이러한 혼란의 시대 현실을 극복할 수 있는 방법을 모색하게 된다. 이에 '춘향'과 '심청' 그리고 '흥부'와 같은 판소리 소설 속 인물들을 시에 차용하여 현대적으로 변용하거나 내면화하며 전통 서정과 한(恨)을 시화하는 데 주력하였다.[27]

---

[27] 설화를 시에 수용하는 양상은 설화 속의 인물을 활용하는 경우와 설화 속의 행위 혹은 줄거리를 활용하는 경우로 나누어 볼 수 있다. 이러한 양상은 시적 주체가

그는 대중 문화 속에서도 전통 설화 속의 구체적 인물들에 집중하며 이들이 작품 속에 현실적 고통과 슬픔을 어떤 방식으로 표출하고 극복하는지에 주목하였다. 무엇보다 〈춘향전〉, 〈흥부전〉, 〈심청전〉 등에서 주인공들이 자신의 '근원적인 비애'를 극복하는 모습을 통해 당대의 현실적 시련에 대응하고자 하였다. 무엇보다 그는 설화에 집약된 정서에 능동적으로 참여하여, 그 인물들이 빚어내는 내적 갈등에 교감하며, 주인공들을 시적 페르소나로 선택하였다. 이러한 설화적 상상력은 '가난'과 '한'이라는 삶의 근원적 비애를 바탕으로 인물을 전경화하며 시적 주체 혹은 서정적 자아를 부각시킨다. 이때 박재삼이 설화를 통해 드러내고자 하는 것은 인물의 행위나 서사보다는 인물이 어떠한 감정과 정서에 놓여있는지에 더 관심을 두었던 것으로 보인다.

「춘향이 마음」의 연작은 고전소설 『춘향전』에서 이도령에 대한 '춘향'의 변함없는 사랑과 그리움을 재구성하였다. 같은 이름의 시집에는 '춘향'의 이야기 외에도 시인 자신의 뼈저린 가난이 묘사된 시들로 구성되어 있으며 그의 특유의 서정성이

설화 속 인물과 같은 심정이 될 뿐 아니라, 그 주인공의 목소리를 통하여 자신의 내면 의식을 표출시켜 자기 체험화하는 것이다. 문학은 이미 습관화되었거나 자동화된 사물을 낯선 대상으로 변화시킨다. 설화라는 장르 역시 시에 수용되는 과정에서 이러한 특성이 잘 드러난다.

짙게 드러난다. 무엇보다 제목이 '춘향'이 아니라 '춘향의 마음'인 것은 한결같이 이 '마음'에 초점을 맞추어 한국적 정한으로서의 '슬픔'이나 '한'과 같은 정서를 보편적인 시대적 의미로 부각하려는 의미일 것이다. 또한 기존 3인칭 시점에서 1인칭 시점으로 재구성됨으로써 시적 주체가 설화 속의 인물들과의 상호 작용을 하며 새로운 서정을 창조한다.

> 집을 치면, 精華水 잔잔한 위에 아침마다 새로 생기는 물방울의 선선한 우물집이었을레. 또한 윤이 나는 마루의, 그 끝에 平床의, 갈앉은 뜨락의, 물냄새 창창한 그런 집이었을레. 서방님은 바람같단들 어느때고 바람은 어려올 따름, 그 옆에 順順한 스러지는 물방울의 찬란한 春香이 마음이 아니었을레.
>
> 하루에 몇 번쯤 푸른 산 언덕들을 눈 아래 보았을까나. 그러면 그때마다 일렁여 오는 푸른 그리움에 어울려, 흐느껴 물살짓는 어깨가 얼마쯤 하였을까나. 진실로, 우리가 받들 山神靈은 그 어디 있을까마는, 산과 언덕들의 萬里 같은 물살을 굽어보는, 春香은 바람에 어울린 水晶빛 입자가 아니었을까나.
>
> —「水晶歌」 전문

시에서는 '춘향'이 어떤 상황에 처해 있는지, 그녀를 둘러싸고 어떤 사건들이 벌어지고 있는지에 대해서는 직접 언급하지 않는다. 즉 소설에서 보이는 사건이나 갈등의 극적인 긴장 등이 보이지 않는다. 이몽룡을 기다리는 춘향의 구구절절한 그리움도 없다. "하루에 몇 번쯤 푸른 산 언덕들을 눈 아래 보았을까나"처럼 춘향의 기다림을 객관적으로 묘사하고 있을 뿐이다. 다만 '하루에 몇 번쯤 푸른 산 언덕들을'을 내려다보는 춘향의 '마음'이 어떠할지 그 시적 정서에 집중하고 있을 뿐이다. '-을레'나 '-을까나'와 같은 어미를 통해 짐작이나 추측을 나타내며 우리 방언을 개성적으로 드러내고 있다.

장만호[28]는 이 시에 드러나는 그리움의 정서와 기다림의 행위는 '섬'이라는 공간성과 관련된다고 보고 있다. '섬' 속에서 춘향은 격리되어 있으며, 혼자인 춘향은 스스로 '섬'으로서 결핍과 부재의 정서를 가지고 있으며 이것이 춘향의 비애이며, 기다림으로서의 표상이라 밝혔다.

---

28   장만호는 물리적인 한계와 구속이 없음에도 나아갈 수도 들어갈 수도 없는 이 공간에서 춘향은 스스로의 한계와 부재를 확인하게 된다고 보았다. 이와 같은 끝없는 반복을 통해 자신의 한계와 님의 부재를 확인하며 춘향에게 내면의 '섬으로 자리하게 된다는 것이다. 그는 이러한 '섬'이 환기하는 고립과 결여의 양상이 첨예하게 드러나는 공간이 바로 '옥獄'(화상보華想譜)으로 님과의 소통이나 세계와의 교류가 단절된 대표적 공간이라 밝혔다.(장만호,「박재삼 초기 시의 공간 유형과 의미 – 박재삼 시집『춘향이 마음』을 중심으로」,『한국문학이론과 비평』제30호, 한국문학이론과 비평학회, 2006, 212쪽)

이 시에서 "우물집" 또한 그리움의 정서가 더 효과적으로 드러나는 장소이다. "정화수 잔잔한 위에 아침마다 새로 생기는 물방울"은 춘향의 기다리는 마음을 비유한 것으로 그러한 마음은 우물집을 통해 강조된다. 정화수→ 우물집→ 물방울→ 울음→ 수정빛의 공간적 이동을 통해 춘향의 마음을 추측할 수 있다. 또한 "정화수"에서 환기되는 정결과 울음과 같은 감정이 "수정빛"이라는 슬픔의 정서로 귀결된다. 또한 흐느껴 우는 어깨의 들썩임과 푸른 산과 언덕의 굴곡을 대응시킴으로써 춘향의 그리움을 서정적으로 그려낸다. 시에서는 이처럼 춘향의 기다림을 애뜻하게 묘사함으로써 님의 부재로 인한 고립과 단절의 상황을 더욱 극대화시킨다.

저 칠칠한 대밭 둘레길을 내 마음은 늘 바자니고 있어요. 그러면, 훗날의 당신의 구름같은 옷자락이 不惻스레 보여 오는 것이어요. 눈물 속에서는, 반짝이는 눈물 속에서는, 당신 얼굴이 여러 모양으로 보여 오다가 속절없이 사라지는, 피가 마를 만큼 그저 심심할 따름이어요. 그러니 이 생각밖에는요.

「당신이 오실 땐 그 많은 다른 모양의 당신 얼굴을 한얼굴로 다스리시고, 또한 대밭 둘레길에 사무친 恨의

내 눈물일랑은 당신의 옷자락에 載陽치듯 환하게 하시
라」고요.

－「待人詞」 전문

  이 시의 배경이 되는 공간은 "칠칠한 대밭 둘레길"이다. 여러 갈래로 뻗어나가는 길은 춘향의 복잡한 마음을 상징한다. '춘향'은 기약 없는 기다림 속에서 언제 돌아올지 알 수 없는 "당신"에 대한 희망을 놓지 못하고, "대밭 둘레길"을 거닐고 있다. "훗날의 당신"이 올 때는 "그 많은 모양의 당신 얼굴을 한얼굴로 다스리고" 오라는 당부도 잊지 않는다. 그러므로 '춘향'은 '당신의 옷자락'에 자신의 모든 시름과 한을 묻으며 기다린다. 하지만 이러한 기다림이 때로는 환각으로 이어져 "훗날 당신의 구름 같은 옷자락이 불각스레" 보이기도 한다.

  이처럼 박재삼에게 '춘향'은 전통적인 여인상의 의미보다는 그리움과 사랑, 좌절 등 삶의 희로애락을 겪으며 동시대를 살아가는 이들을 상징하는 인물일 것이다. 물론 '춘향'의 한과 눈물이 순응적이고 패배적인 태도로 비치기도 하지만, 이러한 수동적 저항이 당대의 부정적 현실에 대한 가장 적극적인 대항이 될 수 있음을 의미한다.

  또 하나 〈흥부전〉의 '흥부'는 우리의 설화 중에 가장 가난한 인물의 대명사이다. 박재삼은 '흥부'를 통해 가난의 문제를 해학적으로 그려내고 있으며, 무엇보다 공간과 사건을 새롭게 재구성하며 현실적 결핍의 상황을 새롭게 그려낸다.

> 흥부 夫婦가 박덩이를 사이하고
> 가르기 前에 건넨 웃음살을 헤아려 보라.
> 金이 문제리,
> 黃金 벼이삭이 문제리,
> 웃음의 물살이 반짝이며 정갈하던
> 그것이 확실히 문제다.
> 없는 떡방아소리도
> 있는듯이 들어 내고
> 손발 닳은 處地끼리
> 같이 웃어 비추던 거울面들아.
> 웃다가 서로 불쌍해
> 서로 구슬을 나누었으리.
> 그러다 금시
> 절로 面에 온 구슬까지를 서로 부끄리며
> 먼 물살이 가다가 소스라쳐 반짝이듯
> 서로 소스라쳐
> 本웃음 물살을 지었다고 헤아려 보라,
> 그것은 확실히 문제다.
>
> ―「흥부夫婦像」 전문

시에서는 흥부 부부가 박을 타기 전의 모습이 아주 해학적이다. "박"을 사이에 두고 서로에게 건네는 "웃음살"은 어떻게 박을 탈지, 또 박에서 무엇이 나올지는 정작 중요하지 않다는 것을 의미한다. 그렇기에 오고가는 서로의 마음에 집중하며 "없는 떡방아 소리"에도 웃음을 나눌 수 있는 것이다. 가난한 처지가 너무 부끄럽고 미안하기에 남편은 아내 보기가 민망하고 이런 남편의 마음을 잘 알기에 아내는 남편의 미안한 얼굴에 웃음으로 답한다. 얼마나 손발이 잘 맞는지 서로가 서로의 "거울面"같은 존재이다. 남편의 기쁨이 아내의 기쁨이고, 아내의 슬픔이 곧 남편의 슬픔으로 부부는 일심동체가 된다. 부부는 문득 서로를 보고 "웃다가"도 서로가 "불쌍해"지지만, 너무 가난해서 서로에게 줄 것은 "마음"뿐이란 듯 서로를 향한 "本웃음"이 환하다.

시인이 이 시에서 관심을 두고 있는 것은 〈흥부전〉에서 전개되는 스토리가 아니라, 흥부 부부가 서로를 이해하고 바라보는 '마음'인 것이다. 비록 물질적으로 어려운 상황이지만 정신적 가치를 잃지 않고 긍정적인 흥부 부부는 가난한 현실에서도 서로에 대한 사랑과 신뢰를 잃지 않았다. 이처럼 설화적 상상력을 통해 재구성된 시적 정황은 '가난'으로 인한 현실적 좌절과 결핍을 극복하기 위한 시적 방법론으로 작용한다.

말이 될까 몰라, 가령 하늘 속같이 맑은 기운이
마음의 곳간을 넘치는 사람이 몇은 살아서
봉사 잔치나 본받아서 몰라,
미친 사람도 대접할 날 있을까 몰라.
잘못되어 눈감은 沈봉살까,
희안케 눈뜨고 딸 만나고 榮華한 것 본받아서
잘못 미친 사람들도 맑은 기운을 맑은 기운으로
바로 받게 할 날이 없을까 몰라.
하늘 맑고 물 맑고 바람 맑고 수풀 맑고 千萬年을 그럴진대,
그것을 서나 누우나 간에 바라보아 어질어질 사람이면 조금은 미칠만한 것을,
그러나 그렇게 곱게 미쳐가기 전에 鐵板대기에 햇빛 아울러 마음 꺾이어 미쳐버린 사람들을.
그 미쳐버린 사람들을 무성히 두고, 글쎄,
아직도 성한 사람은 안 게을러
마음의 꽃밭에 가끔 손잡고 가서
잔치에나 대접하는 마음으로 몰라.
맑은 기운이나 바로받게 기름 부어 줄 날이 있을지 몰라.

-「無題」전문

아무것도 없는데서 차라리
우리나라의 바다여!

沈淸傳속의 크낙한 꽃이
다시 솟아서
끝장이 좋을 날은 없는가,
오롯한 꿈으로서 묻노니.

－「꿈으로서 묻노니」 부분

또한 박재삼은 〈심청전〉의 '심청'을 통해 아버지를 향한 지극한 효성을 새롭게 그려낸다. 시에서 '심청'은 바다에 몸을 던져 죽음을 선택했지만, 아버지에 대한 지극한 마음으로 다시 환생한다. 심청은 연꽃을 타고 다시 왕비가 되어, 아버지의 눈을 뜨게 한다. 이 시에서 심봉사는 세상에서 소외당하는 존재로 박재삼의 또 다른 분신으로 비춰지기도 한다. 심청이 자신의 아버지를 찾기 위해 맹인들을 위한 '잔치'를 베푼 일은 그 자신의 현실적 소망을 피력하고 있는 것이기도 하다.

또한 심청이 몸을 던진 '바다'는 '물'의 공간으로 시원적인 시인의 내면적 무의식의 장소이기도 하다. 칼 크레니가 "물은 원소들 가운데 가장 신화적인 것"으로 그것은 물이 부드러운 몽환 상태의 요소이기 때문이라고 했다.[29] 이러한 '물'은 설화 속 인물들에게 신화적 상상력과 힘이 작용하는 근원적 장소로 드

29　가스통 바슐라르, 김웅권 역, 『몽상의 시학』, 동문선, 2007, 225쪽.

삼천포 팔포의 부두와 목섬

러나는 경우가 많다. '바다'는 인간의 현실에서 겪게 되는 희로애락을 포용할 수 있는 '이상적 공간'으로 현실에서 '애타는 一萬肝贓'이 해소되는 장소이다.

이와같이 박재삼은 자신이 살았던 삼천포의 설화를 현재적 의미로 재해석하였다. 이것은 전후 현실에서 단절된 역사 인식과 근대화로 인한 정신적 고립을 극복하려는 방편으로 개인적 삶을 넘어 민족적 차원의 새로운 가치로써 공동체 의식의 회복과 원형의 가치를 추구하기 위함이었다.

     우리의 바닷마을에 옛날엔 바람난 가시내가 있었다 한다. 바닷바람이 무서웠더란다. 치마 끝에도 이는 바람은 꼭 鬼神소리더란다. 사람들의 눈 흘기는 눈짓보다도 더욱 몸을 휘감고 보채는 바닷바람이었더란다. 무서워 방에 앉아 있을라치면 또한 아쉽기도 한 바람소리였더란다. 그 바람의 한 자락을 잡을락했던지는모르지만 하루에도 몇 차례를 방문을 차고 머리 헝클어진 채 바다 쪽으로 내닫더란다. 그러나 바람에 얹힌 집채만한 물고래에 무서움 질려 집으로 돌아오곤 하더란다.

바람에 못견디는 그짓 밖에는 아궁이에 한 고래 불 때는 일이 그 全部였더란다. 부지깽이로 거둔, 불에도 홀리어 눈이 쓰린 욕보던 가시내였더란다.

그런 세월과, 그런 갈증과, 그런 마을에, 바람 기운이 없는 어느날 앞바다를 섬 하나이 흘러오고 있었더란다.
마침, 불 때다 볼 붉은 그 가시내가 부지깽이를 든 채 나와선, 가슴 차도록 섬이라도 안으면 살 길이나 열리리라 믿었던가 한바다에 뛰어들어 죽었더란다.

그때부터란다. 우리의 바닷마을의 바람막이 목섬이 동백기름을 바른 머리態의 숲으로 시집살이 오래오래 살아온단다.

목섬首島은 내 고향 慶南 삼천포의 앞바다에 있는 섬.
ー「목섬 이야기」 전문

이 시는 삼천포 노산 앞바다에 있는 '목섬'에 얽힌 설화를 재구성한 것이다. '바다'는 신화적으로 죽음과 재생의 장소이다. 그러한 바다 가운데 떠 있는 '섬'은 고립된 여성의 죽음이 드러나는 '한恨'의 장소이자 동시에 그 '한'이 풀리는 이질적 공간이다. 그런 측면에서 바다 가운데 떠 있는 '목섬의 이야기'는 공동체의 원형과 관련하여 황폐해진 개인의 현실적 문제를 극복해 나갈 수 있는 무의식적 힘을 보여준다.

시에서 '가시내'가 거주하는 '집'은 세계와 자연의 폭력성으로부터 보호받을 수 있는 장소이다. 이 공간은 위안의 장소이자 닫힌 공간으로 주체의 정서가 내밀하게 응축된 곳이다. '바람'은 모든 장소를 자유롭게 드나들 수 있는 자연물이다. 그 "바닷바람"이 무서웠던 "가시내"는 결국 그 바람을 견디다 못해 자살하게 된다. 그렇게 "가시내"가 빠져 죽은 '바다'는 삶과 죽음이 공존하는 부활의 공간이다. '목섬'은 "그런 세월"과 "그런 갈증"의 시간을 견디고, "우리의 바닷마을의 바람막이"로 "동백기름을 바른 머리態의 숲으로 오래오래 살아오"고 있다. 이처럼 오랜 시간을 거쳐온 집단의 풍습과 감정이 시적 주체의 내면적 정서를 통해 드러난다. 박재삼은 판소리 소설과 전통 설화 등에 집중하며 현실에서 초래된 좌절과 결핍에 대한 회복의 시적 모티프를 얻었다고 할 수 있다.

민족공동체의 보편적인 정서와 사상 그리고 생활상이 드러나는 고향 '삼천포'의 자연은 박재삼 시의 원형적 헤테로피아이다. 또한 그는 설화적 상상으로서의 심미적 공간을 통해 당대 현실을 극복하고 정체성 회복을 추구하였다. 이것은 고전의 재현이 아니라 그것을 현대적 특성으로 변형하여 내면화하며 전통적인 정서를 계승하고자 한 시적 전략이었다. 그럼으로써 그는 당대 시대적 흐름이었던 모더니즘적 시의 유행에 치우치지 않고 자신만의 시세계를 구축하였던 것이다.[30]

---

30 박재삼의 이러한 시세계의 형성에서 빼놓을 수 없는 것이 바로 '바둑'이다. '바둑 한 수에는/ 천년이 흘러갔는데// 그 다음 한 수에는/ 천년이 지나도 아직// 판 위에 돌 떨어지는 소리가 아니 나네'(「신선 바둑」 부분)에서 드러나는 것처럼 시를 쓰지 않을 때면 그는 늘 바둑을 두었다. 박재삼은 1970년대부터 '서울 신문사'와 '대한 일보', '국제 신보' 등에 바둑 관전기를 쓰기 시작했다. 그리고 1974년에 『바둑 夜話』, 1983년에 『바둑 閑談』을 출판할 정도로 바둑에서도 그 실력을 인정받았다. '바둑은 곧 우주宇宙이자, 인생人生'이라고 한 그는 '朴國手'로 불리기도 했다. 시란 유효 적절한 단어를 찾아 배열하는 것이듯 바둑 또한 돌 놓을 자리를 찾는다는 점에서 시와 바둑은 비슷한 점이 많다고 보았다. 그리고 인생에서 드러나는 투쟁의 장이 바로 '바둑판'에서 그대로 드러난다고 하였다.
"인생은 영원한 투쟁이라 할 때 그런 투쟁의 양상이 바둑판에서도 따른다. 또한 인생은 미지未知에 대한 영원한 개척의 의지를 보여야 한다는 뜻에서는 바둑은 항상 무한한 전진과 수습과정이 엄연히 존재하게 되고 너무 강하게 두다 보면 자체의 허虛가 드러나고, 너무 고분고분 약하게 두면 주눅이 들어 바둑판의 경영은 왜소한 데서 벗어날 길이 없다. 상황에 맞게 운석運石을 함이 바람직하다는 것은 분수에 맞게 살아야 한다는 교훈을 주는 것이다. 과욕을 부리면 망하기 십상이고, 그렇다고 욕심이 전혀 없으면 바둑은 오므라들고 마는 것. 이런 것들은 인생에 있어 중용지도中庸之道가 가장 바람직함을 일깨워 주고 있는 것이다."(박재삼, 「바둑: 손으로 하는 대화」, 『너와 내가 하나로 될 때』, 文音社, 1984, 25쪽)

천년 전에 하는 장난을/ 바람은 아직도 하고 있다// 소나무 가지에 쉴새 없이 와서는/ 간지러움을 주고 있는 걸 보아라// 아, 보아라 보아라// 아직도 천 년 전의 되풀이다/

− 「천년의 바람」 부분

조문호, https://mun6144.tistory.com/6555

(조문호, https://mun6144.tistory.com/6555)

마음도 한자리 못 앉아 있는 마음일 때/ 친구의 서러운 사랑 이야기를/
가을 햇볕으로나 동무 삼아 따라가면/ 어느 등성이에 이르러 눈물나고나
― 「울음이 타는 가을江」 부분

청년기까지 박재삼이 살았던 고향집

지금은 개축되어 형네 가족만이 살고 있다.(김학동, 『문학기행, 시인의 고향』, 새문사, 2000)

박재삼이 다녔던 초등학교와 교정의 느티나무

(김학동, 『문학기행, 시인의 고향』, 새문사, 2000)

고향에 있을 때는 몰랐는데/ 이제 헤어지고 보니/ 한없이 그리운 것이/ 허물없이 지내던 친구들이네

– 「군소리 속에서」 부분

박재삼 시의 중심 무대였던, 팔포 앞바다

해와 달, 별까지의/ 거리 말인가/ 어쩌겠나 그냥 그 아득하면 되리라

― 「아득하면 되리라」 부분

3부

'무의미'의 추구와 모순과 전복의 反공간
: 1960~70년대 군부독재와 산업화의 헤테로토피아

공간은 인간이 행위하는 무대이며,
공적 영역에서의 대화와 행위가 실현되는 곳이다.

— 한나 아렌트, 『인간의 조건』

판옵티콘 시대,
감시와 일탈로서의 서사 공간,
1960, 70년대 현대시의 헤테로토피아

역사상 대부분의 국가는 그 시대의 고유한 사회 질서를 유지하기 위해 체제에 저항하는 세력과 특정한 피지배 집단을 배제하고 억압하는 장치들을 은밀하게 유지했다. 지배와 규제 수단으로서의 법은 근대 사회가 발명한 가장 합리적인 통제장치였다. 20세기 이후 몇몇 국가들에서는 전체주의로 불리는 지배 방식이 등장하였고 새로운 권력은 사회 통제를 위해 다양한 규율과 억압적 기제를 강조했다. 해방과 한국전쟁 이후 현대시는 산업화와 민주화를 거치며 시대적 혼란과 개인의 실존 등 당대 현실과의 갈등 양상을 표현하는 매개체로 이종적 공간을 시에 형상화했다.

이어 1960~70년대[1]는 군부독재와 산업화에 따른 모순과 저항의 시대였다. 4·19혁명과 월남 파병 그리고 경제개발 5개년 계획의 시대이자 유신과 같은 정치·사회적인 변화들은 문학 담론에도 많은 영향을 미쳤다. 그 대표적인 예가 '순수·참여 논쟁'이었고 그로 인해 문학의 사회적인 기능과 작가의 역할에 대한 새로운 물음들이 제기되었다. 무엇보다 이 시기는 사회변혁에 대한 문학인의 고민과 대응이 본격화되었던 때이고 그 현실에 대항하는 시의 장소는 세계와의 관계를 확인하는 지표이자 기준이 된다.

특히 이 시기는 과도한 경제발전과 더불어 감시와 통제의 국가 통치 수단이 그 어느 때보다 강력했다. 1960년대 4·19를 거쳐 5·16 군사 협정, 월남 파병과 경제개발 5개년 계획의 시대

---

[1] 1960년대는 군사 정권 아래 급속한 경제성장과 산업화로 복합적이고 다변적인 시대를 만들었다. 공업 중심의 경제발전은 이농 현상과 더불어 도시인구의 급증을 불러왔고, 이는 대도시 빈민을 양산하였다. 이러한 급속한 도시화는 대중문화의 저변을 확대시켰지만, 근대화라는 명목으로 강화된 검열이나 국가의 억압 체제는 국가에 대한 불신과 비판의식을 심화시켰다. 1960년대 문학은 많은 작가들에게 원체험으로 각인되었던 한국전쟁의 경험을 내면화하며 객관적인 시각을 가지게 되었다. 또한 군사 정권에 대한 저항 의식은 작가들의 창작 태도나 방법에 많은 변화를 가져왔다. 1970년대 또한 '유신'이라는 정치와 규제 그리고 경제개발이라는 '근대화' 이면에 자리 잡은 모순에 저항하는 '자아'의 병적이고 분열적인 모습들이 드러나는데 이것은 시의 형식과 언어의 문제에까지 확대되어 나타나고 있다. 이러한 비판적이고 반성적인 모습들은 불안한 시대 상황 속에서 문학적 질서를 새롭게 만들기 위한 시도의 과정으로 볼 수 있을 것이다.

였다. 이러한 국면은 유신체제와 산업화, 도시와 농촌의 소득 양극화 그리고 노동자 권리문제와 같은 정치·경제적 갈등의 국면이 첨예했던 1970년대로 이어졌다. 1971년 12월에 국가비상사태가 선포되었고 1972년 국민투표를 통해 유신헌법을 통과시킴으로써 성립된 유신체제는 박정희 정권의 확고한 독재정치의 계기가 되었다. 이러한 유신체제는 남북 분단과 국제 사회에 대한 능동적 대처라는 명분으로 대통령의 권한을 대폭 확장하고 국민의 기본권을 제한하였으며, 1979년 10월 박정희 대통령 암살로 막을 내렸다.

무엇보다 1960년대는 50년대 전쟁의 상흔과 전후 복구의 노력이 이어졌으며, 자유민주주의의 가능성을 열어준 4·19[2]는 정치적인 변혁을 이루지는 못했지만 이후 민주화운동의 '기원'적인 역할을 했다는 점에서 정신사적 차원의 '혁명'으로 자리매김했다. 하지만 이러한 민주주의의 가능성은 5·16 쿠데타로 좌절되었고, 군사 정권 아래 진행된 급속한 경제성장과 산업화는

---

[2] 4·19 혁명에 대해 김현은 전쟁의 피해 의식에서 벗어나지 못하고 있던 한국 사회에서 자유와 권리에 대한 자기 각성과 사회적 현실에 대한 비판적인 인식을 가능하게 했다고 보았다. 무엇보다 자유민주주의에 대한 열망과 부정부패에 대한 단호한 비판을 동시에 내포하며 정치·사회적인 측면뿐만 아니라 삶의 모든 영역에서 중대한 정신사적인 전환점을 이루었다고 밝혔다.(김현, 『현대한국문학의 이론』, 민음사, 2003, 261쪽)

1970년대 종로2가의 모습

1960년대를 불안하면서도 다변적인 시대로 만들었다.³ 공업 중심의 수출과 경제개발은 이농 현상과 더불어 도시 인구의 급증을 불렀고, 이는 대도시의 빈민을 양산했으며, 급속한 도시화에 비례해 대중문화의 저변이 확대되었다. 그러나 근대화의 기획이란 명목으로 강화된 검열이나 국가의 억압 체제는 국민으로 하여금 국가에 대한 불신과 비판의식을 자극했으며, 민족 민중에 대한

---

3   권보드래는 1960년대를 되짚어보며 이 시긱 여전히 많은 의미와 문제가 남아있는 시대임을 밝혔다. 그는 이 시대를 '좋은 전설'인 동시에 '어두운 망령'으로 기억되는 시기로 보고, 이 시기의 문화정치와 지성사를 재구성한다. 4·19 이후 5·16 쿠데타에 이르는 1년여 사이의 혼란을 '혁신의 과잉'으로 인한 혼란인 동시에 '혁신의 과소'로 인한 혼란이라고 밝힌다. 또한 말을 빼앗겨 말을 할 수 없는 자, 침묵을 강요당한 최하층에 있는 자, 자기 언어를 갖지 못한 자를 서발턴subaltern이라 하듯, 이 시기 분단과 냉전 체제는 다수의 '정치적 서발턴'을 만들어 스스로 침묵하거나 말을 빼앗긴 혹은 '말 못하는 지식인'을 만들어 냈다고 보았다. 그리고 간첩 조작 사건이었던 동백림 관련자들 315명 중 65명은 기소되거나 심한 고문을 당했다. 이 중에 있었던 시인 천상병, 음악가 윤이상, 화가 이응로 등이 고문의 대표적인 피해자들이었다. 천상병은 그때 받은 고문으로 정신이 이상해졌고, 윤이상은 평생 고국으로 돌아오지 못했다. 이처럼 1960년대의 남한은 미국의 전략에 따라 식민종주국이던 일본과 국교를 재개해야 했고, '자유세계'를 지킨다는 명분으로 월남 파병을 강행해야 했다.(권보드래, 천정환, 『1960을 묻다』, 천년의 상상, 2012)

인식을 확대시켰다. 이러한 시대의 부정성이 개인들의 내면으로 심화하면서 자신들이 직면한 시대와 역사를 반성적으로 사유할 수 있는 주체가 등장했으며, 이들은 자기 세계에 대한 욕망과 비판 의지를 스스로 부각시켰다.

무엇보다 이 시기 문학을 비롯한 현대시는 한국전쟁의 경험을 객관적인 시각에서 바라보기 시작했다. 특히 이 시대를 주도하게 된 작가들에게 그들이 겪은 유년의 전쟁은 '원체험'으로 각인되었으며 이것이 간접화 혹은 내면화의 방식으로 작품에 반영되었다. 또한 군사 정권에 대한 저항은 1960년대 중반부터 많은 변화를 가져와 작가들의 창작 태도에 그대로 반영된다. 이러한 변화들은 사회 변혁에 대한 문학의 고민과 대응이 본격화된 것이라고 볼 수 있다. 근대화에 따른 국가적 차원의 문예 정책으로 국가 권력이 문단에까지 개입하게 되었다. 이와 같은 시대적 상황에도 불구하고 이 시기는 어느 때보다 시인이 대거 등단하였고 왕성한 시 창작 활동을 전개하였다. 특히, 동인지 전성시대라 불릴 만큼 많은 시 전문지들이 이전 시대로부터 계승되거나 새롭게 창간되면서 시의 양적 풍성함뿐만 아니라 이념적 다양성을 확보하는 계기가 되었다. 이 같은 동인지의 활성화는 시인들의 문학적 이념이나 창작에 따른 미의식이 증가되었기 때문이며, 나아가 스스로의 위상을 정립하고 문학의 저변을 확대하기 위함이었다.

이처럼 복잡한 문단의 상황 속에서 다양한 문학 논쟁들 또한 치열했다. 특히 4·19를 겪으면서 시단에 제기된 시인의 현실 참여 문제로서의 '순수/참여논쟁'은 문학과 이데올로기의 관계나 시인의 사회 참여의 당위성 때문에 논쟁의 주요 쟁점으로 부각되었다. 현대시사에서도 모더니즘과 리얼리즘의 구도가 명확했고, 난해시를 둘러싼 논쟁 또한 문학의 현실참여 문제와 연관되면서 전 시대와 비교해 더 열띤 논쟁으로 이어졌다. 1960년대 중반까지 제기된 난해시에 대한 문제는 새로운 시대를 표현하기 위해서는 새로운 언어와 시 형식의 모색이 필요하다는 입장과 현실에 대한 진지한 탐색이나 성찰이 전제되지 않은 난해시는 비판되어야 한다는 등 시의 사회적 효용성의 문제가 거듭 제기되었지만 새로운 탐색이나 대안으로 더 구체화되지는 못했다.

이와 같이 1960, 70년대는 사회뿐 아니라 문학 안팎의 감시로 규율 메커니즘이 은밀하게 작동되었던 '판옵티콘' 시대로 개인들의 일거수일투족이 통제되고 자유가 규제되었다. 푸코는 근대 사회가 익명의 통치 시스템에 의해 움직이며 권력이 자신의 모습을 드러내지 않으면서 사회질서에 저항하는 개인 혹은 범죄자들을 효과적으로 통제하기 위해 '감옥'이라는 형태를 창안하였다고 했다. 그런 측면에서 '감옥'은 엄격한 통제의 상황 안에서 수직 구조로만 의사전달이 이루어지는 '판옵티콘'으로써 이 사회의 축소판과 유사하다. 이 판옵티콘^{Panoption}'은 '모두'를 의미하는 'pan'과 '본다'를 뜻하는 'opticon'의 합성어로 자신을 드러내지 않는 소수의 감시자가 다수의 수용자를 통제할 수 있는 형태의 감옥을 통칭하는 말이다. 높은 감시탑이 있고 그 아래 원형으로 수감자들의 방이 배치된 판옵티콘은 감시탑의 간수들이 죄수들의 일거수일투족을 볼 수 있다. 이에 반하여 그들을 볼 수 없는 수감자들은 항상 감시받는다는 수치심같은 혼돈과 모순의 감정에 빠지게 되는데, 이것은 익명의 권력에 통제되는 현대인의 모습을 연상시키는 지점이기도 하다.

이처럼 이 시기 감시와 일탈의 헤테로토피아는 사회적 규범이나 정상성에서 벗어난 이들을 외부와 격리시켜 행동을 통제하는 장소로서 요양소, 병원, 감옥이나 수용소 그리고 양로원 등의 장소가 이에 속한다. 이러한 장소의 주체들은 일상의 소외나 결핍에 노출되어 그들이 소망하는 '이상'이 현실적 부재로 나타날 때 일탈과 비일상적 행동으로 시도되기도 한다. 이것은 부조리한 환경과 구조를 전복하는 헤테로토피아적 사유로서 무의식과 꿈 그리고 상상과 같은 특징들로 드러나게 된다.

주지하다시피 근대 사회의 규율 권력은 구분화, 서열화, 동질화와 같은 관계 논리 속에서 작동된다. 이 시기는 정치적 폭력과 사회적 억압이 일상화된 '판옵티콘' 시대로 규율 메커니즘이 은밀하게 작동됨으로써 개인들의 일거수일투족이 통제되었다. 무엇보다 실재와 관념이 착종되기도 하고 경우에 따라서는 구체적 대상과 이념적 당위가 어긋나는 지점에서 이질적이고 혼종적인 장소가 생성되기도 하였다.

　이것은 산업화와 군부독재에 따른 급속한 경제발전과 더불어 국가의 감시와 통제가 강력했던 만큼 개인들의 자유를 규제하였기 때문이다. 한국전쟁으로 월남하여 자아와 타자 사이, 어디에도 편입되지 못했던 실향민들이 염원했던 유토피아적 공간의 근간에는 디스토피아적인 현실 인식이 불가피하게 깔려있었으며 그것은 이질적인 장소를 통해 드러날 수밖에 없었다. 그러므로 사회적 감시와 개인들의 자유가 규제되던 모순과 저항의 시대, 이러한 주체들을 감시하고 처벌하는 규율 메커니즘은 개인의 일거수일투족을 통제하였으며, 이는 동시대의 문학 담론에도 많은 영향을 미쳤다.

　김춘수의 『처용단장』에 드러나는 '고향'과 '감옥'이라는 영원과 일탈의 헤테로토피아는 시인의 반역사와 탈이데올로기적 관점을 구현하는 장소로서 기존의 관념이나 논리적인 의미를 부정하는 무의미시의 특징들을 구체적으로 드러내고 있다. 이것은 '네그티브한' 현실이 하나의 단일한 의미로 환원될 수 없듯이 현실의 '다른 장소'로서 혼종성을 지향하는 헤테로토피아와 긴밀하게 연동될 때 미적 실천의 방법론으로서 무의미시가 더 부각된다는 것을 보여주었다.

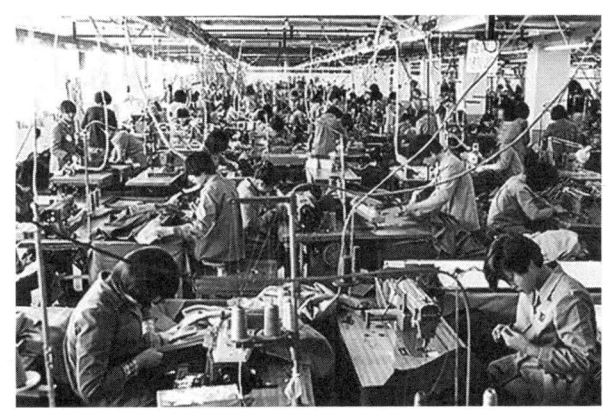

1960년대 봉제공장 여성 노동자들

초등학교를 겨우 마친 여공들은 공장에서 숙식을 해결하며 돈을 벌었고, 너무 어려 다른 공장에서는 받아주지 않는 소녀들에게 먹고 잘 곳을 제공한다는 이유로 사장을 비롯한 간부들은 이들에게 권력을 휘둘렀다.(출처: 한국일보)

또한 김종삼과 전봉건 시에 드러나는 이질적인 장소들은 사회로부터 격리와 통제의 기능을 수행하고 있다. 더불어 이들이 염원하고자 하는 유토피아적 공간의 근간에 깔려있는 디스토피아적인 현실 인식은 불가피한 것이었다. 월남과 실향민의 고독 속에서 자아와 타자뿐 아니라 현실의 그 어디에도 편입되지 못하던 이들은 자신들의 정체성의 혼란스러움이 시의 장소에 그대로 투영되었기 때문이다.

김종삼은 한국전쟁과 동일한 참혹성과 폭력성을 '아우슈비츠'라는 '모순과 억압'의 장소를 통해 비극적 정서와 애도를 공유하였다. 그곳은 근대적 합리성 아래 가려진 세계의 폭력성을 가장 적확하게 드러낸 장소로서, 고통받고 학대받는 타자의 얼굴을 마주하며 전쟁의 폭력으로부터 윤리적 책임을 요청하는 모순의 헤테로토피아였다. 때문에 김종삼은 전쟁이 끝났지만, 시대적 현실에서 오는 불화와 상처에 대한 대응으로써 살아남은 증인의 시선으로 그것을 기록하고 증언할 수밖에 없으며 그것을 타자로부터 타진된 응답으로써의 책무로 여겼다. 또 한편으로 이러한 모순적 상황이 잘 드러나는 이질적 장소가 '원정園丁'이었다. '당신 아닌 사람이 집으면 그럴 리가 없다'는 죄의식은 월남과 전쟁의 생존자로서의 죄책감이었다. 지구 반대편에서 일어나는 홀로코스트의 비극 또한 결코 자신과 무관하지 않다는 존재의 윤리의식에 기인한 것이었다.

전봉건의 『춘향연가』의 '옥獄'이라는 공간과 「마카로니 웨스턴」에서의 유폐된 공간들은 전복적인 '반反' 장소로서 시대에 대한 환멸과 저항적 시선이 깔려있다. 나아가 그것은 세계의 부조리와 공포에 대항하는 정치적·미학적 기제로 작동한다. 이러한 이질적 장소에서는 사회적 갈등과 부조리에 대한 인간의 불안과 욕망이 저항과 해체의 형식으로 반복된다.

시대 현실과의 긴장과 불화가 이 시기 세 시인에게 새로운 장소를 모색하게 했다면 그곳은 바로 이 현실의 '바깥' 즉 탈질서의 공간들로서 여기 '없는 장소'를 통해 역설적으로 '있는 장소'의 모순과 비실재성을 부각시켰다. 말하자면 1960~70년대

세 시인의 시에 담지된 헤테로토피아는 동시대에 그들이 겪었던 경험적 현실과 근대의 부조리함에 대한 비판적 사유이자 위기의식이라 할 수 있을 것이다. 나아가 현실을 떠날 수는 없지만, 모순과 전복의 헤테로토피아를 통해 판옵티콘적인 당대 사회에 대응하고자 했던 시적 전략으로 이해할 수 있을 것이다.

김춘수의 『처용단장』과
'무의미의 시'에 드러나는 헤테로토피아

공간은 체험의 실제를 구성하는 중요한 요인이자 시적 자아의 경험에 따른 인식의 장소로서 시간과 더불어 외부 세계를 이해하고 재구성하는 틀로 작용되어 왔다. 현실에 존재하는 장소든 기억과 상상 속의 장소든 시인들은 이러한 장소를 통해 자신들의 시세계를 확장시킨다. 무엇보다 시적 공간은 작품 속에 나타나는 사물과 대상의 이미지를 통해 드러나고 언어에 의해 형상화된다. 그런 측면에서 김춘수[1]의 '무의미시' 역시 역사와 이

---

1   김춘수(1922-2004)는 경남 통영에서 태어나 1940년 일본 니혼대학 日本大學 예술

데올로기에 저항하고 언어의 실험적 기법에 천착하며 공간적 질서에 많은 비중을 두고 있다.

특히 1960년대 중기 이후 무의미 시의 변화에서 이 공간성은 허무 의식과 연관되어 부재나 부정으로서의 해체적 특징으로 드러난다. 이러한 혼종성으로서 헤테로토피아적 사고는 파편화된 이미지를 해석하고 구조화하는 장으로써 난해한 김춘수의 무의미시를 보다 구체적으로 접근할 수 있는 근거를 마련한다. '처용단장'에 드러나는 공간 양상은 근대의 시간적 질서를 부정함으로써 반역사적이고 탈이데올로기적인 시의식을 드러내고 있다. 무엇보다 김춘수 시의 무의미와 관련된 헤테로토피아적 상상력은 유년의 '고향'으로의 회귀와 식민지 일본 유학 시절 감옥생활로 인한 트라우마와 관련이 깊다.

초기의 실존적 지향에서 후기의 통사 해체의 실험까지 언어

김춘수 시인(1922-2004)

학부의 창작과에 입학하여 수학하였다. 1946년 『해방 1주년 사회집』에 「애가」를 발표하면서 문단 활동을 시작했다. 1950년대 김춘수의 시집으로는 1950년 『늪』, 1951년 『기旗』, 1953년 『인인隣人』, 1954년 『제1시집』, 1959년 『꽃의 소묘』, 『부다페스트의 소녀의 죽음』 등 7권이 있다. 이 시기의 시편들에서는 인간 실존의 허무를 초월하기 위한 관념적 세계로의 형이상학적인 존재 탐구의 모습을 보였다.

와 무의미의 관계에 대해 치열했던 김춘수는 그 스스로가 '언어'를 극한까지 실험했던 시인으로 기억되기를 희망했다. 등단 초기에는 감옥 경험[2]이나 한국전쟁의 기억에 대해 거의 언급하지 않았지만 1960년대 들어서면서 '처용'을 통해 이데올로기의 희생양으로서 자신의 고통스런 역사적 트라우마를 반복적으로 부각시켰다. 무엇보다 그것은 이 시기가 역사와 이데올로기 문제들이 첨예하게 대립되던 시기이기도 했지만 순수·참여 논쟁을 치열하게 벌였던 김수영의 영향이 컸을 것으로 추측된다. 김수영은 김춘수의 '의미 배제'의 시적 방법론을 확신하지 않았으며 그가 주장한 '난센스' 등, 과연 김춘수가 진정한 '무의미시'를 실험하고 있는지 의문스럽다고 했다.[3]

하지만 『처용단장』으로 대표되는 김춘수의 '무의미시'는 절박한 현실 인식이 낳은 일종의 시적 돌파구였다. 그는 자신이

---

[2] 김춘수는 서울 경기공립중학교를 다니다가 졸업을 거의 앞두고 자퇴하고 일본으로 건너갔다. 1940년에 니혼대학 예술학원 창작과에 입학하였지만 1942년 퇴학당하고 세다가야서에 수감되었다가 서울로 송치되었다.

[3] 김춘수는 무의미시를 쓰던 당시 자신에게 시적으로 압력을 준 사람이 다름아닌 김수영 시인이었다고 밝혔다. 「타령조」를 쓰고 있을 당시 뿐 아니라 김수영 시인에 대한 강한 자의식을 항상 가지고 있었음을 고백했다.

김수영 또한 김춘수의 무의미시에 대해 "설사 시에 그가 말하는 〈의미〉가 들어 있든 안 들어 있든 간에 모든 진정한 시는 무의미한 시이다. (중략) 그런데 김춘수의 경우는 이런 본질적인 의미의 무의미의 추구를 하는 것이 아니라, 먼저부터 〈의미〉를 포기한다"고 언급하며 김춘수의 무의미시에 대해 강하게 비판하였다.(김수영, 『김수영 전집2』, 민음사, 2003, 367쪽)

『처용단장』을 쓰게 된 서술 동기를 한 개인을 파괴한 폭력과 이데올로기 그리고 역사의 해악을 드러내기 위함이라고 밝혔다. 하지만 시집의 '처용'을 단순히 시인의 분신으로만 해석하고 정의 내리는 것은 20년이 넘는 기간 동안 쓴 이 연작의 의미를 다 해명하지 못한 것일지도 모른다. 실재 연작시에 등장하는 '처용'은 설화 속 모습 그대로라기보다는 창작 방법론의 매개로 수용된 측면이 강하다. 무엇보다 "처용에 관한 재료는 두고두고 다루어볼 작정이지만, 원컨대 단편적이 아닌, 한편의 통일된 장시를 얻었으면 한다"라는 시인의 말에서 '처용'에 대한 그의 천착이 시의 내용뿐 아니라 형식에 대한 고민으로 이어졌음을 알 수 있다.

그렇다면 김춘수는 과거의 고통을 넘어설 수 있는 신화적 인물로 왜 '처용'을 선택했을까? 그는 역신에게 아내를 빼앗기고도 오히려 춤과 노래로 자기를 달래는 이 처용에게서 '악惡'의 문제 즉 '악을 어떻게 대하고 처리해야 할 것인가'에 대한 윤리적인 지점을 발견했다고 하였다. 처용이 역신에게 당한 고통을 '가무이퇴歌舞而退'로 승화시켰듯이 자신이 겪은 역사적 고통 또한 그렇게 대처하고 싶었던 것이다. 그렇지만 '처용'이 제목인 다른 연작시에서도 '처용'의 이름이 시에 직접적으로 드러나지 않고, '숨겨진 시적 주체'로 등장한다. '인간들 속에서/ 인간들에 밟히며/ 잠을 깨'(「처용」)는 이가 바로 숨은 '처용'이자 현실

세계의 폭력적인 상황에 처한 시인 자신이었던 것이다. 처용에게 있어서 역신과 아내와의 간통은 김춘수에게 역사의 폭력과 같은 것이다. 즉 신화적 인물인 처용의 삶의 수난과 구조는 시인 자신의 수난으로 재해석된다. 자신에게 닥친 모욕과 공포를 인고의 정신으로 무화시키는 처용을 통해 김춘수는 역사에 대한 불신과 트라우마에 대응하는 시적 방법론을 찾은 것이다.

무엇보다 『처용단장』에는 유년의 '고향'을 환기하는 실재 장소로서 '죽도, 욕지도, 명정리, 미래사' 같은 지명들이 자주 언급되고 있다. 이것은 고향 통영이 유년의 기억과 원형으로서의 향수라는 사전적 의미에 갇히지 않고 폭넓은 알레고리적 장소로 작용하고 있음을 보여준다. 그러므로 '고향' 통영은 '다른 장소' 즉 실존의 회복을 위한 현실의 유토피아로서 영원의 헤테로토피아적 의미를 지닌다. 또한 '세다가야서'로 대변되는 '감옥'은 규율과 감시의 다른 장소로서 감금과 고립의 폭력적인 역사를 상징한다.

대체로 이러한 영원과 일탈의 헤테로토피아가 갖는 '무질서'는 규율과 체계 그리고 동일시의 사유로부터 벗어난다. '혼종성'과 '부정성'을 공통적으로 함축하며 탈중심과 탈경계를 지향하는 헤테로토피아는 획일화된 언어체계와 이분법적 논리에서 벗어나 기존의 사고나 인식의 틀을 해체한다. 그러므로 선형적 시간의 개념이 해체되고 과거와 현재 그리고 미래의 시간으로 무한히 확장되어 현실과 환상, 자아와 타자 그리고 존재와 비존재의 위계질서와 경계를 무화시킨다.

    그동안 김춘수의 시연구[4]는 다방면으로 이루어졌다. 하지만

---

[4] 김춘수 시의 장소에 대한 연구로 이경수는 김춘수 시에 나타나는 통영의 장소성과 통영을 거점으로 교류한 문화예술인 그리고 통영 방언을 통해 김춘수 시인이 구축한 시는 통영이라는 로컬에서 벗어난 보편성 속에서의 세계성이라는 폐쇄성과 개방성의 양가적 특징에 대해 논했다.(이경수, 「김춘수 시와 통영의 로컬리티-장소, 인물, 언어를 중심으로」, 『한국시학연구』, 한국시학회, 2022, 187-258쪽) 또한 엘리아는 김춘수 시의 공간인식 특히 지명으로 표상되는 공간 이미지 분석을 통해 김춘수의 시세계가 끊임없는 형식적 실험을 통해 시적 우주를 형성하고 있음을 밝히고 있다.(엘리아, 「김춘수 시의 공간 인식과 지명地名의 의미 연구」, 서울대학교 박사논문, 2020) 심재휘는 김춘수의 시어가 어떻게 사물성을 구축하는지를 언어의 장소성에 주목하며, 언어가 제 위치를 벗어나는 경우를 '탈장소'라 규정하고 그 시어들이 어떻게 사물성을 확보해나가는지를 살피고 있다.(심재휘, 「시어의 탈장소와 사물성-김종삼과 김춘수의 시를 중심으로」, 『돈암어문학』 38, 돈암어문학회, 2020, 241-269쪽)

    최라영은 김춘수의 『처용단장』을 분석하며 김춘수의 무의미시에는 '무한'이나 '영원성'이 그 바탕이 되고 있다고 보고 이 '무의미'와 '의미'와의 상관성을 토대로 '방심상태의 묘사'로서 무의미를 유형화하였다.(최라영, 「김춘수의 무의미시 연구」, 서울대학교 박사학위논문, 2004) 시간 의식과 관련하여 문혜원은 『처용단장』에 드러나는 시간은 주체에게 시적 순간이자 사건이 발생하는 의식 내적인 시간으로서 지각되는 대상의 시간성과 그것을 지각하려는 주체의 시간성을 모두 포함하는 것으로 보고 이것을 후설의 현상학적인 시간적 특징으로 설명하고 있다.(문혜원, 「김춘수의 '처용단장'에 나타나는 시간의식에 대한 연구-후설의 현상학적 시간의식과의 비교를 중심으로」, 『비교한국학』 23, 국제비교한국학회, 2015, 127-150쪽) 서영희는 『처용단장』은 존재의 불안과 허무를 통해 본래적 자아에 직면하게 되며 대상의 재구성과 자유연상 그리고 리듬의 방법으로써 구원의 시간에 이르게 됨을 밝혔다.(서영희, 「김춘수의 '처용단장'에 타나난 시간의식」, 『한민족어문학』 61, 한민족어문학회, 2012, 5-34쪽) 그리고 권준형은 김춘수의 『처용단장』 1부에 드러나는 역사 이미지는 선형적인 시간이 아닌 과거와 현재 그리고 미래가 혼재된 양상으로 드러나며 형식적 필연성을 바탕으로 한 삶의 현재성과 연관되는 이미지들로 구성된다고 보았다.(권준형, 「'처용단장' 1부의 역사 이미지 연구」, 『동아시아 문화연구』 89, 한양대학교 동아시아문화연구소, 2022, 55-77쪽)

다른 연구에 비해 공간과 장소에 대한 연구가 상대적으로 미비하며 특히 무의미시를 이소성異所性의 헤테로토피아와 연관한 논의는 전무하다. 논리적인 의미 전개가 불가능하고 낯선 이미지들이 전복하는 무의미시를 '탈장소'이자 '다른 장소'인 헤테로토피아로 접근하는 것은 새로운 연구방법론이 될 것이다. 김춘수의 무의미시의 대표적인 작품이라고 할 수 있는 『처용단장』은 탈중심적이고 아이러니한 특성들로써 이 혼종성으로서의 헤테로토피아적 사고와 관련이 깊다. 기존의 '통사법'을 전복하고 말과 사물의 관계를 무너뜨리는 헤테로토피아의 특징은 그 자체로 무의미시의 특징과 일맥상통하다. 무의미시의 양상을 드러내는 '서술적 이미지' 또한 대상과 이미지를 끊임없이 분산시키고 해체하는 혼종적 특징을 지니고 있기 때문이다.

무엇보다 『처용단장』의 창작 동기에서 밝힌 반역사적이고 탈이데올로기적인 관점이나 "지금 나는 여기서 왜 이러고 있는가?"라는 고백은 자신이 현재 있는 바로 그 존재의 장소에 대한 질문이기도 하다. 나아가 그것은 대상과 언어에 대한 성찰이자 의미의 전복과 해체를 통한 새로운 시창작 방법론에 대한 실존적 물음으로써 헤테로토피아적 상상력과 만나는 일이다. 말하자면 그가 시에 부여한 공간들은 낭만적인 동경이나 상상적 공간이라기보다 와해된 현실에서 비롯되는 '이소성'으로서의 헤테로토피아적 공간이라 할 수 있다.

그에게 시쓰기의 본질은 불완전한 역사에서 벗어나 영원한 세계를 꿈꾸는 것이고 나아가 '고통의 콤플렉스'에서 벗어나는 유일한 탈출구이자 '생의 구원'이었다.[5] 이것은 일본 유학 시절의 투옥과 고문을 거쳐 한국전쟁에서의 죽음과 공포뿐 아니라 4·19나 유신과 같은 근대화의 모순에 대한 자신만의 대응방식이라 볼 수 있다. 무엇보다 '무의미시'는 대상이나 의미의 결여가 아니라 언어의 모순과 역설적인 측면을 보여줌으로써 의미를 부정하려는 헤테로토피아적 사유가 부각된다. 그리고 그 주체를 부재로 만듦으로써 의미의 알 수 없음 혹은 과잉된 의미의 난해함을 드러낸다. 그런 점에서 그동안 무의미시의 규명에 대한 어려움이나 각기 다른 결론에서 오는 오해의 여지와 같은 해석의 딜레마를 헤테로토피아를 통해 일정 부분 밝힐 수 있을 것이다.

---

5   김춘수는 한 인터뷰에서 "이제까지 경험했던 역사가 심어준 피해 의식이 나를 그렇게 내몰았다"고 했다. 일제 말 니혼대학 시절 우연히 시국사건에 연루돼 겪었던 고문과 해방을 맞을 때까지 징용을 피해 떠돌아다녔던 생활, 해방에 이어 어느 쪽에도 가담할 수 없었던 이데올로기적 혼란, 6·25 피난시절과 대학중퇴와 오랜 강사시절 등 그는 결국 "60년대 이래의 나는 페시미스트"라고 단언하기에 이른다. 더욱이 5공 때의 정치적 외도가 몰고 온 뜻밖의 수난은 두고두고 상처로 남아 더욱 도저한 허무주의자로 만들었다. "아무도 나를 위해 변호해주지 않았다"고 말했다.(정소연, 「신화의 바다에서 건진 '오늘'의 처용가」, 『출판저널』, 96호, 1991. 12. 21쪽)

혼종적 상상력과 무의미의 공간
: 『처용단장』의 반反장소적 의미

푸코가 『말과 사물』의 서문에 인용한 보르헤스의 글은 중국 백과사전에 있는 동물의 분류에 관한 것으로 근대 주체의 무질서한 사유의 특징을 드러낸 것이었다. 다소 엉뚱하고 비밀통로 같은 보르헤스의 이 글에서 푸코는 떨쳐버리기 어려운 어떤 불편함이나 모호함을 느꼈다고 고백했다.[6] 이러한 헤테로토피아적 상상력은 언어들을 이질적이고 낯설게 만들며 고정된 사유의 틀을 깨고 새로운 감각으로 소통하고 감응하게 한다. 질서와 법칙을 떠난 기묘한 것들의 무질서와 상이한 사물들의 배치에는 언제나 혼종적 상상력이 존재한다. 이것은 '전복'과 '무효' 그리고 '해체' 등과 결부되는 공간의식이자 기존의 '서정'에서 벗

---

6 『말과 사물』의 서문에서 푸코는 보르헤스의 텍스트를 인용하며 헤테로토피아는 문학적 공간에 그 기원을 두고 있다고 밝혔다. 보르헤스가 중국의 한 백과사전을 보고 열네 등급으로 분류한 동물들은 a)황제에게 속한 것 b)향기로운 것, c)길들여진 것, d)식용 젖먹이 돼지, e)인어人魚, f)신화에 나오는 것, g)풀려나 싸대는 개, h)지금의 분류에 포함된 것, i)미친 듯이 나부대는 것, j)수없이 많은 것, k)아주 가느다란 낙타털 붓으로 그려진 것, l)기타, m)방금 항아리를 깬 것, n)멀리 파리처럼 보이는 것 등이다. 이 분류는 우리로 하여금 어떤 불편함을 주는 동시에 웃음을 주는데 그 웃음은 우리의 사유가 갖는 한계나 불가능성을 의미하는 것이다. 우리는 상상적 공간에서 펼쳐지는 사유와 인식의 카오스적 상태에 직면하게 되면 불안을 느낀다. 기묘한 것들 사이에 배치되어 있는 이런 무질서와 같은 이종성적 분류는 우리 자신의 사유의 한계를 증언하는 것이라 할 수 있다.

어남을 의미한다. 그럼으로써 통사적 질서를 해체하고 현실에 이의를 제기한다.

    헤테로토피아는 우리를 당혹스럽게 한다. 이는 아마 헤테로토피아가 언어를 은밀히 전복하고, 이것과 저것에 이름 붙이기를 방해하고, 보통명사들을 무효가 되게 하거나 뒤얽히게 하고, '통사법'을, 그것도 문장을 구성하는 통사법뿐만 아니라 말과 사물을(서로 나란히 마주 보는 상태로) '함께 붙어 있게'하는 덜 명백한 통사법까지 사전에 무너뜨리기 때문일 것이다. 그래서 유토피아는 이야기와 담론을 가능하게 하는 반면에, 즉 유토피아는 언어와 직결되고 기본적으로 파블라의 차원에 속하는 반면에, 헤테로토피아는 화제를 메마르게 하고 말문을 막고 문법의 가능성을 그 뿌리에서부터 와해하고 신화를 해체하고 문장의 서정성을 아예 없애버린다.[7]

헤테로토피아는 언어를 은밀히 전복하고, 보통명사들을 무효화시키며 문장을 구성하는 통사법을 무너뜨려 언어체제를 뒤흔든다. 유토피아는 담론 형성을 가능하게 하지만, 헤테로토

---

7   미셸 푸코, 『말과 사물』, 이규현 옮김, 민음사, 2012, 11-12쪽.

피아는 화재와 해석을 낯설게 하고 문법의 가능성과 문장의 서정성을 와해시킨다. 어떤 의식이나 정서로부터도 자유로운 헤테로토피아적 언어는 내부가 없는 외부에 완전히 흡수되는 언어이다. 그러므로 헤테로토피아적 상상력은 이미 존재하거나 말해진 언어를 와해시키고 새롭게 구성하는데 이것은 무의미시의 언어 특징들과도 일맥상통하다.

김춘수의 '무의미시'는 의미의 없음이라기 보다 대상에 의미를 부여하는 주체의 부정을 통해 새로운 주체와 더불어 낯선 의미를 생성한다. 때문에 '부정된 주체'나 '분열된 주체'가 무의미 속에서 새로운 의미를 계속 실험해 나감으로써 기존의 관념을 지우며 이질적인 언어를 생성시킨다. 이것은 일차적이고 이성적인 의미나 자아가 통합된 의미에서 자유롭다는 뜻이기도 하다. 또한 현실의 모순이나 폐허를 자유연상의 파편화된 공간 형태로 포착하며 '허무'를 형상화해냄을 의미한다.

이처럼 헤테로토피아적 언어로서의 무의미시는 통사법뿐만 아니라 어떤 공통의 장소로 규명하기 불가능한 언어를 기본으로 한다. 통사론의 입장에서 자신의 의미와 위치에서 벗어나려는 이러한 언어의 탈장소는 낯선 언어와 난해한 문장을 생성한다. 이질성과 혼종성으로서의 무의미시의 언어는 균열과 전복을 통한 의미화의 실패로써 논리적으로 해석되지 않는다. 즉 헤테로토피아의 언어와 무의미시는 관습적인 의미화로부터 벗어나 언어의 탈장소나 말의 모순을 통해 부재를 환기하는 탈중심적 사유와 관계가 깊다.

푸코가 이처럼 문학과 시의 공간을 헤테로토피아로 지시했던 것은 그것이 끊임없이 자기 자신을 반복적으로 반영할 수밖에 없는 필연성을 지녔기 때문이다. 무엇보다 헤테로토피아는 언어의 빈곤함과 반복 그리고 이탈을 통해서 새로운 것들을 새로운 방식으로 지향하는데 이러한 지점은 김춘수의 고민과 거의 일치한다. 역사와 현실에 대한 부정의식은 기존의 의미망으로부터의 단절과 끝없이 탈주하는 파편적 이미지와 리듬을 통해 무의미를 생성한다. 그런 측면에서 김춘수의 '무의미 시론'과 '무의미시'는 초기시 이래 변모해 온 시작 방법론으로써의 자의식이나 실존 의식에 그 뿌리를 두고 있으며 나아가 헤테로토피아적 사유로 이어진다.

특히 『처용단장』은 '네그티브한 현실'을 시에 '그대로 드러' 냄으로써 역사의 '악이나 이데올로기'를 자신의 경험에 비추어 처용을 오버랩시키고자 하였다.[8] 실제 시편에서는 처용에 대

---

8   "나에게 대상과 주체가 없다고 했는데 그것은 통상적인 뜻으로서의 그것이고, 시의 차원에서는 나 자신이 대상과 주체를 설정할 수 있었고, 설정하고도 있었다. 「삼국유사」의 처용설화가 바로 그것이다. (중략) 개인을 파괴하는 역사의 악 또는 이데올로기의 악을 내 자신의 경험과 처용을 오버랩시키면서 드러내려고 한 것이 나의 시적 주체이다. 통상적인 뜻으로서의 주제와는 다르다. (중략) 어떤 네거티브한 현실이 그대로 거기 드러나고 있을 뿐이다. 그것을 드러내고자 하는 것

한 직접적인 언급은 없지만, 부정적인 역사가 단일한 하나의 이데올로기로 환원될 수 없으며 이러한 현실의 부조리에 대한 인식이 언어와 시형식에 대한 고민으로 이어지고 있다. 무엇보다 '처용'이라는 신화적 인물이 다양한 특징의 코드를 가지고 있어서 하나의 의미로 환원될 수 없기 때문이기도 하다. 이에 고정된 주체와 관습적 형식에서 벗어나 이질적인 통사구조로서 낯선 세계를 대상화하며 묘사를 통한 언어의 새로운 체계를 구성하게 된다.

그런 점에서 『처용단장』은 언어가 기존의 의미에서 벗어남으로써 그것의 새로운 가능성을 재인식하는 무의미시의 특징과 사유 방식을 명확하게 보여주는 작품이다. 특히 관념을 지우는 묘사를 통한 '서술적 이미지'나 '리듬'은 통상의 규범에서 벗어나 내재적 장소를 확보하며 '낯섦'의 언어를 지향한다. 이러한 음운의 해체나 의미의 초월은 의식과 무의식의 경계로까지 나아간다. 한 이미지가 한 이미지를 지우고 건너감으로써 이미지들 사이의 긴장과 충돌이 의미의 균열을 일으키는데 이때 유기적 관계 속에 있는 의미들이 해체된다. 즉 대상이나 의미에 구속되지 않는 언어와 이미지들의 유희는 그의 관념적 공포로

이 나의 시적 주체가 된다.(김춘수, 「장편 연작시 『처용단장』의 시말서」, 『김춘수 시론전집 1』, 현대문학, 2004, 523-524쪽)

부터 벗어나 이데올로기나 기존의 관습에 통합되지 않음으로써 의미들을 무화시킨다.

『처용단장』은 1부「눈, 바다, 산다화山茶花」, 2부「들리는 소리」, 3부「메아리」, 4부「뱀의 발」로 각각 구성되며 인간의 내면과 무의식의 흐름에 대한 실험과 트라우마의 상징적 장치들로 각각 병치되어 있다. 낯선 이미지와 리듬에 의한 시상 전개와 독특한 형식적 기법들은 오랜 시간 밑바닥에 숨어있던 무의식의 표출 방식이기도 하다. 과거/현재, 꿈/현실 그리고 탈속/세속, 바다/지상, 유희/고통과 같은 대립과 모순의 혼종적 세계를 다양한 언어 실험을 통해 드러내고 있다.

또한 『처용단장』에서는 '고향'과 '감옥'이라는 영원성과 일탈의 헤테로토피아를 통해 시적 주체인 처용의 복합적인 내면을 부각시킨다. 시인의 시적 체험이 혼종적 언어의 상상력을 바탕으로 구조화된 텍스트에는 유년시절 원형적 고향의 장소들과 역사적 트라우마의 장소들이 상상의 장소로서의 내면 공간들과 혼종적으로 드러난다. 이처럼 잠재되어 있던 시적 체험들이 언어적 상상력을 통해 텍스트 공간에 생성될 때 이 장소는 시인의 내밀한 자아의식으로서의 상징적 장소가 된다. 왜냐하면 장소의 알레고리는 이 세계와 실존의 관계를 의도적으로 드러내는 표현방식이기 때문이다.

⟨『처용단장』에 드러나는 '고향'이나 '감옥'과 관련된 장소와 어휘들⟩

고향과 관련된 영원의 헤테로토피아	바다	1부(28번), 3부(3번)	고향과 관련된 어휘	느릅나무, 개동백, 라일락, 산다화(5번), 숭어새끼, 호주 선교사네 집, 죽도화, 군함, 외발 달구지, 모과나무, 얼룩암소, 탱자나무
	한려수도	1부(2번), 4부(1번)		
	통영(퇴영)	3부(5번)		
	그 외	북신리(1번), 욕지(1번)		
감옥과 관련된 일탈의 헤테로토피아	감방	3부(7번)	감옥과 관련된 어휘	역사
	세다가야서	3부(5번)		이데올로기
	그 외	여순감옥(2번), 대련大連감옥(1번), 요코하마 헌병대(3번), 부산 수상서水上署(1번)		무정부주의

　표에서처럼 김춘수 시에는 유년의 고향에 대한 원형적 기억와 유학시절 감옥생활 그리고 전쟁에 대한 두려움과 공포 등이 '바다'와 '감옥'이라는 헤테로토피아를 통해 반복됨을 주목할 필요가 있다. 유년의 혼란과 정체성 상실로 인한 원초적 장소성은 불안과 구원이라는 바다의 원형적 이미지를 통해 그려진다. 특히 시적 주체인 처용에게 '바다'라는 공간은 몽상의 장소이자 정화와 재생의 공간이다. 그러한 장소는 실재하는 외부 공간이자 주체의 내면 공간으로서 육체적·정신적 고통에서 벗어날 수 있는 현실의 유토피아이다.

　또한 '세다가야서 감방'은 「부다페스트에서의 소녀의 죽음」

에서 처음 등장한 장소로 항상 폭력의 체험과 연결된 장소로 억압이나 분노와 같은 고통의 정서가 분열적으로 드러난다. '감옥'이라는 일탈의 헤테로토피아는 현실의 권력에 맞서 이의를 제기하는 헤테로토피아로서 시적 주체의 절망이나 공포와 같은 실존적 의미와 직결되는 장소이다. 김춘수는 현실과 역사에 대해 관심이 있지만 또 한편으로는 그것을 초월하려는 도피적 자세 또한 있다고 고백했는데, 두 헤테로토피아는 그러한 지점들을 잘 보여주고 있다.

처용단장 3부에서는 '괄호'가 반복적으로 드러난다. 이 '괄호'는 모호하고 추상적인 장소에 대한 '유보'로서의 상징적 의미를 가지고 있다. 〈 〉, ( ), { }와 같은 괄호는 자신만의 영역을 의미하며 그 속의 주체는 어떤 평온함과 안도감을 느낀다. '괄호 안에서 다시 괄호 안에서/ 자랐기 때문일까 달팽이처럼', '모난 괄호'와 같은 구절처럼 이 괄호 안에서는 자유로울 수 있고 어떤 불안감도 사라진다. 무엇보다 이 괄호 속의 숨은 시적 주체는 스스로 외부로부터 단절되고 은폐됨으로써 어떤 고통이나 트라우마로부터 자신을 방어할 수 있다. 때문에 둥글고 모난 모양의 다양한 '괄호 속에 숨는다'는 것은 또 하나의 무의미를 만드는 일이기도 하다.

이처럼 김춘수는 『처용단장』을 통해 관념이나 의미 그리고 역사에 드러나는 허무의 빛깔을 보여주며 "말의 긴장된 장난"

이라는 절망의 행위를 보여주고 싶었던 것이다.[9] 혼종적 상상력에 기인한 낯선 이미지는 탈중심적 장소를 통해 기존의 의미를 해체하거나 일탈함으로써 '무의미'라는 새로운 의미를 창조하게 된다. 그러므로 『처용단장』은 '단일 의미'를 드러내기 위한 '닫힌' 텍스트가 아니라, 다양한 의미를 생성하고 해석해 내는 '열린 텍스트'로서 이질적 장소들을 통해 '무의미'의 다양한 특징들을 명징하게 보여주고 있다.

'통영'과 '바다' 그리고 고향의 헤테로토피아

'고향'에 대한 애착은 지리적인 환경과 더불어 자신이 거주한 장소에 대한 심리적·정서적 장소감으로 드러난다. 텍스트에 드러나는 '고향'은 유토피아와 회귀의 장소로써 일상의 공간과 구분되며 내면 공간을 재구성하기도 한다. 자연의 일부이자 공동체의 일원으로서 '고향'은 실제 지리적이고 물리적인 공간에 투영된 생명의 근원으로서의 원초적 자아를 구성하는 헤테로토피아이다. 과거의 회상을 통해 시간을 축적하는 영원성의 헤테로토피아는 생명의 근원을 일깨우는 현실적 공간으로서의 유토피아적 장소이다. 이러한 '고향'이라는 장소에서는 출생과

---

[9] 김춘수, 「의미에서 무의미까지」, 『김춘수 시론전집 Ⅰ』, 현대문학, 2004, 538-539쪽.

모성에 대한 그리움이 '원형'으로 묘사되며 회복이나 성찰과 같은 무의식적 본능이 혼종화된 영원성의 헤테로토피아적 특징을 드러내게 된다. 타향 생활을 하던 김춘수는 고향을 그리워하며 '지도에 그려진 내 고향 통영, 거기(지도)서도 가끔 새 나는, 물새가 우는 소릴 나는 들었다. 가늘고 애처롭고 너무 길어 끝이 보이지 않던, 길'(「부유스름 혹은 뿌유스름」)들을 떠올렸던 그는 고향 '통영'과 유년의 기억을 자주 시에 소환하였다.

    바다가 왼종일
    생쥐 같은 눈을 뜨고 있었다
    이따금
    바람은 한려수도에서 불어오고
    느릅나무 어린 잎들이
    가늘게 몸을 흔들곤 하였다

    날이 저물자
    내 늑골과 늑골 사이
    홈을 파고
    거머리가 우는 소리를 나는 들었다
    베꼬니아의
    붉고 붉은 꽃잎이 지고 있었다
                     -『처용단장』1부 1 부분

『처용단장』의 첫 번째 시에는 김춘수의 고향 '통영'에 있는 "한려수도"가 앞부분에 등장한다. 연이어 고향의 "느릅나무 어린 잎들", "배꼬니아의 붉고 붉은 꽃잎"과 같은 유년의 통영 바다 풍경을 그리고 있다. 하지만 '가늘게 몸을 흔드는', '거머리가 우는 소리'. '눈 속에서 익어가던 개동백의 붉은 열매'와 같은 이미지들은 고향의 풍경들이 꼭 환하고 아름다운 것만이 아니라 어둠에 가려진 그늘진 곳도 있었음을 의미이다. 김춘수는 이 시의 창작 노트 격인 「처용, 그 끝없는 변용」에서 시적 자아인 '처용'과 고향에 대한 자신의 기억을 자세히 서술했다. 동해의 아들인 처용이 바다가 되어버린 사연이라든가, 한려수도로 트이는 남쪽 바다에는 봄이면 유자가 겨울에는 죽도화가 핀다든가. 그런 '바다'가 태어나고 자라는 동안, 또 다른 바다가 죽기도 하고 또 발가벗기기도 한다는 이야기를 하고 있다. 그 바다의 가장 깊은 곳에 산유화가 지기도 하고 그런 바다를 '한 사나이가 한쪽 손에 들고' 오는 고향의 모습들은 대체로 몽환적이고 혼종적 상상력이 엿보인다.

말하자면 그에게 통영의 '바다'는 이상향으로서의 '유토피아'와 현실로서의 '디스토피아'가 서로 길항하는 장소이다. 원형적인 알레고리와 관련된 표현들에서는 호기심과 두려움이 많던 소년의 자의식이자 불안하고 섬약한 성장기 소년의 고독한 감정들을 잘 묘사하고 있다. 또한 무시간성으로서의 영원과

1960년대 통영의 옛 나루터

죽음, 고통이나 정화와 같은 양상들이 시간과 공간 그리고 현실과 환상의 경계를 넘나들고 있다.

> 눈보다도 먼저
> 겨울에 비가 오고 있었다
> 바다는 가라앉고
> 바다가 있던 자리에
> 군함이 한 척 닻을 내리고 있었다
> 여름에 본 물새는
> 죽어 있었다
> 물새는 죽은 다음에도 울고 있었다
> 한결 어른이 된 소리로 울고 있었다
> 눈보다도 먼저
> 겨울에 비가 오고 있었다

> 바다는 가라앉고
> 바다가 없는 해안선을
> 한 사나이가 이리로 오고 있었다
> 한쪽 손에 죽은 바다를 들고 있었다
>
> — 『처용단장』 1부 4 전문

『처용단장』 1부의 '바다'는 현실의 풍경과 시인의 내면 풍경이 혼종된 공간으로 다양한 이미지로 그려지고 있다. 그런 점에서 유년의 고향인 '통영'과 그 '바다'는 시인의 시세계를 해석하는 데 있어서 중요한 준거점이 된다. 그곳은 지도상에 존재하는 현실적 장소이면서 동시에 모든 장소의 바깥에 위치하는 '열림의 장소'이자 '닫힘의 공간'이다. 개인들의 특별한 경험을 상기시키는 기억의 장소로서 현실화된 유토피아가 바로 시인에게는 고향인 '통영'과 그 '바다'이다. '들창 곁에 欲知 앞바다만한 바다'처럼 시인의 무의식에 자리잡은 '바다'는 뱃고동이 울고 "크나큰 바다가" 저물면 시인의 마음에도 아프고 우울한 그늘이 자리한다. '전라도 여수로 빠지는 통영군 산양면 바다쪽 비탈의 양지'(「방풍」)에서 자라는 해풍에 절은 '방풍'의 냄새. 그 냄새는 김춘수에게 유년의 고향을 생각하게 하는 냄새이다. 한 인간의 유년기에 남은 이 냄새는 이 세계에 대한 내밀성의 중심

이 되는 중요한 감각체이다.[10]

그런 점에서 '통영의 봄은 바다에서 와서 바다 너머로 가버리'고(「의자를 위한 바리에떼」) 바닷바람에 실려오는 '송진냄새' 또한 시인이 오랫동안 기억하고 있는 유년의 고향 냄새이다. "한려수도"에서 불어오는 봄바람과 3월의 방풍 냄새가 마을과 거리에 가득 차 있는 고향은 안개 속에 가려진 것처럼 때로는 비현실적인 공간으로 재현되며『처용단장』1, 2부의 주요 장소로 등장한다. 특히 '바다'는 "무한공간으로서 모든 불행과 고통을 받아들이거나 그것을 이겨내고 극복할 수 있는 의지의 공간"으로 하늘과 바다가 연결된 수평선과 그 너머의 피안은 꿈과 희망, 슬픔과 행복, 아름다움과 추함이 길항하는 장소이다.

① 내 곁에는
바다가 잠을 자고 있었다
잠자는 바다를 보면
바다가 또 제 품에
숭어새끼를 한 마리 잠재우고 있었다
    −『처용단장』1부 3 부분

---

[10] 가스통 바슐라르,『몽상의 시학』, 김웅권 옮김, 동문선, 2007, 176쪽.

② 어항에는 크낙한 바다가/ 저물고 있었다./ VOU하고 뱃고동이 두 번 울었다

  　　　　　　　　　　　－『처용단장』1부 6 부분

③ 내 손바닥에 고인 바다,
  그때의 어리디 어린 바다는 밤이었다.
  새끼 무수리가 처음의 깃을 치고 있었다

  　　　　　　　　　　　－『처용단장』1부 8 부분

④ 바람은 또 한 번 한려수도에서 불어오고/ 겨울에 죽은 네 무르팍의 피를 바다가 씻어주고 있었다

  　　　　　　　　　　　－『처용단장』1부 12 부분

⑤ 갓 태어난 바다/ 갓 태어난 北新里의 하늘을/ 작은 제 겨드랑이에 끼고 그날 아침 木星에서 날아온 / 새 한 마리

  　　　　　　　　　　　－『처용단장』3부 13 부분

⑥ 호주 선교사네 집/ 회랑의 벽에 걸린 청동시계가/ 겨울도 다 갔는데/ 검고 긴 망토를 입고 걸어오고 있었다/
  내 곁에는/ 바다가 잠을 자고 있었다/ 잠자는 바다를 보면/

바다는 또 제 품에/ 숭어새끼를 한 마리 잠재우고 있
었다/

-『처용단장』 1부 3 부분

위 시들에서 '바다'는 다양한 모습으로 그려지고 있다. 숭어새끼와 같은 생명들을 잠재우기도 하고, "내 손바닥"에 고일 정도로 작아서 또 새끼 무수리가 처음 깃을 치던 그런 무한한 동경의 공간이다. 즉 바다는 하나의 생명을 탄생시키는 신비의 장소로서 원초적인 모성의 공간이다. 사나이들의 억센 팔처럼 온전하고 건강한 생명을 상징하는 곳으로 외부의 폭력으로부터 자유로운 공간이기도 하다. 그런 점에서 "갓 태어난 바다"나 "갓 태어난 北新里의 하늘" 그리고 "새 한 마리"는 시인의 내면에 기억된 유년의 공간은 그대로 현실의 유토피아가 된다.

특히 『처용단장』 뿐 아니라 산문에서도 '호주 선교사네 집'이 자주 등장하는데 그것은 그가 호주 선교사가 운영하는 미션 계통의 유치원에 다녔기 때문이다. 2층 벽돌집의 베란다에서 두꺼운 검은 책을 읽고 있던 선교사 원장과 그 집에 대한 기억. 끈끈한 바닷바람 속의 탱자나무 울타리 그리고 모래밭을 기어가던 모과빛 게들과 물새의 울음소리들. 이런 이국적인 풍경 속에 있던 호주 선교사네 집 붉은 벽돌의 모습들은 시인의 원형적 기억으로 자리한다.

멀리서 바다가 우는 소리를 나는 듣곤 하였다. 그건 무섭고 외롭고 슬픈 소리지만, 한없이 그리운 소리이기도 하였다. 십수 년을 바다가 없는 대구로 와서 살게 되었지만, 요즘도 간혹 대낮이고 한밤이고 할 것 없이 저 멀리서 바닥 우는 소리를 환청으로 듣는 때가 있다. 무섭고 외롭고 슬픈 속성들은 다 바래지고 요즘에 환청으로 듣는 겨울바다의 울음소리는 그지없이 그리움만 자아내준다. 누군가의 살 속을 언제까지나 파고드는 그러한 느낌이다. 얼굴을 묻고 비비고 싶은 충동을 자아낸다. 50년이 넘으면 인생이란 결국 그런 것인가 보다.[11]

'유년'은 한 인간의 일생에서 자신의 무의식을 형성하는 중요한 시기이다. 특히 기억 속에 있는 고향의 원초적 공간들은 현실에 존재하는 장소이자 장소 바깥에 있는 공간이다. 유년에 들었던 외롭고 무서운 바닷소리. 그 슬픈 바닷소리가 50년이 지나 도시 생활을 하는 시인의 귀에 내내 환청으로 들린다는 것. 그럴 때마다 어딘가에 얼굴을 묻고 싶은 충동은 그 바다가 모성적 의미로 자리잡고 있기 때문이기도 하다.

이처럼 『처용단장』의 '바다'는 원형적 공간이자 창조적 생

---

[11] 김춘수, 「한밤에 우는 겨울바다」, 『김춘수 시론전집 Ⅰ』, 현대문학, 2004, 495쪽.

1960년대 통영 욕지면

바다가 보이는 절벽 길 위로 소를 몰고 가는 어린 목동.

명의 공간으로 죽음이나 환생 그리고 정화와 구원으로서의 헤테로토피아로 작용한다. 하지만 창조와 신비의 풍요로움 이면에는 생명 파괴와 죽음과 같은 고통을 동시에 느끼게 한다. 창조 공간이자 폐허의 장소로서 흐린 바다, 슬프고 황폐한 바다, 먼 수평선에서 구름과 벗하고 있는 바다. 그런 바다는 세상 어디에나 있지만 또 어디에도 속하지 않는 현실의 유토피아이다. 시작과 끝, 시간과 공간, 현실과 이상의 경계를 허무는 이 헤테로토피아는 유년의 낭만적 아이러니의 시세계를 단적으로 보여주고 있다.

이처럼 '고향'은 한 개인의 무의식 속에 잠들어 있는 원초적인 시간과 원형적 공간의 장소를 끊임없이 재생한다. 그것은 우리가 살아가는 현실 속의 실재 공간이면서 동시에 부재하거나 존재적 위치에 대한 의미를 성찰하게 하는 이종적 장소이다. 『처용단장』에는 유년의 아름다움과 자유로움 그리고 고통의 추억들이 고향 '통영'의 '바다'를 통해 형상화되고 있다. 시인의 잠재된 시적 체험들이 '무의미'라는 실험을 통해 헤테로토피아 공간에서 새롭게 형성되거나 해체되어 드러난다. 그것은 시인이 자신의 삶에서 잃어버린 꿈과 희망을 되찾고자 하는 무의식적 욕망이 '낯선 이미지'와 '리듬'으로써의 무의미를 헤테로토피아라는 장소를 통해 형상화하였기 때문이다.

세다가야서와 '감옥'이라는 규율과 일탈의 장소

'역사'와 '이데올로기' 그리고 '악㤖'을 동일한 것으로 본 김춘수는 한 개인에게 가한 시대적 폭력의 상징적 장소로서 '세다가야서'라는 '감옥'을 『처용단장』에 소환하고 있다. 현실에 있지만 현실 세계에서 벗어난 '다른 장소'로서의 '감방'은 「부다페스트에서의 소녀의 죽음」에 처음 등장했다. '세다가야서'는 식민지 일본 유학 시절 김춘수가 6개월 동안 갇혀 있었던 곳이다.

앞서 언급한 것처럼, 판옵티콘으로서의 '감옥'은 비정상성으로 규정된 이들을 '배제'하는 공간이며 규율적 권력을 내면화한 공간으로 정의되어 진다. 권력이 자신의 모습을 드러내지 않고 개개인을 규율하고 통제하는 방식으로써 이 '감옥'은 물리적 구속의 공간일 뿐만 아니라 '식민지'라는 당대의 시대 상황을 상징하는 공간이기도 하다. 즉 시적 주체의 존재론적 불안을 야기하며 인간성을 말살시킴으로써 자아의 정체성마저 소멸시키는 장소이다. 실제로 김춘수는 자신의 감옥 체험에 대해 진술하며 고문의 공포와 죽음이라는 트라우마에 오랫동안 갇혀 있었음을 지속적으로 진술했다.

> 나는 그때 상상력의 힘이 얼마나 큰 것인가를 실감할 수 있었다. 하얀 동앗줄과 일본식 커다란 죽도竹刀와 욕탕에 가득 차 있는 찬물을 보았을 때 내 머리에는 온갖 흉측한 장면이 다 떠올랐다. 나는 눈을 감았지만 어떤 사태가 지워지기는커녕 더욱 선명해지기만 했다.
> 나는 아주 초보의 고문에도 견뎌내지 못했다. 아픔이란 것은 우선은 육체적인 것이지만 어떤 심리 상태가 부채질을 한다. 그렇게 되면 사람의 육체적 조건은 한계를 드러낸다. 손을 번쩍 들고 만다. 사람에 따라 그 한계와 넓이에 차이가 있겠지만 그 한계를 끝내 뛰어넘을 수는 없을 듯하다. 한계에 다다르면 육체는 내가 했듯이 손을 번쩍 들어버리거나(실은 내 경우에는 민감한 상상력 때문에 지레 겁을 먹고 말았지만) 까무러치고 만다. 그러나 까무러칠 때까지 버틸 수 있는 사람은 극히 적은 수일뿐이다. 그런 사람은 자기의 그 육체적 한

계를 뛰어넘었다고 생각할 것이다. 그것을 또한 정신력이라고 말하기도 한다.[12]

김춘수에게 '감옥'은 "온갖 흉측한 장면"의 고문을 떠올리게 하는 공포의 장소이다. 몸이 약한 그는 아주 약한 고문에도 견뎌내지 못했다고 고백했다. 무엇보다 예민한 상상력 때문에 오히려 지레 먼저 겁을 먹고 까무러치고 말았다는 것이다. 이처럼 '감옥'은 인간의 한계를 극한으로 시험하는 곳으로서 자유를 구속하고 격리하는 '억압'의 장소이다. 이것은 실제 감옥이 갖는 물리적 속성으로써 시적 주체의 정신을 규정하고 통제한다. 어떤 한 공간으로 들어간다는 것은 그 주체의 행동이나 의식이 그 공간의 작동 방식에 맞도록 규정 지움을 의미한다. 그런 점에서 김춘수에게 '감옥'은 자기 반영의 트라우마를 극단적으로 재현하는 반反장소이다. 보이지 않는 권력으로 신체를 물리적으로 구속하고 고문함으로써 개인의 행동을 규제하고 주체의 정신을 규율하는 공간이다. 이러한 '감옥'은 인간의 신체를 길들임으로써 주체를 순종적으로 만드는 공간이다. 즉 공포감을 조성함으로써 외부의 시간이나 공간과 단절시켜 존재적 불안을 야기시킨다.

---

[12] 김춘수, 『꽃과 여우』, 『김춘수 시론전집 I』, 현대문학, 2004, 189-190쪽.

특히 『처용단장』 3부에서는 이 규율의 헤테로토피아가 반복적으로 형상화되며 지배적인 공간으로 등장한다. 그것은 시인의 세계관과 내면의식에 깊이 각인되어 있기 때문인데, 그런 점에서 '감옥'이라는 헤테로토피아는 김춘수의 무의미시 해석의 중요한 열쇠라고 할 수 있다.

그의 경험적 장소로서 식민지의 미세 권력이 작동했던 세다가야서의 감옥은 조선 유학생들에게는 '통제'와 '식민지'라는 이중 억압을 상징하는 장소이기도 하다. 공간이 인간의 의지와 행위로 형성되는 곳이라면 역으로 그것은 존재하는 사람들의 행동과 사고의 틀을 만들거나 지운다. 특히 '감옥'이라는 공간의 본질은 몸과 정신을 동시에 길들인다. 그리하여 그 속에 갇힌 수감자들을 통제하고 규율함으로써 오히려 그 자신이 스스로를 감시하는 기제로 작동된다.

> 나라가 없는 나는／ 꿈에 나온／ 조막만한 왜떡 한쪽에
> 밤마다／ 魂을 팔고 있었다／ 누구도 용서해주고 싶지 않았다
> — 『처용단장』 3부 14 부분

> 들창 밖으로 날아간 새는／ 해가 지고 밤이 와도／ 돌아와주지 않았고

가도 가도 내 발은/ 세다가야서 감방/ 천길 땅 밑에 있었다.

－『처용단장』 3부 14 부분

엊그제께 갑자기 네 입은 나처럼/ 울대를 잃었구나/ 말을 못하는구나.

－『처용단장』 3부 16 부분

걷어차이고 짓밟히는 것은/ 남의 뼈 남의 살인데/ 누가 어디서 소리 죽이고 이 갈며/ 울고 있다

－『처용단장』 3부 17 부분

위 시편들에서도 "나라가 없는 나는" 이 먼 타국의 "감방"에서 "조막만한 왜떡 한쪽에" 밤마다 "혼"을 팔며 누구도 용서해주고 싶지 않았다는 고백이 드러난다. "왜떡 한쪽"으로 상징되는 실존의 문제는 단지 배고픔을 견디지 못한 육체적 고통을 넘어 정신적인 한계와 마주할 수밖에 없음을 부각시키고 있다. 역사적 현실 속에서 한 개인이 겪는 소외와 죽음의 공포는 정신적·육체적 분열을 겪을 수밖에 없으며 그 분열은 결국 탈중심적이고 혼종적 사유로 이어진다. 이러한 시적 체험이 무의식적인 언술이나 헤테로토피아적 상상의 언어를 불러온다.

인간은 자신이 극한 고통에 처할수록 내면에 존재하는 자

신의 분열된 여러 목소리의 실체를 인식하게 된다. 이것은 '감옥'이라는 극한 상황에서 더 심각하게 드러날 수밖에 없다. 세 번째 시에서 "울대를 잃었"다는 것은 '자신의 목소리를 잃었다'는 것으로 정체성의 위기나 혼란을 의미한다. 소리를 가진 자가 "말을 하지 못하는" 상황은 그곳이 개인들의 목소리를 거세하고 소통을 불가능하게 하는 단절의 장소이기 때문이다. 그러므로 그 고립의 상황에서는 기존의 통사 질서를 무시하거나 청자가 부재하는 독백의 언술이 드러나며 이것이 결국 '의미의 일탈'로 이어진다. "걷어차이고 짓밟히"며 "누가 어디서／ 소리 죽이고 이 갈며" 우는 폭력의 장소. 이처럼 보이지 않는 권력의 실체와 마주하며 역사의 이데올로기가 난무하는 억압의 장소에서는 때로 자신의 목소리를 스스로 거세해야만 한다. 이때 시적 주체의 언술은 자신의 경험을 무의식의 혼종적 이미지로 나열하거나 의미의 개연성을 무시하고 확정된 의미에서 벗어나 의미의 해체적 특징들을 보여준다.

요코하마헌병대가지빛검붉은벽돌담을끼고달아나던 요코하마헌병대 헌병군조모에게나를넘겨주고달아나던박승줄로박살내게하고목도木刀로박살내게하고욕조에서기氣를절絶하게하고다아나던창씨創氏한일본성姓을등에짊어지고숨이차서쉼표도 못찍고띄어쓰기도까먹고 달아나던식민지반도출신고학생헌병

보補야스다모의뒤통수에박힌 눈 개라고부르는인간의두개의
눈 가엾어라어느쪽도동공이없는

          -『처용단장』3부 5 전문

  들창 밖으로 날아간 새는/ 해가 지고 밤이 와도/ 돌아와주지 않았고
  가도가도 내 발은/ 세다가야서 감방/ 천길 땅 밑에 있었다

          -『처용단장』3부 16 부분

  줄글로늬어쓰기와구두점을무시하고동사를명사보다앞에놓고잭슨폴록을앞질러포스트모더니즘으로존케이시를앞질러소리내지않는악기처럼미국의한병사가갖다준내쓸개한쪽서럽고도서럽던

    서기 1945년 8월 15일

          -『처용단장』3부 28 전문

  김춘수는 21살 동경 유학 시절, 동포 학생들과 화물선 하역 작업 일을 잠시 했다. 당시 동포 학생 안安의 유도 심문에 말려 총독 정치와 대동아전쟁 그리고 일본 천황에게 한 부정적 말들이 들통나 '불령선인不逞鮮人'이라는 죄목으로 검거되었다. 그는 요꼬하마 헌병대에 갇혔다가 세다가야 경찰서로 이송되어 6개

월 동안 유치되었다. 그후 부산 수상서水上署로 송환되었지만, 일 년 남짓 숨어다녔는데 그때의 불안의식과 고통이 평생의 트라우마가 되어 시인에게는 불능의 상처가 된 것이다. 위의 시편들에 보이는 것처럼 띄어쓰기와 통사법을 무시한 시형식은 쫓기거나 격앙된 듯한 불안한 시적 주체의 무의식으로써 해체되고 혼종된 언어 양상을 보인다. 이러한 '감방'이라는 판옵티콘적 장소에서는 억압된 감정들이 언어의 관습적인 형식에서 벗어나 의미의 일탈이나 부재로서의 낯선 형식을 추구하게 된다.

특히 『처용단장』 3부와 4부에는 전반적으로 시인의 감옥 체험과 고통에 대한 사실적 묘사가 비교적 자세히 서술되어 있다. "요코하마헌병대", "박승줄", "목도木刀", "욕조에 기氣를 절絶하게 하고"처럼 실제 현장의 상황을 자세히 묘사하고 있다. 동포학생 안安은 한국 이름 대신 창씨개명한 "야스다모"라는 이름으로 시인을 밀고한 뒤 '숨이차게' 달려간다. 그의 '뒤통수에 박힌 눈'에 '동공이 없다'는 표현 또한 주목된다. 자신의 눈과 얼굴을 지운다는 것은 정체성을 지운다는 것이고 "쉼표도 못 찍고 띄어쓰기도 까먹고" 도망치듯 뛰어가는 뒷모습에서 어떤 윤리적 연민을 느끼기도 한다.

이미 다른 시에서도 '옛날 세다가야의 유치장 취조실에서 만난 그 노인'(「인」)이 생각난다고 했던 김춘수는 이 『처용단장』에 와서 그 '감옥'의 장소를 반복적으로 호출한다. '요코하마

헌병대', '식민지', '세다가야서 감방'과 같은 유폐된 공간은 고문과 같은 역사적 폭력이나 이데올로기로 연결된다. '무정부주의자'로서 '미국의병사가갖다준내쓸개한쪽'이 '서럽고도서럽'다고 반복하며 통사법과 같은 언어 질서를 무시하는 것은 그 고통의 트라우마를 기존의 역사나 인식 체계로 지우거나 설명할 수 없기 때문이다. 이것은 의미의 일탈이나 부재 혹은 혼종적 무질서의 언어를 통한 무의미의 지향이 적절한 해석일 것이다.

이처럼 김춘수에게 '감옥'이라는 헤테로토피아는 정신적, 육체적 트라우마에 평생 갇혀 무력한 존재로 전락시킨 장소이다. "감방이란 희한한 곳이다. 사람을 비참하게 만들고 자신감을 죽이는 이상으로 재기 불능의 상처를 남긴다"[13]는 진술에서도 드러나듯 한 인간을 재기 불능의 상태로 만드는 장소가 '감방'이었다. 그런 측면에서 인간이 육체적 고통 앞에서 얼마나 무력해질 수 있는지, 그 고문의 치욕에서 벗어나기 위한 처절한 발버둥이 '처용'이라는 해탈의 가면에 이른 것이다. 아내를 빼앗기고도 노래와 춤을 추며 자신을 승화시킨 '처용'을 통해 그 굴욕감과 콤플렉스를 극복하려는 의지가 아니었을까. 나아가 스스로의 고통을 위로하고 극복하기 위해 김춘수가 평생 몰두했던 시적 방법이 바로 '무의미시'였던 것이다.

---

13 김춘수, 『꽃과 여우』, 앞의 책, 192쪽.

『처용단장』 3부의 표제인 '메아리'는 산이나 절벽에 부딪쳐 되돌아오는 소리로 시적 자아의 의식과 무의식이 혼종된 사유의 되울림을 의미한다. 특히 '세다가야서'와 '여순감옥', '요코하마 헌병대', '부산 수상서' 등과 같은 이질적 장소들을 반복적으로 거론한다. 이처럼 트라우마적 장소의 반복적 나열은 자신의 체험에 대한 고통과 울분을 '메아리'처럼 누군가에게 되풀이해서 말하고 싶었기 때문이었을지 모른다. '메아리'는 그 자체로 탈장소를 통한 언어의 울림이며 '나의 말'이면서 동시에 '너의 말'이다. 이 말들은 나를 떠나 다시 돌아오게 되는데 다시 돌아온 이 말들은 통사 구조의 파괴와 의미의 해체를 통해 현실의 논리나 합리적 의미를 전복한다. 이처럼 '감방'이라는 장소에서의 시적 주체의 내면적 고뇌와 허무의 절망감은 형식과 관념에 대한 회의로 이어지며 무의미시의 극단적인 언어 해체 양상으로 드러난다.

ㅕㄱㅅㅏㄴㅡㄴ
눈썹이없는아이가눈썹이없는아이를울린다
역사를
심판해야한다 ㅣㄴㄱㅏㄴㅣ
심판해야한다고 니콜라이 베르쟈이프는
이데올로기의솜사탕이다

바보야
하늘수박은올리브빛이다바보야

역사는
바람이 자는가 자는가 하더니
눈이 내린다 바보야
우찌살꼬 ㅂㅏㅂㅗㅑ
　　　　　　　　－『처용단장』 3부 39 전문

새의(무슨 새든)/깃/같은/앵무새 부리/같은/내 눈썹아/
이젠/보인다/용이/된(그때)/늪/에/빠져/죽었다던/내/
눈/의/하늘/인/내/눈썹/아
　　　　　　　　－『처용단장』 4부 3 부분

첫 행에서 '역사'의 자음과 모음을 분해한 것은 그 의미를 해체하여 희화화하고 있음을 의미한다. 글자의 해체는 의미의 해체를 의미하고 동시에 기존의 일의적 해석의 지시성을 떠나 다의적 의미를 지향한다는 것이다. "눈썹이 없는 아이가 눈썹이 없는 아이를 울린다"는 아이러니한 표현 또한 역사적 폭력이라는 비극적 세계관에 대한 풍자이다. 시에 따르면 '역사를/심판해야'하는 주체가 바로 'ㅣㄴㄱㅏㄴㅣ'이다. 이것을 다시 고쳐

쓰면 '인간'만이 인간이 저지른 역사적 과오를 심판하고 심판받을 수 있다는 것이다. 이처럼 글자를 분리하여 낯설게 표현함으로써 '인간'의 의미를 강조하는데 이것은 어떤 이데올로기로도 환원될 수 없는 한 개인의 정체성의 균열에 대한 무의식적 표현임을 알 수 있다. 역사를 '이데올로기의솜사탕이다'라고 말하는 지점 또한 이데올로기에 대한 강한 부정적 시선으로써 그에 대한 회의나 한계를 드러내는 지점이다. 그러므로 "우찌살꼬 ㅂㅏ ㅂㅗㅑ"라고 스스로를 자조하는 목소리에는 역사에 침몰된 한 개인의 비애와 서글픔이 담겨 있다.

이와 같이 의미론적 구분을 무시하는 작위적인 분행은 기존의 관념 구조에서 벗어남으로써 통섭적 의미를 해체하기 위함이다. 그럼으로써 낯선 이미지들이 서로 충돌하거나 여러 의미를 유추해 낼 수 있게 된다. 기존 언어 질서와 대상의 세계를 부정하고 언어의 유희와 통사의 파괴를 통해 혼종적인 의미들을 생성한다. 무엇보다 『처용단장』의 3, 4부에서는 유리된 현실을 재구축하고 이데올로기에서 벗어나 김춘수 자신의 내밀한 역사 공간을 재구축하고 있다.

'감옥'은 푸코 자신이 훗날 마지막까지 몰입하였던 장소로서 규율을 통한 억압의 신체화가 관철되는 곳이자 공간화된 권력의 상징이었다. 『처용단장』에 드러나는 '감옥'이라는 장소 역시 역사와 이데올로기를 알레고리화하며 그것의 폭력에 상처받고 시달렸던 김춘수의 트라우마가 재현된 장소이다. 그가 평생 기억에 각인된 감옥의 고통을 규율과 감시의 반反장소를 통해 재구성해 내며 저항과 전복으로서 다양한 무의미시의 실험 양상을 드러낸 것이다. 이처럼 탈근대적 시적 방법론으로서의 '무의미시'에 대한 실험은 폭력의 현실에 대항하여 기존 관습들을 전복하고 해체하는 탈이데올로기와 반역사의 헤테로토피아적 사유에서 연유된 것을 볼 수 있다. 때문에 '결론 없는 결론'으로 끝을 맺는 『처용단장』은 영원히 반복되는 것이 현실의 '허무'이며, 이 '허무'를 통해 무의미의 해체이자 시적 분열로서 김춘수의 시의식을 명확히 보여준다고 할 수 있다.

사랑하는 나의 하나님, 당신은／ 늙은 비애다／ 푸줏간에 걸린 커다란 살점이다／ 시인 릴케가 만난／ 슬라브 여인의 마음속에 갈앉은／ 놋쇠 항아리다／ 손바닥에 못을 박아 죽일 수도 없고 또 죽지도 않는／ 사랑하는 나의 하나님, 당신은 또／ 대낮에도 옷을 벗는 어리디어린／ 순결이다／ 삼월에／ 젊은 느릅나무 잎새에서 이는／ 연둣빛 바람이다.

— 「나의 하나님」 전문

그 집에는 우물이 있었다./ 우물 속에는 언제 보아도 곱게 개인 계절의 하늘이 떨어져 있었다/ 언덕에 탱자꽃이 하아얗게 피어 있던 어느 날 나는 거기서 처음으로 그리움을 배웠다.

―「집·1」 부분

김춘수의 생가
현재 그의 집은 보존되어 있으나, 그 일부는 상가건물이 지어져 있다.(김학동, 『문학기행, 시인의 고향』, 새문사, 2000)

통영의 여황산餘艎山

김춘수가 '대낮에/ 낮달을 안고 누웠구나'(「여황산」)라고 했던 이 산의 기슭에 충렬사와 세병관 등이 있다.(김학동, 『문학기행, 시인의 고향』, 새문사, 2000)

김춘수 시인 결혼 사진

김춘수는 독립지사 명도석 선생의 자택에서 혼례를 치루었다.(허정도, 『도시의 얼굴들』, 경상대출판부, 2018)

김종삼과 전봉건 시의 헤테로토피아

김종삼과 전봉건은 모두 월남 후 한국전쟁을 겪고 오랜 시간 이념 갈등의 국면에서 '정치적 난민'으로 살았다. 이북에 국적을 둔 월남민들은 1960~1962년에서야 가호적假戶籍을 발급받아 대한민국 국민으로 법적 인정을 받았다. 그 사이 그들은 남한에서 '난민'으로 경계적 영토와 왜곡된 이념의 공간에 머무르며 동시대 정치와 사회 현실의 역설적 모습들을 내면화할 수밖에 없었다. 자의든 타의든 그들은 혼종적인 사이 장소에서 현실의 모순이나 갈등에 더 민감할 수밖에 없었을 것이다. 월남과 실향민의 고독 속에서 자아와 타자 어디에도 편입되지 못했던 그들의 정체성의 혼란이 시의 장소에 그대로 투영되었다. 때문에 그들이 염원하던 유토피아적 공간의 근간에는 시대의 디스토피아적인 현실 인식이 불가피하게 깔려있을 수밖에 없었다.

1960~70년대 김종삼[1]과 전봉건[2] 두 시인의 시에 드러나는

1   김종삼의 공간에 대한 연구로 공현진은 김종삼의 '도시'라는 시적 공간의 추상성이 현실 도피로 작용한 것이 아니라 현실과 부딪히려는 그만의 방식 중 하나이며 때문에 그에게 '도시'란 훼손된 공간으로써 진정성이 상실된 '무장소'로 작용한다고 밝혔다.(공현진, 「김종삼 시의 공간성 연구」, 중앙대학교 대학원 석사, 2015) 또한 김성조는 김종삼 시에 드러난 공간 인식은 부정적 현실에 대한 일종의 대응 의지로 보고 그의 공간을 회피와 초월 공간으로써 이는 현실 회귀의 한 종류로 보았다.(김성조, 「김종삼 시의 '공백 생략'에 나타난 의미적 불확실성과 도피성」, 『한국언어문화』 53호, 한국언어문화학회, 2014, 79-105쪽) 심재휘는 김종삼의 시를 초기/중기/후기로 나누고 그의 공간을 '추상공간'이라고 정의하며, 초기시는 중기에 비해 공간감이 약하며 후기시로 갈수록 내면 안의 무의식적인 억압이나 죄의식으로부터의 트라우마적 공간에서 벗어나기 위해 화해의 공간 등을 모색한다고 보았다.(심재휘, 「김종삼 시의 공간과 장소」, 『아시아문화연구』 30, 아시아문화연구소, 2013, 195-218쪽) 김소현은 레비나스의 '타자'의 개념을 차용하여 김종삼 시에 드러나는 공간을 단순히 물리적인 공간이 아니라 정신적 공간과 실존 구조로써의 타자적인 것들로 구성된 외부적 공간으로 보고 존재의 실존 문제와 직결됨을 논하고 있다.(김소현·김종회, 「김종삼 시에 나타난 타자적 공간 연구」, 『코기토』, 부산대학교 인문학연구소, 2018, 269-290쪽)

2   전봉건의 시 연구에서 공간과 장소에 대한 연구는 다소 미진한 편이다. 다만 그 방향성에 따라 기법적 측면에 주목한 연구, 작품의 창작 시기별 특징 및 변모 양상을 밝히는 연구, 전쟁 체험에 대한 형상화와 시의식의 주제에 대한 연구로 나눌 수 있다. 대표적 연구로 이성모는 전봉건의 초기 시부터 후기 시까지의 흐름에서 시적 변용이라는 통시적 연구와 감각적 상상력의 문제, 전쟁의 체험, 환상 체험, 에로스의 체험 등으로 나눈 공시적 검토를 통해 전봉건을 생명의 시인이라 평가하였다.(이성모, 「전봉건 시 연구」, 경남대학교 박사학위논문, 1990) 문혜원은 '사랑'이 전봉건 시의 실체임을 밝히며 그러한 사랑을 통해 전쟁의 상흔을 치유하고 타자에 대한 믿음을 회복하며 그 바탕에는 생명력의 영구불변함에 대한 믿음이 있다고 밝혔다.(문혜원, 『한국 현대시와 모더니즘』, 신구문화사, 1996, 55쪽) 박주현은 전쟁 체험을 형상화하는 미적 원리가 역동적 상상력에 기반해 있음을 밝히며, 바슐라르 이론을 원용하여 전봉건 시의 시적 근거를 제시하였다.(박주현, 「전

헤테로토피아는 현실에 대한 '이의 제기'로써 이상과 현실, 자유와 억압이라는 대립적인 가치 속에서 모순과 저항으로서의 혼종적이고 환상적인 모습을 보인다. 한 편의 시에 형상화된 특정 장소가 좁게는 시적 주체의 내면과 체험으로 넓게는 세계와의 관계를 드러낸다면 이것은 당시 위축되었던 사회적 억압으로부터 비교적 자유로운 시의 서사 공간을 마련해 주고 있는 것으로 보인다.

그렇게 본다면 김종삼 시의 '아우슈비츠'나 '원정' 그리고 전봉건의 장시나 연작시에 나오는 '옥獄'과 '마카로니 웨스턴'과 같은 이질적인 장소들이 시에 호출된 것은 그들 스스로의 삶의 절박함과도 관련이 깊다고 추측할 수 있다. 시대 현실과의 긴장과 불화가 시인으로 하여금 새로운 장소를 모색하게 한다면 그곳은 바로 이 현실의 '바깥' 즉 현실에 이의를 제기하는 이소성의 장소일 것이다. 이러한 탈질서의 공간들은 지금 여기 '없는 장소'를 통해 역설적으로 '있는 장소'의 모순과 비실재성을 부각

봉건 시의 역동적 상상력 연구」, 서울대학교 석사논문, 1997) 그리고 특정 시집을 대상으로 그 시집의 작품들을 시대순으로 나누어 시세계의 변화과정을 살핀 연구들(김경수, 「없음을 통한 있음의 세계」, 『피리』, 문학예술사, 1979, 75쪽 ; 이승훈, 「추락과 상승의 시학」, 『새들에게』, 고려원, 1983 ; 최동호, 「실존하는 삶의 역사성」, 『아지랑이 그리고 아픔』, 혜원출판사, 1987)이 있다. 또한 황인찬은 전봉건이 추구한 '현대성'이 그의 전쟁 체험과 밀접한 관련이 있다고 보고 장시와 연작시를 중심으로 살폈다.(황인찬, 「전봉건의 현대성 연구」, 중앙대학교 석사논문, 2015)

하기 때문이다.

　김종삼은 1960년대 들어서면서 '전쟁'과 관련된 주제에 더 천착하였으며 그에 대한 증언으로서 윤리적 성찰의 태도를 보였다. 이것은 전후 시인들이 전쟁의 참상에 대한 시를 대부분 1950년대에 쓴 것과 비교되는 지점이며 동시대의 시인들이 더 이상 전쟁에 관심을 두지 않을 때 그는 '아우슈비츠'와 '한국전쟁'을 모티브로 한 시들을 지속적으로 발표했다. 그것은 해방과 전쟁에 대한 자신의 체험과 더불어 그에 대한 윤리의식이 내면화되었기 때문일 것이다. 부조리하고 폭압적인 현실과 끊임없이 불화하는 자신의 모습을 견지함으로써 죄 없이 죽은 이들에 대한 윤리적 애도가 '아우슈비츠'와 '원정園丁'이라는 이질적 장소를 통해 드러난다.

　전봉건 또한 〈후반기〉 동인의 다른 시인들보다 현실과의 관계를 중요하게 여기며 시는 현실과의 정면 대결과 치열한 교섭을 바탕으로 그 위에 새로운 시적 현실을 창조하는 것이라고 밝혔다. 때문에 새로운 현실의 창조를 위해서는 기존의 현실을 전복해야 한다고 보았다. 무엇보다 전봉건 또한 이 시기 김수영과 '사기詐欺 논쟁'으로 현실 인식과 시 창작에 있어 더 깊은 고민에 처해 있었다.[3] 그가 장시나 연작시와 같은 새로운 형식의 시를

3　　1960년대 중반, 언어 실험과 순수시를 추구하던 전봉건은 당시 참여시를 썼던

발표했던 것⁴ 또한 그러한 의도와 연관되어 있다고 볼 수 있을 것이다. 즉 역사적·사회적인 상황을 민감하게 수용하는 '장시'의 특징을 고려한다면 이러한 장르의 선택과 시에 호출된 이질적 장소는 시인의 현실 인식에서 촉발된 것이라 볼 수 있다. 장시집 『춘향연가』의 '옥獄'이라는 폐쇄된 장소와 '마카로니 웨스턴'이라는 서부영화 속 장소는 한 사회가 일상적으로 규정하는 것의 '바깥'에 위치하는 장소로서 부조리한 당시 현실에 대한 역설적 재현이라 할 수 있다.

1960, 70년대의 두 시인의 시에 드러나 '모순과 전복'의 헤테로토피아는 판옵티콘적 시대의 부정적 현실에 대한 이의제

김수영과 '사기詐欺 논쟁'을 벌였다. 1964년 김수영이 『사상계』 12월호에 「〈난해〉의 장막」이란 글을 발표하면서 시작된 이 논쟁은 같은 해 11월 『세대』에 발표한 전봉건의 시론 「환상과 상처」를 들어 '시인의 양심을 저버린 채 기술만을 구사하는 시를 주지적인 현대적인 시라고 하는 것은 사기'라 질타하면서 촉발되었다. 이에 전봉건은 1966년 『세대』 2월호에 「사기론-김수영 시인에게 부쳐」에서 김수영이 강조하는 '사상'에 대해 연장으로 찍어내는 "부로크와 같은 성질"의 것이라고 하며 그의 시와 논리에 대해 비판하고 반박하였다. 이에 김수영은 같은지 3월호에 「문맥을 모르는 시인들-〈사기론〉에 대하여」라는 글을 재반론했고, 다시 전봉건은 그에 대한 반박문을 썼지만 발표되지 않았기에 확실하게 끝맺음 되지는 못했다.

4 전봉건은 1053행의 장시집 『춘향연가』(성문각, 1967)와 연작시집 『속의 바다』(문원사, 1970)를 각각 출간하였다. 오세영은 장시와 연작시의 구분하며 「춘향연가」와 「사랑을 위한 되풀이」는 장시인 반면 「속의 바다」는 연작시로 보았는데 이 연작시는 개개의 작품이 각각 독립성과 완결성을 지니고 있으며, 연작시는 장시의 범주에 들지 않는다고 보았다.(오세영, 「장시의 가능성과 다양성」, 『현대시학』, 1988. 8월호, 53쪽)

기이자 저항으로 볼 수 있다. 이러한 장소의 호출은 반인간적이고 억압적인 체제에 균열을 내며 우리의 삶과 시간 그리고 역사가 침식되어 가는 현실에 대한 위기의식으로서의 시적 대응일 것이다. '다른 공간'이자 '타자의 공간'인 헤테로토피아는 지금 현실에 '없는 장소'의 실제화를 통해 현실적 공간에서 벌어지는 부조리에 이의를 제기하는 저항과 전복으로써의 시의 역할을 증명하는 것이다.

그런 점에서 이 시기 정치와 이념이 왜곡된 공간에서 월남민으로 살아야 했던 김종삼과 전봉건은 소외와 억압적 자의식으로서 헤테로토피아적 사유가 시에 내면화될 수밖에 없었던 것이다. 앞서 언급했듯이 그들이 대한민국 국민으로 인정받았던 1962년은 정부가 '이북오도청'을 법적 차원으로는 인정하면서 '미수복' 지역에 대한 행정 체제를 공식화했던 때이다. 때문에 이 시기 월남한 많은 이들은 '두 개의 국경'이라는 딜레마 속에서 '이중국적'의 운명을 피할 수 없었으며[5] 이념의 경계에 늘 노출될 수밖에 없었다.

김종삼과 전봉건 시의 지배적인 공간이었던 '아우슈비츠'와

---

[5] 그들은 미수복 상태에 있었던 이북의 대한민국 영토의 주민이자, 군사분계선 이남의 대한민국 정부의 국민이기 때문이다.(정주아, 「두 개의 국경과 이동의 딜레마 : 선우휘를 통해 본 월남 작가의 반공주의」, 『한국현대문학연구』37, 2012. 8.)

'원정' 그리고 '감옥'이나 '마카로니 웨스턴'과 같은 장소는 시대 상황에 대한 현실 대응인식으로 그들의 시세계를 새롭게 해석하는 단초가 될 것이다. 말하자면 이들의 시에 드러나는 공간은 감시와 통제의 현실 공간이자 이상과 상상의 장소로써 현실에 없는 장소의 실재화를 강조하는 반反장소이다.

이처럼 현실의 부재와 환대를 번복하는 두 시인의 시에는 이들이 염원하던 유토피아와 디스토피아적인 현실 인식이 불가피하게 깔려있을 수밖에 없었다. 월남과 실향민의 고독 속에서 자아와 타자 어디에도 편입되지 못했던 자신들의 혼란스러운 정체성이 '다른 공간'으로서 부조리한 현실에 균열을 내는 반反장소에 그대로 투영된다. 그런 측면에서 그들은 이러한 헤테로토피아를 통해 우리가 현실을 떠날 수는 없지만, 규칙을 만들고 통제하는 판옵티콘과 같은 사회나 체제에 저항할 수 있다는 가능성을 제시하고 싶었던 건 아닐까.

'아우슈비츠'라는 모순과 이질성異質性의 장소

1921년 황해도 은율에서 태어난 김종삼은 형 김종문이 육군 중령이었기 때문에 반동 가족이라는 낙인을 피하기 위해 월남한다. 1970년에 발표한 시 「민간인」에 그러한 지점이 잘 형상화되어 있다. 월남하던 이들이 한배를 타고 '용당포'를 건널

때 우는 아기를 바다에 던진 사건을 진술하며 '영아嬰兒'의 죽음으로 생존한 이들 즉 살아남은 자들에 대한 윤리적 질문을 던진다. 그 사건이 일어난 지 20년이

김종삼 시인(1921~1984)

지난 후에도 그는 여전히 그 기억에서 자유로울 수 없었는데 그렇다면 오랜 시간이 흐른 70년대에 들어와서야 비로소 그 사건을 다시 호출하며 그가 말하고 싶었던 것은 무엇이었을까.[6]

그는 해방과 한국전쟁 그리고 4·19로 이어진 일련의 역사적 체험을 내면화하며 당대 시단과도 거리를 두면서 순수 예술세계를 추구하는 시인과 예술가들을 시 속에 소환하였다. 음악 또한 대중음악을 멀리하고 고전음악을 들었는데 전봉건 시인은 이런 김종삼을 두고 '그는 타고난 생리 탓으로 현실 타협을 몰랐

---

[6] 김종삼은 산문 「피란길」에서 자신의 '월남'에 대한 기억을 다음과 같이 진술하였다. "걷고 걷던 7월 초순 경, 지칠 대로 지친 끝에 나는 어떤 밭이랑에 쓰러지고 말았다. 살고 싶지가 않았다. (중략) 반동 가족들은 모조리 참살한다는 소문을 들으면서 수원에서 조치원, 그곳에서 다시 남쪽을 향하여 노숙을 하며 걸었다. 나의 양친이 피란을 못 떠나고 서울에 남이 있었던 것이다. "환난의 날에 날 부르라, 내가 너를 건지리니"라는 그리스도의 말이 무색하였다."(김종삼, 「피란길」, 『전집』, 305-306쪽)

뒷줄 맨 오른쪽, 군복 입은 김종문
(김종삼의 형)

습니다만 그런 까닭에 스스로 죽는 죽음을 죽음으로써 이 어려운 시대를 산 진실로 '한 점 부끄럼이 없는' 시인의 길을 열었다'고 하였다. 이처럼 김종삼은 안일한 자신을 윤리적으로 정당화하지 않았으며 운명에 맞서 혹은 운명에 따라 실패하더라도 자신의 신념에 따른 비극과의 대립을 포기하지 않았다.

무엇보다 전대미문의 유대인 대학살이었던 '아우슈비츠'를 기억에서 지울 수 없었던 것 또한 한국전쟁과 월남에서 비롯된 비극적 체험과 윤리적 자각 때문일 것이다. 임지연[7]은 김종삼의 아우슈비츠나 전쟁과 관련된 죄의식은 '수치심'에서 비롯된

---

[7] 임지연은 김종삼의 아우슈비츠와 관련된 감정을 '수치심'이라 해명했다. 죄책감과 수치심이라는 두 감정은 도덕적·자의식적·부정적 감정이라는 내면화하며 대인 관계에서의 경험이나 도덕적 실수(위반)에서 생기는 감정이라고 보았다. 이들의 차이는 수치심은 어떤 도덕적 실수를 저질렀을 때 거의 대부분 자아 자체가 문제시된다. 하지만 죄의식은 부분적인 특정 행위에 대해서만 부끄러움을 느낀다는 것이다. 때문에 수치심은 더 큰 고통을 수반한다고 보았다. 또한 수치심은 관찰자와 관찰당하는 자가 서로 분열되는 반면, 죄책감은 통일된 자아가 유지된다. 그러므로 수치심은 타자의 시선으로 자기의 도덕적 결점들을 가치평가 할 때 생기는 부정적 감정이라고 보았다.(임지연, 「김종삼 시의 수치심 연구」, 『한국문학이론과 비평』 68, 한국문학이론과 비평학회, 2015. 9.)

것으로 개인의 심리적인 차원과 사회적 차원을 동시에 접근한 감정이며 월남민 의식뿐만 아니라 전쟁과 부조리한 세계에 대한 증언의 형식으로 보았다.

전후 급속한 경제발전과 군부독재의 현실에서 경계인으로 살아야 했던 그는 전쟁의 폭력뿐 아니라 이 사회의 부조리를 시로써 증언하고 실천하고자 했다. 특히 '아우슈비츠'와 관련된 시를 통해 세계의 폭력에 대한 저항으로서 우리 사회가 망각한 타자의 희생을 기억하고 그것에 대한 윤리적 책무를 다하려고 하였다.

'월남인'이라는 자의식은 김종삼으로 하여금 1960, 70년대 우리 사회의 억압과 규율이라는 권력의 내면화가 자기 검열로 이어진 것이었다. 특히 60년대 이후부터 발표하기 시작한 '아우슈비츠' 연작들은 현실의 억압에 대한 비판적 자각인 동시에 이 사회가 판옵티콘으로 확대된 거대한 '수용소'라는 인식에 비롯된 것이다. 이는 근대 사회가 가진 부조리의 대표적 상징이며 학살과 공포의 장소로 표상되는 '아우슈비츠'는 그 자체로 '인간이 저지를 수 있는 모든 악'의 상징적 의미를 뜻한다.[8]

---

[8] 알라이다 아스만은 '아우슈비츠'라는 장소는 "일견 그렇게 보일 수 있지만 박물관이 아니다. 그곳은 본질적으로 그런 전제조건을 가지고 있긴 하나 공동묘지도 아니요. 여행객들로 꽉 채워져 있지만 여행 장소도 아니다. 그곳은 이 모든 것이 하나로 녹아 있는 것이다. …. 우리의 언어는 아우슈비츠가 어떤 장소라는 것을 표

김종삼의 시에서 아유슈비츠와 한국전쟁에 관한 시는 11편이다. 1957년에 발표한「돌각담」을 시작으로 나머지 10편을 모두 1960년대 이후에 발표하였다. 이 중 아우슈비츠에 관한 시는「종착역 아우슈비츠」(1964),「지대」(1966),「아우슈비츠」(1968),「아우슈비츠 라게르」(1977),「실록」(1977) 등이다. 2차 대전의 참상을 상징하는 '아우슈비츠'를 시작詩作의 모티브로 기억의 부면으로 끌어올린 것은 그 고통이 '지금도' 혹은 '아직까지' 계속되고 있음을 의미한다.

'아우슈비츠'는 학살과 공포 그리고 전쟁이라는 근대적 폭력의 헤게모니에 '침묵할 수밖에 없는' 장소였다. 하지만 '말할 수 없음'이라는 비인간적 만행과 경악은 역으로 '말해야 함'을 인식하고 실천하게 한다. 한나 아렌트는 인간의 '근본악'이 행해진 '아우슈비츠'를 통해 "우리가 가장 최근에 겪은 경험과 공포를 고려하여 인간의 조건을 다시 사유해야 함"을 강조했다. 다시 말해 절대 폭력으로 인한 죽음과 생명 그리고 정치적 공간으로서의 아우슈비츠에 대한 '이의제기'는 진정한 인간의 조건과 장소를 모색하게 하는 헤테로토피아적 사유이다.

현할 수 있는 범주를 가지고 있지 않다"라고 했다.(Aleida Assmann, 변학수 역, 『기억의 공간』, 그린비, 2011, 455쪽)

미풍이 일고 있었다
덜커덕거리며 선회하고 있었다
噴水의 石材 둘레를 間隔들의 두 발 묶인 검은 標本들이

옷을 벗은 여자들이 벤치에 앉아 있었다
한 여자의 눈은 擴大되어 가고 있었다

입과 팔이 없는 검은 標本들이 기인 둘레를 덜커덕거리며
선회하고 있었다
半世紀가 지난 아우슈비츠 收容所의 한 部分을 차지한

-「地帶」전문

시에서는 '죽음의 수용소'에서 벌어지는 학살의 상황들을 현재로 소환하고 있다. "半世紀"가 지났음에도 여전히 그곳에는 입과 팔이 없는 "標本"들로 상징되는 환영들만이 존재한다. 그 모습을 보는 시적 주체 또한 입과 팔이 사라진 채 그 존재들의 고통을 어떤 말로도 표현하지 못하고 있다. "두 발 묶인 검은 標本"들처럼 여전히 그 "地帶"를 선회하며 죽음에 대한 애도와 전쟁의 폭력에 대한 죄의식에 사로잡혀 있다. 여기서 한자로 쓰인 '지대'는 독일군이 수용소 내에 구획해 놓은 유대인 거주지를 의미한다. 유대인들을 규율과 감시로 수용하는 그곳에서 "한

여자의 눈이 擴大되어 가고" 있는 것은 같이 있던 또 누군가가 가스실로 이동하거나 처참하게 죽어가는 광경을 목격하였기 때문임을 유추해 볼 수 있다.

 갇힌 공간인 아우슈비츠에서는 규율 권력에 의한 모든 죽음이 정당화된다. 시인은 마치 마지막까지 살아남은 증인의 시선으로 인간의 무차별적인 폭력이 일상화된 '죽음의 수용소'에서 벌어지는 비극적 참상들을 현재로 소환하고 있다. 월남과 전쟁에서 살아남은 자신처럼 아우슈비츠에서 살아남은 누군가의 시선으로 "半世紀"가 지난 그곳의 부조리를 증언해야 한다고 보았던 것이다. 이러한 폐쇄와 감금의 헤테로토피아가 어떻게 작동되는지를 다음 시에서 더 구체적으로 드러난다.

 어린 교문이 보이고 있었다/ 한 기슭엔 잡초가/ 죽음을 털고 일어나면/ 어린 교문이 가까웠다// 한 기슭엔/ 여전 잡초가/ 아침 메뉴를 들고/ 교문에서 뛰어나온 학동이/ 학부형을 반기는 그림처럼// 복실 강아지가 그 뒤에서 조그맣게 쳐다보고 있었다/ 아우슈비츠 수용소 철조망/ 기슭엔/ 잡초가 무성해 가고 있었다

              -「아우슈비츠 Ⅰ」 전문

관청 지붕엔 비들기떼가 한창이다. 날아다니다간 앉곤 한다/ 문이 열리어져 있는 교회당의 형식은 푸른 뜰과 넓이는 가졌다/ 整然한 鋪道론 다정하게/ 생긴 늙은 우체부가 지나간다 주드러운 낡은 벽돌의/ 골목에선 아희들이/ 고분고분하게 놀고 있고/ 이 무리들은 제네바로 간다 한다/ 어린 것과 먹을 것 한조각 쥔 채

-「아우슈비츠 Ⅱ」

밤하늘 호수가에 한 가족이/ 앉아 있었다// 가족 하나하나가 뒤로 자빠지고 있었다/ 크고 작은 인형같은 얼굴들이다/ 횟가루가 묻어 있었다// 언니가 동생 이름을 부르고 있다/ 모기소리만하게// 아우슈비츠 라게르

-「아우슈비츠 라게르」 전문

「아우슈비츠 Ⅰ」에서는 '학교'의 모습이 수용소와 겹친다. '한 기슭'에 있는 "잡초"는 아우슈비츠라는 장소에서 벌어진 모든 비극적 상황을 다 기억하고 있다는 듯 무성하다. 또 어린 학생이 교문을 지나 부모에게 뛰어가는 모습과 강아지 한 마리만이 아우슈비츠 철조망 사이로 보이는 스산한 풍경을 강조하고 있다. 한마디로 아우슈비츠라는 박해와 굴욕의 역사를 무성한 잡초만 아직도 생생하게 기억하고 있음을 묘사하고 있다.

아우슈비츠역에 도착한 유대인 어린이들(위)
아우슈비츠의 제4가스실(아래)

「아우슈비츠 Ⅱ」는 「종착역 아우슈비츠」의 개작인데 이 시에서 골목에서 노는 아이들은 수용소의 아이들이다. 문이 열려있는 평화로운 교회당 인근이 바로 아우슈비츠 종착역이다. 그런 점에서 학교-수용소, 교회-수용소가 동일한 시선으로 투영된다.[9] 말하자면 죽음의 수용소를 세운 자들이 교회를 세우고 또 학교를 세운 자들이라는 것이다. 전쟁과 마찬가지로 근대인들이 창출한 장소들 또한 대부분 근대성의 체계를 문명화하고 그 질서를 제도화하려는 토대로 마련되었다. 시에서는 그로 인해 벌어진 인간에 대한 무

---

[9] 신진숙은 김종삼에게 이 세계란 아우슈비츠라는 지속되는 시간과 확대되는 공간적 의식으로 나타나며 이것은 '세계시민'이라는 세대적 자의식이 도달한 가장 비극적인 형태의 현실 부정의식이라고 보았다.(신진숙, 「김종삼 시의 재고찰-이중언어 세대의 '세계시민주의'와의 상관성을 중심으로」, 『한국학연구』 30, 인하대학교 한국학연구소, 2013, 197-232쪽)

차별적인 폭력과 보편적 비극을 잘 드러내고 있다.

「아우슈비츠 라게르」에서는 밤하늘 호숫가의 평화로운 가족들의 몰살 이야기를 담고 있다. 자신의 표정을 소유할 수 없는 무섭고 잔인한 공포가 적나라하게 드러나는 장소를 부각시킨다. 평화로워 보이던 가족 "하나하나가 뒤로 자빠지"는 것처럼 언제 죽음이 찾아올지 모르는 공포의 장소에서 "크고 작은 인형 같은 시체들"로 가득한 곳이 바로 '아우슈비츠 라게르$^{lager, 수용소}$'이다. 횟가루가 묻어 있는 얼굴들이 서로의 얼굴을 쳐다보며 불안에 떨고 있는 곳. 그러다 마침내 죽어가는 언니가 동생을 '모기 소리만하게' 부르던 곳이다. 시의 마지막에 그 장소를 잊어서는 안된다는 듯 한 자 한 자 뚜렷하게 명시하고 있다. 그것은 그 '모순의 장소'에서 타자의 죽음을 기록함으로써 윤리적 책무를 다하고자 함일 것이다.

> 몇 줄 추리지 않을 수 없다/ 다시 본 재수록이다/ 나치 독일로 하여금 유태인 칠백오십만/ 아우슈뷔츠 수용소에선 전세 기울기 시작 하루에 오천명씩 죽였다 한다/ 나치군들이 왁살스런 군화소리들은/ 유부녀들과 처녀들도 발가벗겨 깨쓰실에 처넣었고/ 울부짖는 어린 것들을 끌어다가 동족들이 판 깊은 구덩이에 동족들 지켜보는 가운데 던졌고/ 반항기가 있는 자들은 즉각 교

수형에 처하였고/ 높은 굴뚝엔 치솟는 검은 연기는 그
칠 날이 없었고/ 날마다 늘어나는 死者들의 의류와 안경
과 신발들은 산더미처럼 쌓여갔고/ 死者들이 머리카락
들은 군복만들기 직조물로 되었고/ 死者들의 뼈가루들
은 농작물 사료가 되었고// 산채로 무서운 독약방울의
의학실험용이 되었고// 인간학살공장이었던 아우슈뷔
츠 근방에선 지금도 경작을 하지 않는다 한다

-「실록」 전문

    이 시에서는 '아유슈비츠'에서 벌어지는 폭력적인 상황을 일종의 기록 형식으로 진술하고 있다. 도입부에 '몇 줄 추리지 않을 수 없다'는 표현은 홀로코스트라는 만행에 대한 증언으로써 '시를 쓰지 않을 수 없다'는 의미이기도 하다. "인간학살공장"이었던 '아우슈비츠'는 말 그대로 모든 악이 평범하게 자행되었던 폭력과 일탈의 장소이다. 아감벤은 '아우슈비츠'는 시체가 나뒹구는 아비규환의 장소이자 '벌거벗은 생명 자체의 공간'이며 '생명에 대한 폭력이 더 이상 무차별한 폭력이 되지 않는 공간'[10]으로 보았다. 수용된 유대인인 '무젤만'은 수용인에게조차 분노와 불안의 원천이자 친위대원에게는 인간 쓰레기에 불

---

[10] 아감벤, 김상운·양운철 역, 「수용소란 무엇인가」, 『목적없는 수단』, 난장, 2009, 51쪽.

과한 '비인간' 그 자체였다.[11] 신의 법과 인간의 법 어디서도 보호받지 못한 자들로 법 바깥으로 배제된 그들은 벌거벗은 권력 앞의 '호모 사케르'였던 것이다. 그러므로 아우슈비츠는 결코 우연의 사건이 아니라 누구나 유대인과 같이 '호모 사케르'가 될 수 있으며, 나아가 그것은 당대 폭압적인 현실에 대한 문제의식으로 시에 내면화된 것이라 할 수 있다.

이것은 당시 사회 현실에 처한 개인들의 상황이 '수용소'라는 공간에서 벌어지는 폭력 상황과 별반 다르지 않다는 이의제기로서의 헤테로토피아적 사유에 기인하고 있다. 그러므로 '아우슈비츠'라는 장소는 특정 시대의 예외적인 공간이 아니라 이 현실의 공간적 속성이며 이런 시대에서 살아간다는 것 자체가 고통의 연속이자 희망의 상실인 것이다. 아우슈비츠에서 죽어간 사람들과 한국전쟁으로 죽어간 이들 그리고 4·19와 군사 쿠데타로 희생된 이들까지 '아우슈비츠 이후에도 현실의 아우슈비츠는 계속되고 있다'는 인식으로 볼 수 있을 것이다.

---

[11] 아감벤의 '무젤만'은 아우슈비츠 수용소에서 사용되던 은어로서, 수용소에 갇힌 수인囚人을 이르는 말이다. 그들은 모든 의지와 의식을 잃어버린 '절대 복종하는 사람들'이다. '무젤만'은 삶과 죽음의 경계에서 극심한 고통을 받으며 인간적 의지를 상실한 존재이다. 또한 자신의 경험을 제대로 증언할 수 없는 증언 불가능의 존재로서 극한 상황에서 인간성을 잃고 '벌거벗은 생명'들이다. 이들은 아우슈비츠의 공포를 가장 극명하게 드러내는 상징적인 존재이다.(아감벤, 정문영 역, 『아우슈비츠의 남은 자들』, 새물결, 2012, 129쪽)

'원정園丁'이라는 영원성의 공간

김종삼의 모순과 죄의식의 복합적인 감정들이 잘 드러나는 「원정園丁」은 그의 초기 시세계를 파악하는 데 중요한 작품이다. 이 시는 '비극적 세계 인식'으로 해석된 것을 시작으로 '좌절과 고독', '자기 운명에 대한 무서운 예감 혹은 통찰', '아름다움의 추구와 딜레마적 탐색' 그리고 '시인으로서의 소명의식'과 '메타시' 등 다양한 측면으로 해석되어 왔다. 대체로 이러한 해석들은 시적 주체의 비극적 세계관으로 점철된 현실 인식과 시인과 세계와의 관계를 비화해적으로 파악하고 있다. 때문에 비극적인 현실에 대한 부정 정신의 소산으로 '나'는 시의 장소에서 벌어지는 사건에서 한발 물러나 관조의 자세를 보인다.

그러므로 이 시에서는 실존의 불합리성이라는 부조리의 상황을 극적으로 드러내면서 그 비극성이 전면화된다. 이러한 상황에 처한 시적 주체의 좌절은 실존에 대한 탐색과 성찰을 더욱 심화시킨다. 이것은 세계 상실에서 비롯된 순수한 시의식의 추구와 구원의 불가능성에 대한 이의제기로서의 사유이다.

> 苹果 나무 소독이 있어
> 모기 새끼가 드물다는 몇 날 후인
> 어느 날이 되었다.

며칠 만에 한 번만이라도 어진
말솜씨였던 그인데
오늘은 몇 번째나 나에게 없어서는
안 된다는 길을 기어이 가리켜주고야 마는 것이다.

아직 이쪽에는 열리지 않는 果樹밭 사이인
수무나무 가시 울타리
길 줄기를 벗어나
그이가 말한 대로 얼만가를 더 갔다

구름 덩어리 얕은 언저리
植物이 풍기어 오는
유리 溫室이 있는
언덕 쪽을 향하여 갔다

안쪽과 周圍라면 아무런
기척이 없고 無邊하였다.
안쪽 흙 바닥에는 떡갈나무 잎사귀들의 언저리와
뿌롱드 빛깔의 果實들이 평탄하게 가득 차 있었다

몇 개 째를 집어 보아도 놓였던 자리가
썩어 있지 않으면 벌레가 먹고 있었다.

그렇지 않은 것도 집기만 하면 썩어갔다.

거기를 지킨다는 사람이 들어와
내가 하려던 말을 빼앗듯이 말했다.

당신 아닌 사람이 집으면 그럴 리가 없다고-.

-「園丁」 전문

시의 제목이 정원이나 과수원을 관리하는 사람이라는 뜻의 '원정'이라는 점을 미루어보아 시적 주체인 '나'가 향하는 곳은 인적이 드문 곳에 위치한 과수원이다. 시에서 공간은 두 개로 분리되어 있다. 한쪽에는 평과나무 소독이 이루어지는 '과수원 果園'이 있고 다른 한쪽에는 '유리 온실'이 있다. 과수원은 '수무나무 가시 울타리'로 차단되어 있으며, 과수원과 온실 사이에는 '길'이 있다. 그리고 그 언덕 위에는 조용한 유리 온실이 위치해 있다. 두 공간이 이렇게 '길'을 사이에 두고 어느 정도 거리가 떨어져 있는데 이 '길'은 시적 주체가 걸어가는 방향의 장소이자 위의 두 공간을 구분하는 곳으로, 자의식이 투영된 공간이기도 하다.

문학의 비유에서 보면 '과수원'은 절대 순수와 영원적 세계로서 '낙원'을 상징한다. 하지만 이 시에서 '과수원'은 시간의 흐름에 따라 변화하며, 울타리 밖의 외부와 단절된 공간이다. 또한 '소독'이라는 인위적 질서로 배치되는 불완전한 장소로 현실 세계의 모습이 반영된 장소이기도 하다. 반면, '온실'은 유리로 차단되어 외부와 경계를 갖지만, 과수원과 달리 인위적인 개입이 없는 공간으로 '구름'과 '식물 냄새' 등 주변의 자연들이 어우러진 평화로운 장소이다. 이는 현실화된 유토피아로서 모든 장소 바깥에 있는 곳이기 때문이다. 이처럼 '과수원'과 '유리 온실'이라는 서로 양립 불가능한 공간이 하나의 장소에 배치되어 있다. '과수원'은 실재하는 공간이지만 '유리 온실'은 현실과 동떨어진 서로 다른 장소들을 경험하고 사유함으로써 시적 주체의 자의식으로서의 복잡한 내면이 부각된다.

또한 시에서는 세 명의 인물이 등장한다. 시적 주체인 '나'와 나에게 없어서는 안 된다는 '길'을 기어이 가르쳐주고야 마는 '어진 말솜씨'의 '그'와 유리온실에서 만난 '거기를 지킨다는 사람'이 각각 그들이다. '나'를 제외한 나머지 두 사람은 동일한 인물은 아니지만 한 명은 '나'가 가야만 하는 길(방향)의 강제성을 확인시켜주고 있고, 또 다른 한 명은 '나'에게 '당신 아닌 사람이 집으며 그럴 리가 없다'는 부정적인 선고를 내리고 있다는 점에서 '나'에게 억압을 강요한다는 공통점을 지닌다. 아울러 '나'는 이들의 말에 별다른 의심 없이 수동적이고 관조적인 태도를 보이는 데 이것은 운명의 수동성과 주어진 선택의 불가능성에 대한 '나'의 방어 자세이기도 하다. 나아가 '평과나무', '모기새끼', '과수밭', '수무나무 가시 울타리', '구름 덩어리', '식물', '유리 온실', '언덕', '뿌롱드 빛깔의 평과', '벌레' 등의 상징적 이미지들을 통해 시인의 자의식이 속한 공간의 대립적 특징을 보여준다.

1연에는 과수나무에 소독이 있고 난 뒤 "며칠만의 한 번이라도 어진/ 말솜씨"의 '그'가 나에게 '길'을 가르쳐 주는데. 시의 내용으로 보아 몇 번 가르쳐 주려고 했지만, 번번이 기회를 놓쳤던 것으로 보인다. 그렇다면 그가 가르쳐 준 '나에게 없어서는 안 된다는 길'은 어떤 '길'일까? 예술가이자 한 사람의 시인으로 궁극적으로 도달해야 할 어떤 소명의 길일까.[12] 과수원을 지키는 '원정'인 '그'가 몇 번씩이나 그리고 '기어이' 가르쳐 주려고 했던 길. 그것은 다양한 내적 체험을 통해 끊임없이 자신을 갱신함으로써 얻는 윤리적이고 미학적인 삶으로서의 길일일지도 모른다.

2연과 3연에서는 원정인 '그'가 알려준 대로 길을 찾아 나선다. '나에게 없어서는' 안될 필연적 운명의 '길'을 가는 동안 '스무밭 가시 울타리'를 지나 '길 줄기를 벗어나' 얼마를 더 걸어갔

---

[12] 송현지, 「김종삼 시에 나타난 시인으로서의 소명의식 연구」, 『한국문학이론과 비평』 61집, 한국문학이론과비평학회, 2013, 58쪽.

다. 언덕 쪽을 향하자 그곳에는 과수원이 있었던 '이쪽'의 세계와는 다른 '유리 온실'이 있다. 그곳은 신기한 과실들이 많은 곳으로 다른 원정이 이미 그것을 따는 작업을 마친 곳이다. '유리 온실'은 '아직 이쪽에는 열리지 않는 果樹밭'의 폐쇄적인 장소와는 멀리 떨어진 곳에 위치해 있다. 중요한 것은 누구나 갈 수 있는 열린 공간이지만 오로지 그러한 시간과 모험을 감행할 수 있는 이에게만 허락된다는 점에서 닫힌 공간이기도 하다.

4연의 '유리 온실'을 좀 더 자세히 추적해 보면 그곳은 안쪽과 주위(바깥)의 구분이 없으며 공간적 한계 또한 없는 이질적 장소이다. 아무런 기척도 없고 끝이 잘 보이지 않는 떡갈나무와 많은 열매들을 맺는 온갖 식물들이 보인다. 말하자면 낮은 지대에 있는 과수원과 달리 "언덕" 위에 있음으로써 현실과 거리를 둔 신성한 장소로 현실적 시간과 단절되어 있다. 또한 유리 온실 "안쪽과 주변" 어디에도 사람의 기척이 없고, 안쪽 흙바닥에 깔린 떡갈나무 잎사귀 위로 '뿌롱드' 빛깔 즉 황금색 과일이 깔려 있다. 이때 '뿌롱드' 빛깔의 과일들은 신성하고 환상적 온실의 세계를 상징하며 풍요와 재생을 의미한다.

5연에서 '나'는 낙원과 같은 '유리 온실'에서 과일을 집어 든다. 하지만 "몇 개째를 집어 보아도 놓이었던 자리가 썩어있지 않으면 벌레가 먹고 있었다/ 그렇지 않은 것도 집기만 하면 썩어 갔다". 시적 주체가 이 풍요와 안락함의 세계에 손을 대는 순간 순수하고 신성한 과일이 썩는 것이다. 이러한 딜레마적 상황에서 그는 '유리 온실'의 세계를 훼손하는 부정적 사람으로 전락한다. 난처한 상황에 빠진 '나'에게 '거기를 지킨다는 사람'이 찾아와 "당신 아닌 사람이 집으면 그럴 리가 없다고" 자기 말을 빼앗듯이 한다. 이처럼 '유리 온실'의 공간 안에서 시적 주체는 부정적인 세계관으로서의 자신의 트라우마를 마주하며 헤테로크로니아의 시간을 경험한다. 현존하는 다른 시간으로써 일상의 보편적 질서나 리듬을 벗어난 이질적 시간 안에서 시적 주체는 기존의 시간과 단절함으로써 새로운 의미를 발견한다. 나에게 "없어서는/ 안 된다는 길"을 통해 도착한 유리 온실에서 거부할 수 없는 자신의 운명과 조우하게 된다.[13] '당신 아닌 사람'들과 다르다고 나에게 이의 제기하는 '그'를 통해 '나'는 윤리와 원죄 의식에서 자유롭지 못하게 된다.

---

[13] 김현은 이 시가 김종삼의 '비극적 세계인식'와 '죄의식'이 뚜렷하게 드러나는 작품으로 김종삼과 세계와의 비화해적인 모습을 드러낸 시라고 했다.(김현, 「김종삼을 찾아서」, 『김현 문학전집 3』, 문학과지성사, 1991, 238쪽) 또한 장석주는 과수원이 절대 순수와 절대 조화의 세계인 낙원을 표상하는 반면 시적 주체가 있는 세계는 혼란스러운 타락의 공간이라고 했다.(장석주, 「한 미학주의자의 상상세계」, 『김종삼 전집』, 청하, 1992, 20-21쪽) 하지만 남진우는 과수밭과 온실은 기독교의 에덴 동산의 흔적을 갖고 있으며, 제목의 '園丁'은 그곳을 주관하는 전능한 존재인 신이라고 했다. 즉 그는 이러한 공간을 내부와 외부로 분할해서 두 공간 사이의 시간성의 차이와 그에 직면한 시적 주체의 태도를 통해 보편적인 평등과 무시간성으로서의 세계인 기독교적 낙원에 가까운 이미지를 내포하고 있다고 밝혔다.(남진우, 『미적 근대성과 순간의 시학 - 김수영, 김종삼 시의 시간의식』, 소명출판사, 2001, 174-179쪽)

⟨「원정」에 나오는 이질적 장소와 인물의 특징⟩

장소	구분	장소의 특징	인물의 특징
과수원	현실적 공간	· 소독이라는 질서를 통해 배치된 불안의 세계 · '수무나무 가시 울타리'로 차단된 장소	· '그'('그이'): 나에게 자세히 길을 가르쳐 준 '원정' · '나'의 수동적 태도가 드러남
길	사이의 공간	· 현실적 공간과 헤테로토피아를 연결시켜 주는 장소	· '나'가 혼자인 장소로서 주체성이 부각됨 · 경계 만들기와 경계 지우기로 낯섦을 경험함
유리 온실	영원성의 헤테로토피아	· 언덕 위라는 현실적 장소 바깥의 장소로서 안쪽과 주위(바깥)의 구분이 없음 · 사람의 기척이 없는 순수하고 신성한 장소 · '뿌롱드 빛깔'의 果實이 열린 신비로움과 풍요의 장소로서 과거의 시간과 단절된 헤테로크로니아의 시간이 흐르는 장소 · 시간이 중첩된 '영원'성의 공간	· '누군가'의 불친절함과 '나'의 행동에 대해 이의제기를 함으로써 현실로부터 고립됨 · 부정적 트라우마나 원죄 의식과 대면함

    시의 제목이기도 한 '원정'인 '그'는 나를 순수하고 안락한 세계로 안내하는 자이면서 동시에 그 세계로부터 나를 추방시킬 수도 있는 자이다. 앞서 과수원에서 길을 안내한 '그'와 유리 온실에서의 '그'는 시적 주체에게 상반된 느낌을 준다. '나' 또한 온실 세계의 순수성을 발견하는 자이면서 동시에 외부 세계의 부패와 시간의 단절을 그곳으로 들여오는 자이기도 하다. 무엇보다 "몇 개째를 집어 보아도 놓였던 자리가/ 썩어 있지 않으면 벌레가 먹고 있었다"처럼 내가 잡는 과일마다 온전하지 못하거나 썩는 것은 나에게 어떤 문제가 있음을 의미한다. "당신 아닌 사

람이 잡으면 그럴 리 없다"는 말에서 시적 주체의 원죄 의식이 부각된다. '나'가 만진 과일마다 썩는 것은 생명 상실을 의미하며 그것을 통해 나 자신을 와해하고 지워버리기를 반복함으로써 영원성의 헤테로토피아와 연결된다.

다시 말해 이 시는 표면적으로는 평화롭고 풍요로운 과수원이라는 공간을 배경으로 하지만, 그 이면에는 인간 존재의 근원적인 불안과 소외에 대한 깊이 있는 성찰이 드러난다. 시적 주체인 '나'는 낙원과도 같은 과수원에 발을 들여놓지만, 아이러니하게도 그의 손길이 닿는 순간 모든 것이 부패하고 썩어가는 기이한 경험을 한다. 특히 '유리 온실'이라는 공간은 이러한 비극성을 극대화하는 장소이다. '온실'은 외부의 위험으로부터 보호받는 공간이지만, 동시에 폐쇄적인 금지의 공간이다. 온실 속에서 '나'의 손길은 파괴적인 힘으로 작용한다. 이는 현실과의 불화 속에서 끊임없이 이상향의 장소를 찾지만, 결국 그곳에서도 소외될 수밖에 없는 현대인의 고독과 무력감을 상징적으로 보여준다.

김종삼 시의 시적 주체는 이처럼 세속적이고 일상적인 세계를 부정하고, 초월적이고 환상적인 세계를 끊임없이 지향한다. 또한 시어의 순수성과 자립성을 훼손하지 않으면서 순수와 동심의 낙원에서 '의미의 세계'를 드러내는 것, 그것이 그의 시적 지향이며 출발이라고 할 수 있다. 그는 의미가 혼탁해진 현실의 세계에서 시공간적으로 최대한 멀리 떨어진 곳, 그 거리가 멀수록 현실은 탈각되고 부정성이 심화되는데, 주로 그러한 모습들이 '원정'과 같은 이질적 장소를 통해 드러난다. 어쩌면 그것은 김종삼이 '본적'을 잃어버린, 어디에도 뿌리내릴 수 없는 탈향 또는 실향의 아픔으로부터 평생 놓여나지 못했기 때문일지도 모른다. 그런 측면에서 이 시는 전쟁의 체험과 '고향' 상실이라는 현실적 체험을 통한 숭고한 미적 전략으로 볼 수 있을 것이다.

> 나의 시詩는 이와 같이 춘하추동春夏秋冬 사절四節를 한결같이 나의 의미意味의 궤도軌道를 한발자욱도 벗어남이 없이 걸어가며 일종一種의 불가항력성不可抗力性을 어쩔 수 없이 지니고 있는 것이다. 피어난 꽃들은 이윽고 지리지 우리 무엇을 또 이야기 하랴 – 나는 그러한 류流의 무상無常이나 反유럽的인 허무虛無와는 관계없이 나의 流의 의미를 사랑하면서 그것을 정원丁園처럼 가꾸며 정신精神의 자외선紫外線을 그것들에게 비쳐주면서 죽는 날까지 이 작업作業을 계속 하겠다는 것이 말하자면 나의 신조信條라 하겠다. 만유애萬有愛와도 절연絶緣된 나의 의미意味의 백서白書 위에 노니는 「이미쥐」의 어린이들, 유상의 영토에서 자라나는 식물들, 그것은 나의 귀중한 시의 소재들이다.
>
>   –「의미의 白書」 부분

또한 김종삼은 시론격 산문인 위의 글 「의미의 白書」에서 여백의 미를 통해 시적 의미의 다층성과 유동성을 추구하고자 한다. 그가 말한 시의 '여백'은 단순한 공백이 아닌, 비가시적인 층위의 의미를 담고 있는 능동적인 공간이다. 이것은 매 순간 변화하는 대상에 대한 시인의 인식을 반영하며, 의미의 고정성을 거부하고 자유로움을 추구하려는 그의 시적 태도를 보여준다. 즉 '불가항력'으로서의 혼종적 공간이 언어와 얽혀 있기에 이종적인 공간들에서의 여백적 사유는 헤테로토피아의 사유로 연결된다. 위 글에서는 '정원'을 시인에 비유하며, "어린 것들과 그들이 재잘거리는 세계"를 가꾸는 존재로 묘사한다. 이처럼 그는 끊임없이 변화하는 삶의 의미를 사랑하고, 그것을 '원정'처럼 가꾸며 죽는 날까지 작업을 계속하기를 바라고 있다. 그런 측면에서 「원정」에서 뿐 아니라 많은 시에서 이러한 원죄적 윤리 인식이 내재된 비화해적 장소에서는 내가 있으면서 없는 타자적 장소의 특징이 드러난다.

이는 단순한 고통의 재현이나 화해를 통한 거짓 위안을 거부하고, 개인적인 체험을 통해 고통을 표현하는 것이 진정한 예술이라고 보았던 아도르노의 예술관과도 연결된다. 김종삼의 시 역시 현실의 고통과 불협화음을 가감 없이 드러내며, 비화해적 태도를 통해 현대 예술의 본질을 우회적으로 보여주고 있다. 무엇보다 1960년대 김종삼은 김수영이라는 의미 지향의 극

경기도 포천시 소흘읍 고모리 저수지에 있는 김종삼의 시비

시비에는 「민간인」이 새겨져 있다.(『김종삼 전집』, 권명옥 엮음, 나남출판사, 2005)

단과 김춘수라는 무의미 지향의 극단으로부터 일정한 거리를 두고, 자신만의 고유한 시적 세계를 구축한다. 그가 「의미의 白書」에서 말한 '정원'의 식물을 가꾸듯 '의미'의 고정성에서 벗어난다는 것은 푸코식으로 말하자면 "가능한 질서의 수많은 조각들을 반짝거리게 하는 무질서"로서의 헤테로토피아적 '여백'인 것이다. 다시 말해, 이것은 원형적 상징성으로서 침묵과 말 사이 여백의 어느 지점을 이르는 것으로 볼 수 있을 것이다.

1983년 대한민국문학상 수상 직전의 모습,
뭔가를 열심히 메모하고 있는 김종삼 시인

(『김종삼 전집』, 권명옥 엮음, 나남출판, 2005)

1978년 한국시인협회상 수상 직후 지인들과 함께 한 김종삼 시인
(『김종삼 전집』, 권명옥 엮음, 나남출판, 2005)

직장이었던 동아방송 책상 앞의 김종삼 시인
좁은 책상 위에 놓인 큰 재떨이와 손에 쥔 파이프가 눈길을 끈다.(『김종삼 전집』, 권명옥 엮음, 나남출판, 2005)

사랑이라는 '환상'의 서사 공간 — 「춘향연가」와 '옥獄'

전봉건 시인(1928~1988)

전봉건[14]은 1950년에 서정주 시인의 추천으로 『문예』지를 통해 등단했다. 그리고 1959년 첫 시집 『사랑을 위한 되풀이』를 시작으로 1960년대와 70년을 거치면서 두 권의 장시집과 연작시집을 출간하였다. 두 시집은 전봉건 스스로도 자신의 시세계에서 가장 심혈을 기울인 작업이었다고 했다. 『춘향연가』(성문각, 1967)와 『속의 바다』(문원사, 1970)는 모두 '옥'과 '벽'이라는 유폐된 공간이 드러나는데, 두 공간은 갇힌 세계를 상징하는 대표적인 장소이다. 또한 1973년부터 중반까지 발표한 「마카로니 웨스턴」 연작시에서도 억압적 공간에서의 고립된 시

---

[14] 1928년 평안남도 안주군 출생이던 전봉건은 '북쪽 사람이던 나는 북쪽 사람에게 쫓기는 신세'(「나의 바다」)가 되어 1946년, 해방 이듬해 늦여름 고향을 버리고 청천강을 건넜다고 했다. 그는 북에서 큰 형님을 잃고 고향을 떠날 수밖에 없었던 이유가 좌우 이데올로기의 대립 때문으로 집안이 우익반동분자로 낙인이 찍혔기 때문이었다고 했다. 1950년 『문예』지 1월호로 등단하자마자 한국 전쟁을 겪었으며, 당시 서울에 머물던 그는 월남 가족이라는 이력 때문에 밤낮으로 숨어다닐 수밖에 없었다. 1950년 가을에 입대하였지만, 복무하다 부상을 입고 제대했다. 서울로 돌아온 전봉건은 출판사에 취직해 여러 잡지의 출판에 관여하였다. 여섯 권의 시집 외 여러 권의 산문집을 출간하고 1988년 당뇨와 신장 질환으로 작고하였다.

적 주체의 모습들이 드러난다.

　이들은 대부분 일상과 비일상, 현실과 환상 등 욕망이 서로 충돌하는 이질적 공간에서 세계와 불화하는 분열된 모습을 보인다. 억압의 본질이 '어떤 것을 의식 안으로 진입하지 못하도록 그 의식과 거리를 두는 것'이라면 폐쇄와 경계의 낯설고 혼종적 헤테로토피아에서 억압된 주체들은 환상과 분열적 모습을 보인다. 이스트호프는 '시가 필연적으로 이데올로기와의 연관 속에서 생산된다'는 것을 강조하며 그것을 '사회적 판타지'[15]라는 말로 함축했다. 캐스린 흄 또한 '환상'이 사실적이고 정상적인 것들이 갖는 제약이나 억압에 대한 의도적인 일탈[16]로 기능한다고 보았다. 즉 '환상'은 현실에 바탕을 두고 당대의 정치나 사회의 이상과 결핍을 밝혀 그것을 전복하는데 유효한 방법이다.

　그런 측면에서 이 시기 전봉건의 장시에 드러나는 '옥獄'과 '마카로니 웨스턴' 그리고 '도화리'와 같은 이질적 장소의 등장은 당대 현실의 부조리와 폭력에 대한 저항과 전복의 의미로 해석할 수 있다. 유폐된 공간에서의 시적 주체는 중심과 주변, 지

15　시는 타인과의 소통을 위한 미학적 표현이므로 개인의 판타지와 달리 필연적으로 이데올로기와 일정 부분 관계를 형성할 수밖에 없다. 이때 텍스트 내에는 이데올로기적 기의와 판타지적 기의가 동시에 발생하며 유기적인 관계를 형성한다.(앤서니 이스트호프, 이미선 역, 『무의식』, 한나래, 2000, 40-45쪽)

16　캐스린 흄Kathryn Hume, 한창엽 역, 『환상과 미메시스』, 푸른나무, 2000, 20쪽.

배와 피지배, 선과 악 등의 이분법에서 벗어난 헤테로토피아적 특징을 잘 보여준다. 그것은 이질적인 것으로서의 부조화와 비정상 그리고 비논리적 체제에 대한 비판적 사유로 현실사회의 부패한 질서나 부당한 규범을 거부하거나 기존의 체제를 해체하는 환상성과 비사실성으로서의 시적 긴장을 만들어낸다.

전봉건도 김종삼과 마찬가지로 6·25 전쟁의 기억에서 자유롭지 못했다. '0157584/ 내 군번처럼 연달은 산 또 산에/ 눈은 퍼붓고 마침내 왼통 눈에 뒤덮인 중동부전선/ 그 깊은 골짜기에 나는 내 시〈사월〉을 묻고/ 강이등병이랑 함께 갔다'(「우리는 갔다」)에서 처럼 그 또한 평생 참혹한 전쟁의 기억에서 벗어나지 못했다. '0157584'라는 군번의 숫자는 인간이 단지 전쟁의 도구로 전락한 기호일 뿐만 아니라, '전쟁'이라는 상황이 개인의 보편적 인간성을 파괴하는 냉혹한 역사와 현실에 이의제기하고 있다.

장시 「춘향연가」에서는 '옥獄'과 '광한루'라는 현실과 상상의 공간적 이미지가 두드러진다. 현실적 장소이면서 비현실적 공간인 '옥獄'에서의 '춘향'은 과거 회상과 현재 사이, 어디에도 위치하지 못하는 소외와 불안의 모습이 두드러진다. 의식적이면서 동시에 무의식적인 이러한 독백의 목소리는 억압에 대한 전복적 말하기이다.

어머니는 구슬을 낳았어요
그것이 나였어요
그런데 나는 옥에 갇혀 있어요
나도 낳는다면 구슬을 낳고 싶어
구슬 같은 아기를
그런데 나는 갇혀 있어요 옥 속이에요
어릴 적에는 새가 나는 것을
제비가 나는 것을 나비가 나는 것을
한 마리 또 한 마리 그렇게 세었어요
지금은 안그래요 한 마리 한 마리가
기실은 쌍을 지어 나는 것을 알고 있어요
                    -「춘향연가」(158)

  1053행의 장시인「춘향연가」는 옥중에 갇힌 춘향의 사랑과 이몽룡의 부재로 인한 슬픔 그리고 유폐된 자의 고통 등을 서술하고 있다. 1부는 춘향의 태생과 이몽룡과의 만남 등 행복했던 과거를 회상하면서 사랑을 고백하고, 2부에서는 이몽룡이 춘향에게 불러주었던 사랑의 노래를 환상 속에서 들으며 옥중과 대비시켜 현실의 비참한 고통을 드러낸다. 3부에서는 이몽룡과의 사랑을 상상하지만 변학도의 명령으로 다시 고문의 현실로 되돌아온다. 때문에 시에서는 '나는 갇혀 있어요 옥 속이에요'와 같이 '옥'이라는 억압적 장소를 강조하며 독백적 언술을 지속적으로 반복하고 있다.

상상과 환상으로서의 신비함과 생명이 깃든 곳이 '사랑'의 공간이라면 그와 대조적인 모순과 억압의 현실 장소가 바로 '칼'의 공간인 '감옥'이다. 즉 '광한루'가 경험 속 과거의 공간으로서 생명의 공간이라면, '칼'은 '생명 부재'의 억압적인 현실의 공간이다. 어쨌든 이 시에서 두드러지게 드러나는 것은 '옥'이라는 갇힌 공간이며, 그곳에서의 춘향의 독백은 현실 변혁의 욕망을 강하게 드러내고 있다.

이 시와 관련하여 전봉건은 "춘향을 옥중에 갇혀 있는 것으로 설정한 것은 이제는 더없는 학대를 문명에게서 받고 있다는 것을 말하려 했다"[17]고 밝혔다. 그것은 기존의 제도와 가치에 대한 믿음이 깨지고, 부조리한 현실에 대한 환멸로써 억압되고 모순된 현실과 세계에 대한 전복적 사유라고 볼 수 있을 것이다. 김경복 또한 이 시가 '60년대 시대적 현실의 제도적 폭압과 불모성을 풍자하기 위한 전략적 장치'라고 하였다.[18] 이것은 존재와 부재, 선과 악 그리고 현실과 허구와 같은 이분법에서 벗어

---

17 이승훈·전봉건 대담, 「시와 에로스」, 『현대시학』, 1973. 9, 17-19쪽.
18 김경복, 현대시학회 편, 「한국 현대시의 설화 수용 의미」, 『한국 서술시의 시학』, 태학사, 1998, 287쪽. 신동욱 또한 이 시가 1950년대와 1960년대의 역사적 억압으로 인한 갇힘의 상황에 대한 대응적 전략으로 춘향의 시대와 작가의 시대를 관통하는 문화적 동질성과 그 비극적 사태를 문제 삼음으로써 당대의 현실을 증언하려는 시도로 보았다.(신동욱, 「전봉건론」, 『현대문학』, 1986. 9월, 254-255쪽)

나 새로운 가치와 의미가 부재하는 현실에 대한 위반과 일탈로서의 헤테로토피아적 사유로 볼 수 있다.

> 그런데 나는 옥에 있어요
> 남산에 피는 꽃은 내 마음에 피는 꽃,
> 북산에 물드는 분홍빛은 내 온몸에 물드는 분홍빛
> 그런데 나는 옥에 있어요
> 버드나무 선사만사로 늘어진
> 가지 사이에서 우는 황금조는
> 내 가슴 둘레를 돌면서 우는 새
> 그런데 나는 옥에 있어요
> 나는 사랑하고 있어요.
> 　　　　　　　　　－「춘향연가」(158)

> 여기서요
> 광한루 여기서 만났어요
> 지금도 나는 여기 있어요
> 나는 사랑하고 있는걸요
> 이제는 우거진 숲에 들어도 무섭지 않고
> 햇살이 안 드는 어둔 곳이 오히려 정다워요
> 풀잎에 손이 닿으면 슬며시 허리께가 부끄러워져

> 나는 사랑하고 있는걸요
> 그래요 나는 여기 그날처럼 앉아 있어요
> 그이도 그날처럼 저만치에 서 있어요
> (중략)
> 무어라고요 이곳은 광한루가 아니라고요
> 무어라고요 나는 지금 칼을 썼다고요
> 나는 지금 이곳에 칼을 쓰고 앉아 있다고요/ 칼을 쓰고 칼을 쓰고 칼을 쓰고/ 저만치 서성거리는 것은/ 목매달아 죽은 귀신// 나는 이곳에 갇혀 있어도/ 나는 옥중에 앉아 있어도/ 나는 광한루에 앉아 있는 것/ 육천 마디로 맺힌 마음인 것을 육천 마디로 얽힌 사랑인 것을/ 보세요 저만치에 섰는 그이/ 환하게 섰는 그이
> ―「춘향연가」(158)

주지하다시피 '광한루'는 춘향과 이도령의 사랑의 상징적 장소로서 시적 주체가 있는 현실의 '옥'과 대조되는 공간이다. 옥에 갇힌 춘향은 이도령의 모습을 묘사하거나 광한루에서의 기억을 회상하며 고백한다. "그래요 나는 여기 그날처럼 앉아 있어요"에서는 현실과 환상의 경계에 있는 주체의 모습이 강조된다. 부정적이고 억압받는 '옥獄'이라는 현실에서 사랑하는 대상인 이몽룡은 더 이상 자신의 곁에 존재하지 않고, 자신의 이

야기를 들어줄 그 누구도 없다. 오직 '갇혀 있다'는 사실만 스스로에게 각인될 뿐이다. 억압된 기억은 무의식 속에 묻혀있다가 현실적 트라우마에 의해 어떤 식으로든 되살아나는데, 춘향의 독백은 '옥'이라는 폐쇄된 공간 안에서 더욱 고조된다.

    이처럼 과거의 기억을 통한 시적 주체의 독백은 상징적 질서나 권위에 대한 저항으로서의 '전복적 말하기'이다. '옥'이라는 감시와 일탈로서의 헤테로토피아는 열려있지만 닫혀 있는 혼재와 불안의 공간이다. 이 공간에서 춘향은 과거의 회상을 통해 자신의 불안한 사랑과 욕구가 분출되며 일종의 '코라적 담화'가 이루어진다.[19] "무어라고요 이곳은 광한루가 아니라고요/ 무어라고요 나는 지금 칼을 썼다고요"처럼 환상과 현실의 경계에서 고립된 시적 주체의 분열적 독백은 중반으로 접어들면서 더 노골적으로 드러난다. 실재와 환상이 공존하는 경계의 어디쯤에서 사랑하고 싶다는 마음의 개방성과 몸이 갇혀 있다는 폐쇄성이 서로 충돌하며 시적 긴장을 발생시킨다. 누군가 끊임없

---

[19] 크리스테바의 코라chora는 그리스어로 '자궁' 혹은 '밀폐된 공간'을 의미한다. 이러한 코라는 헤테로토피아적 공간으로 언어의 의미나 모순을 전복함으로써 기존 언어와 다른 이질적인 언어의 차원을 구성한다. 정신병자의 담화가 단적인 코라의 담화라 할 수 있다. 이러한 담화는 전복적인 힘을 가지고 있지만 상징계에 진입하기에는 일정한 모양이나 질서를 갖지 못한, 무정형의 에너지를 동반한다. 이 에너지는 주체를 부정하고 반항과 해체의 행위로 이끈다.(김지율, 『문학의 헤테로토피아는 어떻게 기억되는가』, 국학자료원, 2022, 186-187쪽)

이 감시하는 판옵티콘의 공간에 노출된 시적 주체는 '이곳은 어디일까?/ 지금은 언제일까/ 마침내 귀도 지워버리네요'처럼 결국 자기 자신의 정체성에 대한 부정으로 이어진다. '감옥'은 '일탈의 헤테로토피아'의 단적인 장소로 '정상' 궤도에서 이탈한 자들이 주류에서 단절되고 고립된 채 머물러야 하는 곳이다. 이는 폐쇄성과 강제성을 특징으로 하는 '다른 장소'의 전형적인 예이다. 이러한 반공간은 시적 주체인 '춘향'의 독백을 통해 환상과 현실의 경계에서 상징적 질서나 권위에 대한 전복과 저항을 실천하는 반反장소로 작용한다.

영화와 현실의 혼종적 장소 — '마카로니 웨스턴'

1970년대 전봉건은 세계와의 갈등과 억압으로 자신이 지금까지 예속되어 온 상징적 '대타자'의 결함을 확인하는 순간, 그 부조리한 현실을 '전복'하려는 대결 의식을 '마카로니 웨스턴'이라는 장소를 통해 잘 드러내고 있다. 그는 이 시기에 이르러 이 연작시를 창작할 당시 '주체할 수 없는 상처의 그늘을 아름다운 환상 외에는 달리 그려 볼 길이 없었다'고 했다. 앞서 밝힌 것처럼 이 시기는 유신체제 아래 사회와 경제 그리고 정치 전반을 통제하던 때이다. 유신체제는 남북 분단의 현실과 국제 사회에 대한 능동적 대처라는 명분 아래 대통령의 권한을 대폭 확장하고 국민의 기본권을 제한하려는 것이 목적이었다. 이것은 '근대화'라는 명분의 물질 중심주의와 불평등한 사회 구조 그리고 군부 정치의 억압적 감시체제 등 현실적으로 제도와 규율에 대한 억압이 더욱 증대되었음을 의미한다.

그런 점에서 이 시기 발간한 시집 『피리』에 수록된 연작시 「마카로니 웨스턴」은 70년대 유신체제라는 지배 이데올로기의 저항 담론을 함축하고 있다. '마카로니 웨스턴'[20]은 이탈리아식 서부극을 가리키는 말로 폭력과 살인을 저지르는 비영웅적인 주인공과 그에 맞서는 또 다른 악당의 대결을 그린 영화다. 싸움과 배신 그리고 온갖 죽음이 난무하는 '마카로니 웨스턴'의 세계는 정치적인 억압이 통용하던 당시 한국 사회의 현실과 유사하며, 다섯 편의 연작시에는 이러한 현실에 대한 신랄한 비판이 담겨 있다.[21] 세계의 불화와 억압 아래 더욱 거세된 현실은

---

20 마카로니 웨스턴Macaroni Western은 미국식 서부극에 대항하여 파솔리니의 죽음과 그 정치적인 스토리를 영화를 만들던 베르톨루치의 기획이었다. 뉴이탈리아 영화의 분위기가 약해지자 새롭게 등장한 장르이다. 세르지오 레오네Sergio Leone로 대표되는 마카로니 웨스턴은 정통 서부극의 영웅주의와는 대조되는 장르로 정의나 개척 정신은 찾을 수 없으며 현상금 사냥꾼들의 비열한 욕망과 탐욕이 영화 전반을 지배하였다.〈황야의 무법자〉,〈옛날 옛적 서부에서〉 등이 있다.

21 최동호는 「마카로니 웨스턴」연작을 '70년대를 몰아쳤던 물질적 풍요의 광적인 추구에 비하여 상대적으로 궁핍했던 정신적 삶의 황폐감'을 보여주는 작품으로 평가했다. 즉 살인과 복수 그리하여 피와 폭력으로 얼룩진 한 시대의 정신적 공허감을 이 작품을 통해 드러내고 있다고 밝혔다.(최동호,「실존하는 삶의 역사성-전봉건 시에 대하여」,『아지랑이 그리고 아픔』, 혜원출판사, 1987, 132쪽)

또 다른 현실의 가능성을 모색하는 전복적 헤테로토피아를 예견하고 있다.

>누가
>하모니카를 부는데
>두레박 줄은 끊어지기 위해서 있고
>손은 짓이겨지기 위해서 있고
>눈은 감겨지기 위해서 있다
>
>그곳에서는
>누가 하모니카를 부는데
>피를 뒤집어쓰고 죽은 저녁노을이
>까마귀도 가지 않는 서쪽 낮은 하늘에
>팽개쳐져 있다
>─「다시 마카로니 웨스턴」 전문

그는 돈이 없다 그는 여자가 없다 그는 집이 없다 그는 예수와 비슷하다 있는 것이란 남루한 옷 한 필 여기까지도 그는 예수와 비슷하다 그리고 拳銃 한 자루 버러지 같은 것들을 한 놈도 남김없이 쏴 죽이는 射擊의 名手 이런 점에선 그는 예수와 딴판이다 그러나 긴 머리 덥수룩한 수염에 우물 속 같은 눈이 다시 예수와 비슷하고

땅에선 죽는 일이 없는 그는 하늘에나 묻힐 사람으로서
예수와 아주 비슷하다

― 「마카로니 웨스턴」 전문

「다시 마카로니 웨스턴」에서의 시적 주체는 통제받는 현실에서 불안과 혼란을 겪는다. 누군가 하모니카를 불고 있지만 현실에서는 누구도 그 소리에 귀 기울이지 않는 것은 서로에 대한 무관심이거나 불신을 의미한다. 유신과 독재 그리고 경제개발이라는 시대적 미명 아래 억압받는 주체들의 현실은 '피를 뒤집어쓰고 죽은 저녁노을'처럼 폭력적이고 혼란스럽다. 누군가가 하모니카를 부는데도 아무도 듣지 않는 "마카로니 웨스턴"이라는 이질적 장소는 당시의 현실을 암시하고 있다. 서로가 서로를 볼 수 있음에도 서로를 회피하며 '손을 짓이기'거나 '눈을 감을' 뿐인데 그것은 모두가 감시의 가해자이자 피해자이기 때문이다. "까마귀도 가지 않는" 그 장소에서의 개인들은 스스로가 '견딤'의 대상이자 '극복'의 대상이 된다.

「마카로니 웨스턴」에서 "그는" "권총" 한 자루로 "버러지 같은 것들"을 한꺼번에 쏘아 죽이는 영화 속 주인공이다. 한 마디로 "그는" 서부극의 주인공들처럼 보안이나 정의를 위해 싸우는 인물이 아니라, 자신의 힘을 폭력적이고 무자비한 곳에 사용하는 자이다. "그는" 많은 부분 "예수"와 비슷하지만, 결정적으로 무고한 사람들을 죽이고 약탈하는 지점에서 "예수와 딴판"이다. 이처럼 "예수"와 "그"를 반복적으로 교차시킴으로써 "그"에 대한 부정적 시선을 증폭시킨다. 말하자면 시에 등장하는 폭력적인 "그는" 유신체제를 선포하고 자신의 권력과 체제를 공고히 하려고 했던 당대 현실의 가부장인 권력자임을 암시한다.

> 피에트로 문에서 죽고
> 피에트로 늪에서 죽고
> 피에트로 묘지에서 죽고
> 피에트로 밥상에서 죽고
> 피에트로 말잔등에서 죽고
> 피에트로 바람 속에서 죽고
> 피에트로 계단 아래서 죽고
> 피에트로 계집 위에서 죽고
> 피에트로 진창에서 죽고
> 피에트로 길에서 죽고
>
> 피에트로 섬에서 죽고
> ―「마지막 마카로니 웨스턴」 전문

그 마을에서는/ 아무도 말을 하지 않는다// 바람 소리만 듣습지요/ 네에 흙바람 소리 말입지요/ 늑대 소리만 듣습지요/ 달밤도 대낮도 갈기갈기 찢어발기는/ 늑대 소리 말입지요/ 양미간에 한 방/ 네에 왼쪽 젖꼭지 밑에 한 방/ 거짓말 같이 정통으로 총알/ 쑤셔박는 총소리만 듣습지요/ 바람소리만 듣습지요/ 네에 풀이란 풀 모조리 뭉개버리고/ 하늘도 왼통 시커멓게 뭉개버리는/ 흙바람 소리 말입지요/ 이렇게 남의 이야기처럼 중얼거릴 뿐이다/ 그 마을에서는/ 아무도 자기 말을 하지 않는다

―「마카로니 웨스턴 습유拾遺 ― 그 마을」 전문

「마지막 마카로니 웨스턴」에서 '피에트로'는 이탈리아어 'pietros'이며 성인 베드로를 지칭하는 고유명사이자 익명의 누군가를 포괄하는 대명사다. 시에 등장하는 "문", "늪", "계단", "묘지", "길", "진창" 등은 "마카로니 웨스턴"에 있는 장소들로 볼 수 있다. 하지만 그곳이 정확하게 어디에 있는지 알 필요는 없다. 중요한 것은 이러한 장소에서 누군가가 "죽고" 또 누군가는 '죽임'을 당한다는 것이다. 중요한 것은 '피에트로'는 언제 어디서나 "죽고" 또 죽을 수 있는 존재인데, "죽고"라는 어미의 반복적 언술이 그것을 강조한다. 따라서 "마카로니 웨스턴"이라는 기표는 당대 지배 이데올로기에 저항했던 정치적 가부장 체제의 억압적 현실을 부정하는 동시에 그것이 절대적이지 않음

을 인식시킨다.

「마카로니 웨스턴 습유拾遺 - 그 마을」에 이르러서는 정치적인 억압의 모습들이 좀 더 구체적으로 드러난다. "그 마을"이라는 소제목을 붙인 것은 이 시에 드러나는 장소가 특정 장소임을 암시한다. 다시 말해 아무도 말을 하지 않는 "그 마을"에서는 '마카로니 웨스턴'에서 드러났던 폭력이 되풀이되고 있다는 것이다. 마을은 공동체를 의미하는 단어로서 "그"라는 관형사가 붙어 보통 마을과는 다른 특정한 장소로 변모된다. 즉 사회·역사적인 의미에서 "그 마을"은 개인들의 자유로 이루어진 공동체적 마을이 아니라 독재정권의 통제 아래 있었던 1970년대 한국의 정치적 이데올로기를 함축하고 있다. "아무도 자기 말을 하지 않는" 현실, 여기에서 "자기 말"이라는 것은 당대 질서에 대항하는 거대 담론에 대한 비판을 암시한다. 그런 점에서 "늑대소리"와 "총소리" 그리고 "흙바람 소리" 등은 현실 속 개인들을 통제하고 감시하는 표상이라고 할 수 있다.

무엇보다 양미간과 심장을 꿰뚫고 들어오는 "총소리"는 마을을 휩쓰는 억압과 공포에 대한 의미로 유신체제의 폭력성을 의미한다. 따라서 공포에 떨며 "그 마을"에 살고 있는 이들이 할 수 있는 것은 오직 듣는 것뿐이다. 바람소리→흙바람 소리→늑대소리→총소리로 점층화되는 소리들은 점점 확대되어 가는 그 장소 안에서의 급박한 상황을 보여준다. 또한 "~ㅂ지요"라는 전복적 언술의 반복을 통해 지배 이데올로기의 모순과 결핍을 강조하고 있다.

> 아무래도 요즈음은 마카로니 웨스턴에 이상하게 끌린다 惡黨들은 봄에도 죽는다 아지랑이가 물씬거리는데 물씬 피를 뿜으며 큰 대자로 나가떨어지는 것이다 惡黨들은 봄에도 죽는다 음탕스럽게 질쩍거리는 흙탕에 시커먼 턱수염을 처박는 것이다 惡黨들은 봄에도 죽는다 죽었던 가지에 꽃핀 나무 그 등걸에 휘청거리다가 왈칵 피 쏟으며 턱 무릎을 떨구는 것이다 惡黨들은 봄에도 죽는다 뽀죽한 성당 꼭대기의 하늘 거기에 든 매리의 허벅지 가튼 구름을 잡는 것이다 아니 보지 못하는 열 개의 손가락을 뒤틀면서 강물에 젖은 매리의 허벅지를 잡는 것이다 그 惡黨들이 나같은 것이다 아니 아무래도 내가 봄에도 죽는 그 惡黨같은 것이다
> ―「또 다시 마카로니 웨스턴」 전문

시의 제목이 '또 다시 마카로니 웨스턴'인데, "또 다시"라는 표현은 '다시'라는 부사를 거듭 강조하며 지속적인 반복을 의미하고 있다. 즉 여전히 현실에서는 정치적 가부장에 의해 억압받는 마카로니 웨스턴과 같은 사회가 지속·반복되고 있음을 암시

한다. 그러므로 "요즈음"은 1970년대 한국 사회라는 이데올로기적 기의를 함축한다. 그 시대에 "누군가에게 억지로 붙잡힌"과 같은 억압과 폭력의 의미를 드러내고 있다.

'마카로니 웨스턴'의 영화는 '주인공'과 '악당'이라는 서부극의 이원구조를 거부하며, 폭력적이고 부도덕하며 때로는 잔혹하기까지 한 인물을 중심으로 이야기를 전개한다. "악당들은 봄에도 죽는다"는 문장의 반복을 통해 마카로니 웨스턴 영화 주인공에 의해 죽음을 맞이한 "惡黨"들의 모습을 강조한다.

그들은 피를 뿜으며 나가떨어지거나, 흙탕물에 처박히거나 무릎을 굽히며 죽어가는데 이러한 난폭한 폭력이 환상적으로 그려지는 곳이 이질적 장소인 '마카로니 웨스턴'이다. 이데올로기적 층위에서 볼 때 악당은 폭력을 행사하는 정치적 가부장에 대한 비판을 보여준다. 즉 '마카로니 웨스턴'이라는 기표와 '惡黨들은 봄에도 죽는다'는 언술의 반복은 자신이 권력에 반하는 자를 "惡黨"으로 호명하고, 그를 억압하고자 했던 1970년대 독재정권의 폭력의 민낯을 고발하고 있는 것이다.

동시에 그것은 지배 이데올로기의 호명으로 야기된 소외에서 벗어나고자 하는 탈동일시의 욕망을 함축한다. 그러므로 "그 惡黨들이 나 같다"는 인식을 넘어 그들은 봄에 죽을 것이라는 결론에 도달하게 된다.

충청북도에는
통금이 없다
제원군에는
통금이 없다.
청풍면에는
통금이 없다
桃花里에는
통금이 없다
桃花里에 흐르는
남한강에는 통금이 없다
강기슭에는 누워 있는 돌밭에는
통금이 없다

우리가 그곳에 친
두 개의 천막과 천막 사이에는
통금이 없었다
우리의 야영에는 통금이 없었다
통금이 없는 桃花里 밤하늘에
긴 장마 뒤의 둥근 달이 떠 올랐다
우리의 밤은 밤새껏 대낮처럼 훤하게 밝았다
우리는 밤새껏 뜬눈으로 새웠다

새벽

안개 낀 강물에서

세수를 하고 돌아온

벗의 손바닥에는

물 젖은 무늬돌 하나가 얹혀 있었다

물 적은 무늬돌은 물 젖은 무늬

그것은 지난밤 강물 소리처럼

푸른 빛깔의

한 마리

새였다

- 「桃花里 紀行」 부분

    이 시는 "桃花里"라는 한자 표기와 "통금이 없다"는 반복적 언술을 통해 1970년대 한국 사회의 상징 질서와 그에 대한 저항 의식, 그리고 억압적인 현실 속에서 자유를 갈망하는 주체의 욕망을 잘 보여주고 있다. '도화리'는 '복숭화꽃'이 피는 마을이다. 이는 중국 신화에 나오는 '무릉도원'을 떠올리는 이상적 공간으로 추측할 수 있다. 그렇기 때문에 다른 곳과 달리 '도화리'에는 당시 유행하던 '통금'이 없어 자유롭다는 것을 강조한다.

    즉 "통금"은 그 당시 독재 정권이 자신들의 권력을 유지하기 위해 사용했던 수단이다. 여러 시에 언급되고 있는 '통금'은 통행금지 제도로 해방과 6·25 전쟁 이후 치안을 목적으로 실시되었지만 이후에는 국민을 감시하고 통제하는 등 국가권력 체제를 유지하려는 정치적 수단으로 변질되는 경향을 보였다.[22] 이러한 상황 속에서 한자로 표기된 "桃花里"는 '복숭화 꽃이 피는' 장소로 중국 신화의 '무릉도원'을 상징하는 유토피아이자, 당시 현실에서는 '통금이 없는 곳'을 의미한다. 이 마을은 실재 장소명일 수도 있지만 당대의 부조리와 억압에서 벗어난 현실의 유토피아이다. "충청북도에는/통금이 없다"에서처럼 당시 '충청북도'

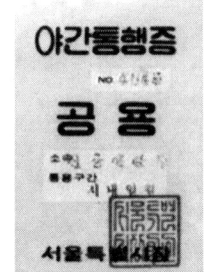

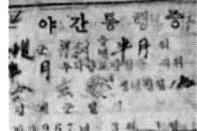

1970년대 야간 통행증

는 실제로 통금이 해제된 지역 중의 한 곳이다. 통금이라는 법의 지배 속에 있음에도 "통금이 없다"는 언술의 반복은 그것에 대한 저항으로서의 역설적 표현이며 그 억압적 현실에서 뜬눈

---

22 야간통행금지는 밤사이 민간인의 활동을 금지하기 위한 법으로 1945년부터 1982년까지 37년 동안 유지 되었다. 상황에 따라 변화되었지만, 자정부터 시작하여 새벽 4시까지로 확정되었다. 이 통금은 외국인에게는 적용되지 않았다. 또한 제주도는 1964년 해제되었고, 다음 해에는 충청북도가, 그 다음 해인 1966년에는 온양, 경주 등과 같은 관광지에 해제되었고, 1988년에 이르러서야 나머지 지역이 통금에서 완전히 자유로워졌다.

으로 "밤"을 새울 수밖에 없음을 강조한다. 기드슨은 현대 사회의 '감시체제'가 사회생활의 조직력을 대대적으로 증대시키는 데 기초가 되었으며, 이는 '국민국가'와 밀접하게 관련되어 있으며 특수한 형태의 영토성과 감시 능력으로써 폭력에 대한 통제력을 독점하고 있다고 보았다.

桃花里에서
오십 평생을 사는
이금복선생은
자랑이 많다

桃花里에 부는
바람을 자랑하고
桃花里에 뜨는
달을 자랑한다
桃花里에 흐르는
물을 자랑하고
桃花里를 누비는
풀을 자랑한다

桃花里 사람도
桃花里 사람 아닌 사람도

桃花里라고 부르는
桃花里 그 마을 이름을 자랑한다

이금복선생의
자랑 애기를 들으며
문득 머리를 든 나는
강건너 하늘가에 나는
새 한 마리를 보았다

분명 그 새의
은빛 아니면 금빛 날개를 보았다
다시 보았다
그러나 다시 보았을 때
새는 보이지 않았다

이금복선생이 자라하는
강건너 鶴算 꼭대기에는
삼복의 새벽달이 하얗게 덜어서 떠 있었고
이금복선생이 자랑하는
飛鳳山은 먼 제천쪽 검은 산줄기에 묻혀서 보이지 않았다
　　　　　　　　　　－「다시 桃花里 紀行」전문

「桃花里 紀行」에서도 "桃花里"는 상징계의 호명으로 의미화된 공간이지만, 동시에 "통금"이라는 상징계의 법이 적용되지 않는 자유로운 공간으로 그려진다. 시적 주체는 "통금이 없다"는 반복적인 언술을 통해 이러한 자유를 만끽하며 유토피아적 환상에 잠긴다.

그러나 「다시 桃花里 紀行」에서 "桃花里"는 상징계의 억압에서 벗어나지 못하는 공간으로 재현된다. "이금복선생"이라는 인물을 통해 이러한 현실이 자세히 드러난다. "이금복선생"은 "桃花里"의 바람, 달, 물, 풀을 "桃花里"라는 기표와 결부시켜 상징화하고, "桃花里"라는 마을 이름 자체를 자랑한다. 이는 그가 상징계의 강제된 기표에 종속되어진 소외된 주체임을 보여준다고 할 수 있다. 즉 그는 "桃花里"에 살지만 "桃花里 사람 아닌 사람"과 동일시됨으로써, 상징계의 억압 아래 존재하는 인물로 그려진다. 이는 시적 주체가 「桃花里 紀行」에서 경험했던 유토피아적 상상, 즉 "통금 없는 세계"에 대한 환상이 "이금복선생"이라는 현실적인 인물을 통해 깨지게 됨을 의미한다.

"새는 보이지 않았다"는 마지막 구절에서 이러한 환상의 좌절이 드러난다. "이금복선생"이 자랑하는 "鶴山"과 "飛鳳山"은 한자어로 표기되어 상징계의 억압을 상기시키고, "새벽달"과 "제천 쪽 검은 산줄기"는 그러한 억압이 여전히 "桃花里"를 지배하고 있음을 보여준다.

결국 시적 주체는 "桃花里"라는 공간 역시 지배 이데올로기의 억압에서 자유롭지 못하다는 사실을 인식하고, 상징계 너머에 존재하는 이상적 장소를 향하게 된다. 이처럼 두 시에는 "桃花里"라는 공간이 지닌 이중성, 즉 상징계의 호명과 그로부터 추구하게 되는 '자유'라는 양가적인 의미가 드러나고, 시적 주체의 현실의 유토피아적 상상과 그 좌절이 명징하게 드러난다.

살핀 것처럼, 전봉건의 1960, 70년대 시에 드러나는 헤테로토피아적 장소들은 권력에 의해 위계화된 모든 공간에 맞서 '장소 내'의 장소와 '장소 밖'의 장소라는 이중적인 역할을 수행한다. 이것은 이 시기 강력해진 국가 통치 수단과 감시가 개인의 일거수일투족을 규율하는 통제 시스템으로 작동하고, 이것이 문학 담론에도 영향을 미쳤기 때문이다. 그런 측면에서 '옥獄'과 '마카로니 웨스턴' 그리고 '도화리'와 같은 이질적 장소들의 등장은, 기존 권력과 질서를 전복하는 '반反' 공간으로 기능하며, 시대적 환멸과 저항의 의미를 내포한다. 비정상적이고 비논리적인 체제에 대한 비판을 토대로, 현실 사회의 부패와 규범적 억압을 해체하려는 긴장이 내재해 있다. 나아가 권력과 규범에 대한 저항뿐만 아니라, 새로운 존재 방식을 모색하려는 이상적 공간에 대한 희망으로서 헤테로토피아의 본질이 명확하게 드러나고 있음을 알 수 있다.

전봉건 시인
(『전봉건 시전집』, 남진우 엮음, 문학동네, 2008)

"지키는 일이다. 지켜보는 일이다.
사랑한다는 것은"

— 「사랑」 부분

결혼 전 밤길 데이트 중에 찍힌
전봉건 시인의 스냅사진
(『전봉건 시전집』, 남진우 엮음, 문학동네, 2008)

조지훈 시비 앞에서 부인 유흥희 여사와
전봉건 시인
(『전봉건 시전집』, 남진우 엮음, 문학동네, 2008)

동료 문인들과 함께 있는 전봉건 시인
왼쪽부터 김종길, 최세훈, 한승원, 전봉건, 주문돈, 박남수. 젊은 시절 그의 손에는 담배가 떠날 날이 없었다. (『전봉건 시전집』, 남진우 엮음, 문학동네, 2008)

"돌/ 하나 없는/ 서울에/ 돌 하나를 얻어 돌아오면/ 모두들 눈감고 잠든 밤/ 다시 깜깜한 어둠 속이다"

―「돌 13」부분

전봉건 시인은 거실을 온통 수석으로 채워놓은 수석광이었다.
(『전봉건 시전집』, 남진우 엮음, 문학동네, 2008)

시인들과 함께
왼쪽부터 전봉건, 박태진, 김광림, 정한모 시인.(김광림 시인 제공)

추천글

추천글

현대시사의 패러다임을
'헤테로토피아'의 정동으로 새롭게 서술한 책

구모룡
문학평론가, 한국해양대 명예교수

이 책은 '헤테로토피아'라는 하나의 개념을 매개로 우리시를 새롭게 분석하고 해석한 역저이다. 주지하듯이 이 개념은 본디 미셸 푸코가 제시하였는데 이를 전유하여 현대의 시학으로 확장하였다. 푸코가 사회의 변화 속에서 역사적 인간이 형성해 온 여러 사회학적 헤테로토피아들을 설명하였다면 이 책에서는 시대 상황의 맥락과 결부하면서 매 시기 한국의 현대 시인들이 형성한 시적 헤테로피아의 세목들을 구체적으로 제시하고 있다.

무엇보다 시대와 시인에 따른 다양한 양상들을 설명하기 이전에 '헤테로피아 시학'을 방법과 이론으로 구축한 일을 주목하지 않을 수 없다. '공간적 전회' 이후에 그동안 우리는 시를 장소와 공간이라는 경험의 양상으로 접근한 논의들을 많이 접해 왔다. 서정적인 원천을 강조하는 장소의 시학과 의식 현상과 지향을 따라가는 풍경의 시학이 주요하다. 하지만 김지율 교수가 정립한 '헤테로피아 시학'은 시인의 경험은 물론이고 감각, 의식, 욕망, 상상, 정동이 발현하는 역동적인 생성의 지평들을 찾아내고 있다.

그런 측면에서 '헤테로피아 시학'은 장소와 공간에 관한 단순한 발견이 아니며 시대와 사회에 대응하는 시인의 이의제기가 기지의 장소와 공간을 가로질러 새롭게 형성하는 미지와 예감의 시적 지평을 구현한다. 이러한 입장에서 『헤테로토피아의 시학』은 한국전쟁에서 오늘에 이르는 시대적 격변 속에서 개별 시인들이 보인 헤테로피아의 양상을 다층적으로 서술하고 있다. 이는 앞선 저자의 저작인 『문학은 헤테로피아를 어떻게 기억하는가』를 훌쩍 뛰어넘는 장관이다.

우리는 장소에 고여 정체한 기억이나 현실과 무연한 유토피아로 기화하는 경향이 아니라 시대 상황에 부단히 대응하는 역동성과 생성의 시적 벡터들을 김지율 교수가 기술한 『헤테로토피아 시학』을 통하여 만나게 된다. 김수영, 박인환, 박재삼, 김춘수, 김종삼, 전봉건, 이성복, 최승자, 황지우, 김혜순, 김언희, 이원, 기형도, 고정희, 유하, 장정일, 허수경 등을 망라하여 읽었으니 현대시사의 패러다임을 헤테로피아의 정동으로 전환하여 새롭게 서술하였다고 해도 과언이 아니다. 이처럼 놀라운 작업은 경험이 사라지고 위기가 만연한 오늘의 현실에서 시가 지닌 예지와 이타성을 뚜렷하게 건져올린 흔치않은 시학적 사건이 되리라 믿는다.

김사인
시인

나는 시인 김지율을 먼저 안다. 그의 시들은 세련과 균형을 함께 갖춘, 쉬 들뜨는 법 없는 침착함과 단아함으로 내게 기억되어 있다. 학인으로서의 그의 또다른 고심이 투입된 이 저작을 잘 읽어내기엔 내 견문이 낮은 것이 분명하다. 연구의 뼈대가 되는 용어들부터가 실은 그렇다. 그러나 한국 현대 여성 시인들의 세계를 면밀히 짚어나가는 김지율의 섬세하고 풍부한 읽기는 단연 이채를 발한다. '방법으로서의 헤테로토피아' 또한 그 대목에서 더 생기를 얻고 있다. 그는 집요하고 성실한 사람. 미루어 확신컨대, 연구에서건 시작에서건 그의 공부는 장차 그 돈독함을 더욱 깊이 더해갈 것이 분명하다.

황정산
시인, **문학평론가**

이 책은 "모든 장소는 이야기"라는 명제에서 출발해 해방 이후 한국 현대시의 공간을 헤테로토피아의 시선으로 새롭게 조명한다. 전쟁·산업화·민주화·디지털 시대로 이어지는 우리 사회 역사의 흐름 속에서 시인의 감각과 기억이 빚어낸 다양한 장소를 촘촘히 읽어내며, 그것을 통해 시가 할 수 있는 삶의 윤리적 실천을 일깨운다. 시인이며 문학연구자인 필자의 예술적 감성과 학문적 성취가 짙은 밀도로 농축된 이 책을 문학과 문학의 공간적 상상력을 넓히고 탐구하려는 이들에게 강력히 권한다.

참고문헌

참고문헌

김수영 시에 드러나는 경험의 토폴로지

1. 기본자료
김수영, 『김수영 전집 1, 시』, 민음사, 2018.
_____, 『김수영 전집 2, 산문』, 민음사, 2018.
고려대학교 현대시 연구회, 『김수영사전』, 서정시학, 2012.

2. 단행본 및 논문
게오르그 짐멜, 김덕영 역, 『짐멜의 모더니티 읽기』, 새물결, 2005. 36쪽.
권경아, 「김수영 시에 나타난 도시의 시간과 공간 인식」, 『수행인문학』 35, 한양대학교 수행인문학연구소, 2005.
권보드래, 「1950년대 시민의 개념과 담론」, 『식민지-제국의 해체와 전후 동아시아 문화질서의 재편』, 동국대학교 문화학술원 국제학술회의, 142쪽.

권영민, 『한국현대문학사2』, 민음사, 2002.
김규동, 『나는 시인이다』, 바이북스, 2011.
김원경, 「김수영 시에 나타난 공간 연구」, 『경희논총 66』, 경희대학교대학원, 2020.
김응교, 「마리서사·유명옥·국립도서관-김수영 시의 장소에 대한 연구」, 『외국문학연구』73, 한국외국어대학교 외국문학연구소, 2019.
_____, 『김수영, 시로 쓴 자서전』, 삼인, 2021.
김지율, 「허수경 시에 나타나는 '고향'이라는 헤테로토피아의 변모와 서발턴 연구」, 『우리말글』93, 우리말글학회, 2022.
김 현, 『시인을 찾아서』, 민음사, 1975.
남기혁, 「김춘수 초기시의 자아 인식과 미적 근대성」, 『한국시학연구』1호, 한국시학회, 1998.
마샬 버만, 윤호병 옮김, 『현대성의 경험』, 현대미학사, 1998.
미셸 푸코, 오생근 옮김, 『감시와 처벌』, 문학과 지성사. 2014.
서진영, 「김춘수 시에 나타난 나르시시즘 연구」, 서울대학교 석사논문, 1998.
수잔 벅모스, 『발터 벤야민과 아케이드 프로젝트』, 문학동네, 2004.
신범순, 「무화과 나무의 언어: 김춘수 초기에서 '부다페스트에서의 소녀의 죽음'까지 시에 대해」, 『한국 현대시의 퇴폐와 작은 주체』, 신구문화사, 1998.
알랭 바디우, 장태순 역, 『비미학』, 이학사, 2010.
여태천, 「김수영 시의 장소적 특성 연구: '방'과 '집'을 중심으로」, 『민족문화연구』41, 고려대학교 민족문화연구원, 2004.
윤 숙, 「김수영 시론의 원점으로서의 포로체험」, 『한국시학연구』60, 한국시학회, 2019.
이강하, 「김춘수의 부다페스트에서의 소녀의 '죽음' 연구」, 『동악어문학회』63, 동악어문학회, 2014.
이경민, 「김춘수 시의 공간 연구」, 중앙대학교 석사논문, 2001.
이영준, 「김수영과 한국전쟁-"민간 억류인"이 달나라에 살아남기」, 『한국시학연구』67, 한국시학회, 2021.
정영진, 「1950년대 시문학의 '지성' 담론 연구」, 건국대 박사논문, 2012.
조강석, 「비화해적 가상으로서의 김수영과 김춘수 시학 연구」, 연세대학교 박사논문, 2008.
최하림, 장희범의 회고,『김수영 평전』, 실천문학사, 2001.
홍기원,『길 위의 김수영』, 삼인, 2020.

박인환과 박재삼 시에 드러나는 혼종적 장소의 의미

1. 기본자료
박인환,『박인환 전집』, 문학세계사, 1986.
_____,『사랑은 가고 과거는 남는 것』, 문승묵 편, 예옥, 2006.
_____,『박인환 시 전집』, 맹문재 편, 푸른 사상, 2020.
박재삼,『춘향이 마음』, 신구출판사, 1962.
_____,『한국 현대시의 계보』, 심상, 1976.
박재삼기념사업회,『박재삼시연구』, 도서출판 경남, 2009.

2. 단행본 및 논문
가스통 바슐라르, 김응권 옮김,『몽상의 시학』, 동문선, 2007.
김강제,「박재삼 시 연구」, 동아대학교 박사논문, 2001.
김광균 외 공저,『세월이 가면』, 근역서재, 1982.
김수영,「마리서사」,『김수영 전집 2, 산문』, 민음사, 2018.
김종호,「설화 주술성과 현대시의 수용양상 – 서정주와 박재삼을 중심으로」,『한민족어문학』46호, 2005.
김춘수,『김춘수 시론전집』, 현대문학, 2004.
김태완,「문인의 遺産, 가족 이야기 4. 시인 박인환의 장남 박세형」,『월간 조선』, 2015. 4.

김　현,「시와 시인을 찾아서 - 박재삼편」,『심상』, 1974. 3.
박재삼,「여름밤」,『슬퍼서 아름다운 이야기』, 경미문화사, 1977.
_____,『숨가쁜 나무여, 사랑이여』, 상사, 1982.
_____,「나의 어머니」,『샛길의 유혹』, 태창문화사, 1982.
_____,「바둑: 손으로 하는 대화」,『너와 내가 하나로 될 때』, 文音社, 1984.
_____,「경남 삼천포 - 한려수도처럼 선한 인심」,『샘터』, 샘터사, 1988. 4.
박윤우,「한국 현대시와 비판정신」, 국학자료원, 1999.
손미나,「박재삼 시에 나타난 정서의 양상과 그 의미」, 충북대학교 석사논문, 2009.
오세영,「《후반기》동인의 시사적 위치」,『20세기 한국시 연구』, 새문사, 1989.
_____,「아득함의 거리」,『20세기 한국시인론』, 월인, 2005.
오정식,「박재삼 시 연구 - 세계인식의 변모양상을 중심으로」, 경희대학교 석사 논문, 1998.
이광호,「슬픔의 친화력과 대화적 공간」,『새로 쓰는 한국시인론』, 백년글사랑, 2003.
임문혁,『한국 현대시와 설화』, 계명문화사, 1996.
이봉구,『명동백작』, 일빛, 2004.
장도준,『한국 현대시의 전통과 새로움』, 새미, 1998.
장만호,「박재삼 시의 공간 상상력 연구 - 초기시를 중심으로」, 고려대학교 석사 논문, 2000.
_____,「박재삼 초기 시의 공간 유형과 의미」,『한국문학이론과 비평』 30, 한국문학이론과 비평학회, 2006.
정삼조,「박재삼 시에 나타난 설움과 그 극복 양상」,『경상어문』 2집, 경상어문학회, 1996.
_____,「삼천포와 박재삼」,『서정시학』 17권 2호, 계간 서정시학, 2007. 6.
정분임,「박재삼 시의 공간인식 연구」, 중앙대학교 석사논문, 2001.
조상경,「박재삼 시의 시간 의식 연구 -「기억의 구조」를 중심으로」, 서울여자대학교 석사 논문, 1996.
진순애,「박재삼 시의 낭만적 거리」,『현대시의 자연과 모더니티』, 새미, 2003.
최하림,『김수영 평전』, 실천문학, 2001.

맹문재, "'목마와 숙녀' 박인환은 역사·현실 의식 강한 시인이었죠", 〈한겨레 신문〉 2023. 10. 10.
오문석, 「박인환에 대한 오해와 이해」, 『박인환 - 위대한 반항과 우울의 실존』, 글누림, 2011.
오정국, 「한국 현대시의 설화 수용 양상 연구」, 중앙대학교 박사논문, 2002.
유성호, 「박인환 시편, 「세월이 가면」의 원전과 창작 과정」, 『한국근대문학연구』 14, 한국근대문학회. 2013.
이숭원, 「박재삼 시의 자연과 생의 에지」, 『문학과환경』 6권 2호, 문학과환경학회, 2007.
정우택, 「해방기 박인환 시의 정치적 아우라와 전향의 반향」, 『반교어문연구』 32집, 반교어문학회. 2012.
한혜경, 「박재삼 시의 설화 수용 양상」, 『수련어문집』, 수련어문학회, 1999.
황인원, 「1950년대 시의 자연성 연구-구자운, 김관식, 이동주, 박재삼 시를 중심으로」, 성균관대학교 박사논문, 1999.

김춘수의 『처용단장』과 '무의미 시'에 드러나는 헤테로토피아

1. 기본자료

김춘수, 『김춘수 시전집』, 현대문학, 2004.
_____, 『김춘수 시론전집 1』, 현대문학, 2004.
_____, 『김춘수 시론전집 2』, 현대문학, 2004.
_____, 『문학이라 하는 괴물』, 『문예』, 1953. 12.

2. 단행본 및 논문

가스통 바슐라르, 『몽상의 시학』, 김웅권 옮김, 동문선, 2007.
강경희, 「김춘수 시 연구 : '늪'과 '바다' 이미지의 상관관계를 중심으로」, 『숭실어문』 19, 숭실어문학회, 2003.
권준형, 「'처용단장' 1부의 역사 이미지 연구」, 『동아시아 문화연구』 89, 한양대학교 동아시아문화연구소, 2022.
김준오, 「김춘수의 의미시와 소외 현상학; 김춘수론」, 『도시시와 해체시』, 문학과비평사, 1988.
_____, 「처용시학; 김춘수의 무의미시론고」, 『김춘수 연구』, 학문사, 1982.
김 현, 「김춘수의 시적 변용」, 『상상력과 인간』, 일지사, 1979.
남기혁, 「김춘수의 무의미시론 연구」, 『한국문화』 24집, 서울대학교 한국문화연구소, 1999.
노 철, 「김수영과 김춘수의 창작방법 연구」, 고려대학교 박사논문, 1998.
문혜원, 「하이데거 영향을 중심으로 한 김춘수 시의 실존론적 분석」, 『비교문학』 제20집, 한국비교문학회, 1995.
_____, 「김춘수의 '처용단장'에 나타나는 시간의식에 대한 연구 – 후설의 현상학적 시간의식과의 비교를 중심으로」, 『비교한국학』 23, 국제비교한국학회, 2015.
서영희, 「김춘수의 '처용단장'에 타나난 시간의식」, 『한민족어문학』 61, 한민족어문학회, 2012.
서우석, 「김춘수; 리듬의 속도감」, 『시와 리듬』, 문학과지성사, 1981.
송승환, 「김춘수 사물시 연구」, 중앙대학교 박사논문, 2008.
심재휘, 「시어의 탈장소와 사물성 – 김종삼과 김춘수의 시를 중심으로」, 『돈암어문학』 38, 돈암어문학회, 2020.
오세영, 「김춘수의 무의미시」, 『한국현대문학연구』 제15집, 2004.
엘리아, 「김춘수 시의 공간 인식과 지명地名의 의미 연구」, 서울대학교 박사논문, 2020.
오형엽, 「김춘수 시의 구조화 원리 고찰 – 묘사의 기법과 시적 시선을 중심으로」, 『비평문학』 41호, 한국비평문학회, 2011.

이강하, 「김춘수 무의미시의 정체성 재규정 – 시기 범주의 조정과 사전적 의미의 탐색을 통한」, 『인문사회과학연구』 제16권, 부경대학교 인문사회과학연구소, 2015.
이경수, 「김춘수 시와 통영의 로컬리티 – 장소, 인물, 언어를 중심으로」, 『한국시학연구』, 한국시학회, 2022.
이미순, 「김춘수의 꽃의 해체론적 읽기」, 『한국현대시와 언어의 수사성』, 국학자료원, 1997.
이승훈, 「시의 존재론적 해석시고; 김춘수의 초기시를 중심으로」, 『김춘수 연구』, 학문사, 1982.
이창민, 「김춘수 시 연구」, 고려대학교 박사논문, 1999.
정소연, 「신화의 바다에서 건진 '오늘'의 처용가」, 『출판저널』, 96호, 1991. 12.
정효구, 「김춘수 시의 변모과정; 창작방법론을 중심으로」, 『20세기 한국시와 비평정신』, 새미, 1997.
조강석, 「비화해적 가상으로서의 김수영과 김춘수 시학 연구」, 연세대학교 박사논문, 2008.
조명제, 「김춘수 시의 현상학적 연구」, 중앙대학교 석사논문, 1983.
주영중, 「김춘수와 오규원의 이미지 시론 비교 연구」, 『한국시학연구』 48집, 한국시학회, 2016.
최라영, 「김춘수의 무의미시 연구」, 서울대학교 박사학위논문, 2004.
최용수, 「처용가고」, 『한민족어문학』 제16집, 한민족어문학회, 1989.
_____, 「처용(가)에 대한 연구사적 검토」, 『한민족어문학』 제24집, 한민족어문학회, 1993.
푸코, 『말과 사물』, 이규현 옮김, 민음사, 2012.

김종삼과 전봉건 시의 헤테로토피아

1. 기본 자료

김종삼·장석주 엮음, 『김종삼 전집』, 청하, 1988.
전봉건·남진우 엮음, 『전봉건 시전집』, 문학동네, 2008.
김종삼·홍승진 외 엮음, 『김종삼 정집』, 북치는 소년, 2018.

2. 단행본 및 논문

공현진, 「김종삼 시의 공간성 연구」, 중앙대학교 석사학위논문. 2015.
김경복, 현대시학회 편, 「한국 현대시의 설화 수용 의미」, 『한국 서술시의 시학』, 태학사, 1998.
김경수, 「없음을 통한 있음의 세계」, 『피리』, 문학예술사, 1979.
김성조, 「김종삼 시의 '공백, 생략'에 나타난 의미적 불확실성과 도피성」, 『한국언어문화』 53, 한국언어문화학회, 2014.
김소현·김종회, 「김종삼 시에 나타난 타자적 공간 연구」, 『코기토』 85, 부산대학교인문학연구소, 2018.
김지율, 「1970년대 전봉건 시의 내면화 방식 연구」, 『한민족어문학』 85, 한민족어문학회, 2019.
_____, 『문학의 헤테로토피아는 어떻게 기억되는가』, 국학자료원. 2022.
김　현, 「김종삼을 찾아서」, 『김현문학전집 3』, 문학과지성사, 1991.
남진우, 『미적 근대성과 순간의 시학 – 김수영, 김종삼 시의 시간의식』, 소명출판사, 2001.
문혜원, 『한국 현대시와 모더니즘』, 신구문화사, 1996.
박주현, 「전봉건 시의 역동적 상상력 연구」, 서울대학교 석사학위논문, 1997.

김지율은 진주에서 태어나 2009년 『시사사』로 등단했다. 시집 『내 이름은 구운몽』, 『우리는 날마다 더 아름다워져야 한다』, 대담집 『침묵』, 詩네마 이야기 『아직 돌아오지 않은 것들』, 『나는 천사의 말을 극장에서 배웠지』가 있다. 연구서로 『한국 현대시의 근대성과 미적 부정성』, 『문학의 헤테로토피아는 어떻게 기억되는가』, 『나의 도시, 당신의 헤테로토피아』, 『헤테로토피아 시학 1』, 『헤테로토피아 시학 2』 등이 있다. 개천문학상, 진주문학상, 시사사 작품상 등을 수상했다. 현재 경상국립대학교 인문학연구소 학술연구교수로 재직 중이다.

헤테로토피아 시학 1 | 재의 얼굴, 떠도는 공간들

초판 1쇄 인쇄일 2025년 9월 25일
초판 1쇄 발행일 2025년 10월 1일

지은이	김지율
펴낸이	한선희
편집/디자인	이보은 박재원 안솔비 근지은
마케팅	정찬용 정진이
영업관리	한선희 정구형
책임편집	안솔비
펴낸곳	국학자료원 새미(주)
등록일	제 395—3240000251002005000008 호
	경기도 고양시 덕양구 권율대로 656 원흥동 클래시아 더 퍼스트 1519, 1520호
	Tel 02)442-4623 Fax 02)6499-3082
	www.kookhak.co.kr
	kookhak2010@hanmail.net
ISBN	979-11-6797-260-6 *94810
	979-11-6797-259-0 (set)
가격	22,000원

* 저자와의 협의하에 인지는 생략합니다.
  국학자료원 · 새미 · 북치는마을 · LIE는 국학자료원 새미(주)의 브랜드입니다.
* 이 책 내용의 전부 또는 일부를 재사용하려면 반드시 저작권자의 동의를 받아야 합니다.